日本的祭礼

周 洁 ◎ 主编

世界知识出版社

图书在版编目（CIP）数据

日本的祭礼／周洁主编．—北京：世界知识出版社，2010.6

ISBN 978-7-5012-3828-6

Ⅰ．①日… Ⅱ．①周… Ⅲ．①祭礼—风俗习惯—日本 Ⅳ．①K893.139.8

中国版本图书馆CIP数据核字（2010）第083145号

责任编辑	罗养毅
责任出版	刘 喆
责任校对	马莉娜
书　　名	日本的祭礼 Riben De Jili
出版发行	世界知识出版社
地址邮编	北京市东城区干面胡同51号（100010）
网　　址	www.wap1934.com
经　　销	新华书店
排　　版	北京世知文化创意有限公司
印　　刷	世界知识印刷厂
开本印张	980×680毫米　1/16　25¼印张　2插页
字　　数	334千字
版次印次	2010年7月第一版　2010年7月第一次印刷
标准书号	ISBN 978-7-5012-3828-6
定　　价	38.00元

版权所有　翻印必究

装饰好的曳山

牛鬼相遇（爱媛县和灵节）

上州白久保茶会之家

茶会的情形

载有琼琼杵尊木偶塑像的彩车

八户三社大祭彩车

虎舞

夜来节爱媛县国内观光课提供

太鼓台比试

2008~2009年度北京市属市管高校人才强教计划资助出版

目　录

"maturi"和日本人 1

北海道地区
- ◇ 寒冬禊祭 6
- ◇ 鄂伦春族的火祭 8
- ◇ 姥神大神宫渡御祭 10

东北地区

青森县 14
- ◇ 岩木山朝山祭 14
- ◇ 恐山大祭 16
- ◇ 八户三社大祭 18
- ◇ 青森NEBUTA 21

秋田县 24
- ◇ 竿灯祭 24
- ◇ 六乡竹合战 26
- ◇ 大日堂舞乐 29
- ◇ 秋田NAMAHAGE祭 32

岩手县 35
- ◇ 日高火防祭 35
- ◇ 早池峰祭 37
- ◇ 黑石寺苏民祭 39

宫城县 42
- ◇ 室根神社特别大祭 42
- ◇ 火伏虎舞 44
- ◇ 松例祭 46

山形县 48
- ◇ 王祇祭（黑川能）................................... 48
- ◇ 花斗笠祭 51
- ◇ 新庄祭 53

福岛县 55
- ◇ 滨下祭 55
- ◇ 木幡山旗会 57
- ◇ 田岛祇园祭 60
- ◇ 高田田植祭 62
- ◇ 相马野马追 65
- ◇ 御宝殿熊野神社祭 69

关东地区

茨城县 72
- ◇ 日立风流物 72
- ◇ 龙崎的撞舞 73
- ◇ 石冈节 75
- ◇ 浊酒节 76

栃木县 78
- ◇ 二荒山神社弥生节 78
- ◇ 日光强饭式 79
- ◇ 乌山"开山节" 82
- ◇ 鹿沼的秋季庆典 85

群马县 ... 87
- ◇ 少林山的达摩集市 ... 87
- ◇ 上州白久保茶会 ... 89
- ◇ 五料的水神节 ... 90
- ◇ 片品的驱猿节 ... 92

埼玉县 ... 94
- ◇ 鹫宫催马乐神乐 ... 94
- ◇ 大宫薪能 ... 96
- ◇ 川越祭（川越庆典活动）... 97
- ◇ 秩父夜祭 ... 100

千叶县 ... 104
- ◇ 和良比赤身祭 ... 104
- ◇ 鬼来迎 ... 106
- ◇ 大原赤身祭 ... 108
- ◇ 佐原大祭—秋祭 ... 110

东京都 ... 115
- ◇ 德丸地区的田戏 ... 115
- ◇ 三社祭 ... 116
- ◇ 隅田川焰火大会 ... 118
- ◇ 小河内的鹿岛舞 ... 120

神奈川县 ... 122
- ◇ 左义长 ... 122
- ◇ 降滨祭 ... 123
- ◇ 鹤冈八幡宫大典 ... 125
- ◇ 箱根大名行列 ... 126

中部地区

新潟县 130
- ◇ 天津神社舞节 130
- ◇ 村上大节 132
- ◇ 绫子舞节 135
- ◇ 岩船大节 137

长野县 140
- ◇ 新野雪节 140
- ◇ 御柱节 143
- ◇ 新野盂兰盆舞节 145
- ◇ 远山霜月节 147

富山县 151
- ◇ 法福寺稚儿舞 151
- ◇ 御车山节 153
- ◇ 城端曳山节 155
- ◇ 秋风节 158

石川县 161
- ◇ 御愿节 161
- ◇ 青柏节 163
- ◇ 能登岛火节 165
- ◇ 石川奉灯节 167

福井县 170
- ◇ 睦月神事 170
- ◇ 福井宇波西节 173
- ◇ 三国节 175
- ◇ 福井六斋念佛节 178

山梨县 181
- ◇ 天津司舞节 181
- ◇ 藤切节 183
- ◇ 河口稚儿舞节 186
- ◇ 吉田火节 188

静冈县 191
- ◇ 寺野的火舞 191
- ◇ 天宫神社舞乐 193
- ◇ 远州大念佛 196
- ◇ 岛田腰带节 199

岐阜县 203
- ◇ 长泷六日节 203
- ◇ 高山的春之节 205
- ◇ 飞驒一宫节 207
- ◇ 郡上舞节 210

爱知县 214
- ◇ 爱知丰桥鬼节 214
- ◇ 爱知花头节 216
- ◇ 爱知花节 218
- ◇ 参候节 221

近畿地区

滋贺县 226
- ◇ 近江八幡左义长节 226
- ◇ 长浜曳山节 227
- ◇ 花夺节 230
- ◇ 大津节 232

三重县 ... 235
- ◇ 尾鹫呀呀节 ... 235
- ◇ 大岛泼水节 ... 236
- ◇ 上野天神节 ... 238

奈良县 ... 241
- ◇ 江包·大西草绳节 ... 241
- ◇ 豆比古翁舞 ... 242
- ◇ 春日若宫节 ... 243

京都府 ... 246
- ◇ 葵节 ... 246
- ◇ 祇园节 ... 248
- ◇ 时代节 ... 251

大阪府 ... 253
- ◇ 四天王寺DOYADOYA祭 ... 253
- ◇ 大阪天神节 ... 255
- ◇ 岸和田彩车节 ... 256

和歌山县 ... 259
- ◇ 灯火节 ... 259
- ◇ 熊野本宫大社例大祭 ... 261
- ◇ 河内节 ... 262

兵库县 ... 265
- ◇ 北条节句节 ... 265
- ◇ 滩之节 ... 267

中国地区

岛根县 ... 272
- ◇ 青柴垣神事 ... 272

- ◇ 岛根神乐 273

冈山县 276
- ◇ 西大寺会阳节 276
- ◇ 冈山桃太郎节 278
- ◇ 加茂大节 279

鸟取县 282
- ◇ 大山夏日开山节 282
- ◇ 蛸舞式神事 283

广岛县 286
- ◇ 新庄的"歌舞田" 286
- ◇ 原田的"歌舞田" 288
- ◇ 壬生的插秧歌舞 290
- ◇ 比婆荒神神乐 292

山口县 294
- ◇ 耕种节 294
- ◇ 久贺寺的驱虫舞 295
- ◇ 汤本南条舞 297
- ◇ 三作神乐 299

四国地区

爱媛县 304
- ◇ 大山祇神社的一人相扑 304
- ◇ 和灵节和宇和岛牛鬼节 305
- ◇ 西条节 308
- ◇ 新居浜太鼓节 310

德岛县 313
- ◇ 超大型人偶节 313

◇ 阿波舞节 **315**
◇ 阿波狸节 **316**

高知县 **318**
◇ 小鱼节 **318**
◇ 夜来节 **319**
◇ 绘金节 **321**
◇ 津野山神乐 **323**

香川县 **325**
◇ 榧石射箭节 **325**
◇ 送虫节 **326**

九州地区

长崎县 **330**
◇ 长崎灯会 **330**
◇ 长崎奇祭——炭黑节 **332**
◇ 放灵节 **334**
◇ 竹艺 **336**

大分县 **338**
◇ 修正鬼会 **338**
◇ 宇佐神宫夏越节 **339**
◇ 恺贝斯火节 **340**
◇ 若宫八幡裸节 **342**

福冈县 **345**
◇ 抢球节 **345**
◇ 驱鬼节—替换木莺和熏鬼 **347**
◇ 博多狂欢节 **349**
◇ 博多祇园彩车节 **351**

宫崎县 ... 353
- ◇ 今山大师节 ... 353
- ◇ 西都古坟节 ... 354

熊本县 ... 357
- ◇ 破魔弓节 ... 357
- ◇ 阿苏火节——日本最大的"火文字烧" ... 358
- ◇ 御田节 ... 360
- ◇ 八代妙见节 ... 361

佐贺县 ... 365
- ◇ 驱鼠节 ... 365
- ◇ 白须神社的田乐 ... 366
- ◇ 唐津九日节 ... 367

鹿儿岛县 ... 371
- ◇ 太郎太郎节 ... 371
- ◇ 狂舞节 ... 372
- ◇ 十五夜节 ... 374
- ◇ 巨人弥五郎节 ... 375

冲绳县 ... 378
- ◇ 赛龙舟 ... 378
- ◇ 巨绳拔河赛 ... 380
- ◇ 乞世节 ... 383

参考文献 ... 386

后　记 ... 387

"maturi"和日本人

周 洁

大凡对日本有些了解或去日本旅行过的中国人可能都会对日本众多的maturi①感到诧异。日本有许多的传统文化在现代社会中得以很好的保留和继承。其中maturi是最具有大众化的一种传统文化。在现今的日本社会中具有最广泛的民众支持和基础，成为日本民间文化的一大亮点。无论春夏秋冬，在日本各地都会有着大大小小的maturi。随着时代的变迁，传统节日发生了变化，现代日本既有与信仰有着深厚联系的传统节日，也有为了振兴地域社会，活跃地方经济的现代节日。而这些节日也被冠以maturi这样的名称。本书的介绍中不乏这种现代的maturi。这些节日构成日本民众精神生活中的一部分，深深扎根在日本人的精神构造中。

传统意义上的Maturi简而言之是迎神、送神的过程，是神与祭神者之间的仪式。在日本民俗学中始终是一个古老而长新的话题。在日本民俗学创始人柳田国男的研究中Maturi的研究始终占有重要位置。

---

① Maturi为日语罗马字标示音，写为汉字的话应为"祭"，中文意思被译做"祭礼"、"庙会"、"祭祀活动"、"节日"等。该词在日本民俗学中有着广泛的学术和历史意义。柳田国男认为"祭"和"祭礼"不同，"祭礼"是有旁观者、参观者一起参加的仪式。为了保持原有意义，笔者这里按照日文发音用罗马字进行了标示。本书均取自日本各地的Maturi，为了便于读者理解，书中基本上取"传统节日"、"节日"、"节"。但有些地方为了更直观的反映日本独特的民间风俗直接使用了"祭"这个词，没有进行文字处理。

柳田国男的继承人著名的民俗学家折口信夫在他著名的《古代研究》一书中认为Maturi是宣诏神意，通过念呪词/诏旨的过程，把神意具象化而达到侍奉的目的。

那么在众多的Maturi中扮演重要角色的"神"是什么呢？

Maturi源于日本的稻作文化、农耕文化，在这个四面环海的山国对自然的崇拜使日本产生了许多的山神、海神、农神等各种各样的神。日本有八百万诸神的说法，而众多诸神的根在海上，即海上是诸神世界的根本所在。像日本皇室的祖先天照大神一样来自于海上。

竹田听洲、高取正男在《日本人的信仰》一书中，把山上与海上当作"山的净土"、"海的净土"与葬送联系起来。而筑紫申真在《日本神话》一书中以伊势和熊野的神话论述了诸神从海上到天的过程。而日本民俗学的鼻祖柳田国男和他的继承人折口信夫从另外的角度对此进行了研究。他们认为先有"海的他界"，之后才有了"山的他界"、"高天源"的信仰。柳田认为日本人的"灵魂故乡"在海上，而后才寄宿在高山之上。人世的幸福、人的灵魂、稻米、火种、小到老鼠这样的生灵都是来自于"海上的他界"。柳田的最后一本书《海上之路》中，空想的海上之路顺着横贯日本列岛的日本暖流而来，以此探究了日本人的起源。折口信夫在他的著书《古代研究》中论述到："村落maturi"的"海神"、"山神"即是"海上常世国的神"。海上之神分化到旷野山村，后寄宿在河水、水井、水潭，"常世国的marebito（神）"成为从天而降的神，与山神融为一体。折口认为在海附近居住的日本人而后才移居到山与平原交界之地，进而在平原建村居住的。

而这些从"他界"定时来到这个国家的各个村落的就是古时日本人心目中的"神"。

"桃太郎的诞生"、"一寸法师"、"瓜子公主"等在日本民间广为流传的民间故事中的主人公或是从"海的国度"顺波而下，或是乘清清的山间溪水来到"人间"的。日本民俗学家的海上信仰说从这些民间故事中也可以得到印证。

迎接诸神时要真心诚意的把身体清洗干净、心中无垢。而在日本人心中诸神是有魂魄的，魂魄从仪式中复活，产生新的生命活力。在稻米中孕育着水稻的魂魄，而人类的魂魄附着在婴儿身上等，就有了"诞生"和"魂魄的复活"。

日本人认为诸神是与人类共同存在于自然界的，因此具有与自然诸神和睦相处融合的思想。祭礼即是与自然界的诸神进行交流的一种仪式，通过祭礼与诸神对话。日本的民俗艺能在这个过程中发挥着极其重要的作用，在各个祭礼中都有各种民间艺能的表演和展示。

传统Maturi是以村落为单位而进行的。在日本村落中，有着大大小小的神社，一个村庄有一个甚至几个神社。供奉着上述各种各样的神，它们来自于日本人所信奉的自然界，被称为"氏神"。而一村中血脉绵长而又有地位的氏族的祖先也可供奉为一村的"氏神"。正如柳田国男在《节日的故事》中所指出的那样：Maturi的汉字"祭"最早来自于中国的祭祀祖先。在日本的最初用途也是子孙祭祀祖先，即日本的神是家族的祖先，是祖灵。而村落民被称为"氏子"。这种"氏神"、"氏子"的关系扩大到国家层面就形成了历史上日本人的天皇崇拜。

另外，在传统祭礼中我们不难发现有许多与佛教有关的节日。历史上为了能让更多的日本民众接受佛教，采用了日本固有各神与佛教诸佛相融合、不同教义、教理相结合的方法。即日语中"神佛习合"的概念。其中最有说服力的就是"本地垂迹"说。"本地垂迹"说应来自于中国隋唐时期，十世纪传入日本，在佛教本土化过程中起到了非常重要的作用。它主张本土固有的诸神是佛一时的化身，如地藏菩萨至少是25种本土信仰的化身，观音菩萨有33种形态，皆为一个或数个神的化身。日本佛教被认为是众多信仰的大集合，渗入了许多神道的内容。1868年明治政府颁布了神佛分离令，但神佛习合的信仰和思想在民间广为渗透，在日本各地存在着许多带有佛教色彩或与佛教有着千丝万缕联系的传统祭礼。

　　本书从日本的各个行政县中分别选出3~4个具有代表性的Maturi，详述其历史变迁现状。相信它会对读者了解日本文化有一定的帮助。

北海道地区

◇ **寒冬禊祭**

每年的1月13~15日，北海道上矶郡木谷内町的佐女川神社会举办一场历时3天，用以祈求来年庄稼、捕鱼丰收的大型祭祀活动，名叫"寒冬禊祭"。祭祀名称中"禊"指的是，在举行盛大的祭神仪式前在河流里或大海里将身体的污垢以及身负的罪孽清洗干净的意思。

天保二年（1831年）1月17日的黎明，神社守护人在梦中受到玉依姬命神的启示，让自己给供奉的神像净身。醒来后，守护人不顾瑟瑟的寒风，跑到佐女川，打碎河面的冰层跳下去，在刺骨的冰水中净化自己的身心，然后怀抱神像走向海岸。就在这个时候，入海处出现了一只大鲨鱼，背上托着一位身穿白衣的美丽少女。守护人深信这位少女就是神派来的使者，于是更加虔诚地清洗身体。当他再次抬头时，大鲨鱼已载着美丽的少女沿着河流往上游处游去，消失在佐女沼里。从那以后，村子年年大丰收。即使在被称作天保饥荒的全国性自然灾害年间，村子也丝毫未受影响，一如既往地繁荣兴旺。这个故事就是佐女川神社寒冬禊祭的由来，从那以后，人们每年都会在这一天举行传统的祭神活动来祈求丰收。至今，已有170多年的历史。

最初的寒冬禊祭是由神社守护人单独完成的。就像故事所传颂的那样，守护人一个人怀抱着供奉的神像在冰水中为其净身。这里所说的神社守护人，在当时并不是由神官或宫司等神职人员来担任的。他们是从村落中选出来的代表。平时主要管理一些神社的杂务，如不时给神明供奉贡品或修理神殿破损的地方，等等。村民们都称呼他们为"别当"。随着时间的迁移，祭祀活动又逐渐加入了其他成员和仪式步骤。净身的神像除了原本的一尊之外，又加上了村民们供奉的稻荷、山神、辩财天三座神像。同时，参与祭祀仪式的人也增加到了4个。4个被称作修行者的年轻人各自抱着一尊神像不分日夜的在冰水中进行

4位修行者怀抱各自负责的神像,赤身裸体地跳进大海,开始净身

净身。被挑选出来的修行者要连续4年担任祭祀主持,按照第一年负责辩财天,第二年山神,第三年稻荷,最后一年玉依姬命神像的顺序进行轮换。其中只有负责玉依姬命神像的修行者能被称为"别当"。上述这种祭祀仪礼的形式保留至今。平成二年(1990年)起正式将祭祀日期改到了15日。

如上所述,由于负责仪式的人员并不是永久固定的,所以通常祭祀的第一步是挑选修行者。每年的夏天,佐女川神社还会举行一个夏天的祭祀活动。在这个祭祀活动中有抬着神舆游行这一环节。负责抬神舆的都是村子里的初高中生。4个修行者就是从这20多个人中挑选出来的。定下人选后，4位修行者要在1月13日这一天正式进入神社。于当天下午6点半，参加神社内举行的参龙祭。在这个祭祀仪礼上，4个人要向神报告各自活动，祈求神保佑自己能顺利完成3天的仪式。祈祷完毕后，进行的是洒水净身仪式。修行者全身仅着一条兜裆布，抱着胳膊，挺胸抬头地跪在铺着稻草的地上，嘴里紧咬着一团白布，拼命忍受着不断从背后泼来的凉水。仅13日一天，4位修行者要轮流净身4次。

1月14日清早，4位修行者在有祭祀经验的前辈指导下又开始了一整天的净身仪式。7次净身仪式后4个人才能进入神殿。夜幕降临，在热闹的太鼓伴奏下，修行者还要再次进行净身。为进入大海进行充分的身心锻炼。

终于到了祭祀当天的1月15日，这天清晨，修行者要进行最后两次的净身。然后于上午10点左右向神祈祷："我们将要陪伴神像出发前往大海，请保佑我们平安无事。"，接着伴随四座神像起驾前往祭祀地点——海滨。海滨中挤满了观光客，太鼓等乐器高声伴奏着，会场异常热闹。4位修行者怀抱各自负责的神像，赤身裸体地跳进大海，开始为神像净身。大概要持续15分钟左右。然后，修行者回到岸上，依旧怀抱神像登上会场中央的清洗处，用淡水冲洗身体。最后，修行者还要护送神像返回神社。至此，历时3天的祭祀方告结束。

◇ 鄂伦春族的火祭

每年7月的最后一个星期六、日，在北海道网走市内的网走川的左岸会举行一项用于祭奠先祖亡灵、祈祷来年丰收的祭祀活动。它的名字叫做"鄂伦春族的火祭"。它吸取了北方民族的独特仪式风格和风俗习惯，是一项网走市特有的祭祀活动。这里说的北方民族主要指的是少数民族之一的鄂伦春族，他们原本定居在库页岛上，后来搬迁到网走市安家落户，现存的总人口大概只有4000人。

鄂伦春族的火祭是网走市传统的祭祀活动，但事实上其形成历史并不算很长。临近鄂霍次克海的网走市，地理条件得天独厚，自古就不断有人到此聚居，因而孕育了丰富的当地文化。贝塚人——现称鄂霍次克人，即是居住在此的北方民族之一。大约1400年前，不知何种灾难导致了贝塚族人全族灭亡，万幸的是，他们的遗迹今天仍然完好地保存在网走川河口处。有人认为他们正是网走市民的祖先。昭和25年，二战结束后不久，网走市的市民们为了缅怀先人（贝塚人）、安抚战争中牺牲的无辜百姓的亡灵，决定举行盛大的祭祀活动进行祭奠，以此祈求上天赐与风调雨顺、丰衣足食。人们将祭祀时间定在每年7月的最后一个星期六的夜晚，祭祀地点则选择了保留着古人遗迹的网走湖左岸。算是一项极具少数民族风情的传统活动。

正如上文所说，鄂伦春族的火祭的历史并不是很长，可以算作是当代的祭祀。所以，在短短的几十年间，其仪式的内容及形式并没有发生什么变化。唯一有改动的只有仪式举行的地点。昭和三十四年（1959年），网走市政府为了发展网走市的旅游事业，将市内的桂冈公园也增定为仪式地点。从那以后，火祭的举办场所就正式变成了两个——市内的中央公园及网走湖畔。祭典时，两个地点同时举行仪式。

"火祭"，顾名思义，是与火密不可分的仪式活动。夏天的夜里，网走湖边，搭起一座座的帐篷。祭坛前篝火熊熊燃烧着，参加仪式的人们身着民族服装，以火堆为中心围成一个大圆圈。接着，仪式的主角，据说能与神明直接通话的异能者——萨满法师登场。他一边舞动着身体，一边用力地敲打着太鼓，口中念念有词。周围的人们开始配合着太鼓的节拍，双手挥动着献给神灵的币帛，一边倾听神灵借助萨满之口赐予的神谕，一边围成圆圈朝着顺时针方向舞动着，以此感谢神明的教导。与此同时，在另一个举办地点，热心的市民们身穿民族服装，手持火把，在市内行走，最后来到市中心的桂冈公园祈祷求

感谢神明的舞蹈

福。具体的做法与网走湖畔的一样。这样的夜晚，这样的仪式，祭祀场所笼罩着一种独特的氛围，仿佛把参加者及远道而来的观光客们都带回了逝去的历史之中。值得一提的是，为了表达自己的虔诚，围着篝火跳舞的仪式一直要持续到天亮。而整个仪式随着第二天太阳的升起才宣告结束。

◇ **姥神大神宮渡御祭**

每年的8月9~11日，北海道桧山郡江差町的姥神大神宫都会举办一场历时三天的大型祭祀活动。它是北海道历史最悠久的祭祀。日语中"渡御"是祭祀中神舆启行的意思。

距今大约360年前，北海道的江差町是日本海上航线的主要港口之一，江差町的人们依靠捕获鲱鱼为生，生活富裕，使得当地的打渔业鼎盛一时。于是，江差町的人们想举办一场祭祀活动，向神灵报告当年收成，感谢神灵的保佑，以祈求来年的风调雨顺，捕渔业更加兴旺。

姥神大神宫渡御祭虽始于350多年前，但直到文久二年（1862年），渡御祭都是作为姥神和辩财天两座神宫共同的祭祀活动，由两座神宫轮流举办的。也就是说，两座神宫一年主办一次。经过当时神宫相关人士以及当地地方官的再三考虑之后，决定从当年的第二年（元治元年）起，由姥神大神宫独自承办渡御祭。从那以后，渡御祭就冠上了姥神大神宫的名字，并一直流传至今。众所周知，渡御祭的主角是装饰华丽的神舆和彩车。神舆共有四座，其中有的已经拥有300多年的历史。彩车有13台，代表江差町的13个村落。每架彩车车身挂满了闪闪发光的金色装饰物，前端插着两面交叉的锦旗，车底座朱红色与黑色相间，远远望去，炫彩夺目。每台彩车上分两层摆设的人偶各不相同，神功山彩车上装饰着神功皇后人偶，而松宝丸上放置的是鲱鱼业的长老——近江屋利兵卫。在渡御祭分离的第一年，祭祀的规模还远远比不上现在。据资料记载，当年游街的彩车只有7台。后来才逐渐增加到如今的13台，而从古到今始终未变的只有神功山、蛭子山和松宝丸。

姥神大神宫渡御祭历时三天，热闹非凡，每一次活动都仿佛再现了当年"赛江户"的繁荣景象。8月9日，是祭祀的第一天，其实仍处于游街仪式的准备阶段。身着和服的相关人士聚集在大神宫，慎重地进行神舆的"魂入"仪式。与此同时，13台彩车分别从各自的村落出发，沿着大街小巷，伴随着孩子们的吆喝声，缓缓前进前往神宫集合。10日，是仪式正式开始的日子。四座神舆、13台彩车一个接一个地浩浩荡荡从神宫出发，前往临海的古村落——下町。夜幕降临，豪华的彩车，映照着盏盏电灯，分外夺目。晚上8点，完成了当天游街任务的13台彩车齐聚在旧国道，遥指姥神大神宫。因为马上要开始举行神舆的"宿入"（即回到神宫）仪式了。仪式正式开始后，首先由8个年轻人举着火把，从神宫的鸟居到偏殿，为神舆清路。然后，抬轿人抬着第一座神舆飞快地爬上阶梯，待抬上偏殿后，神舆必须退回到原处从头再来。如此这般,重复7次后,第一座神舆的"宿入"仪式才宣告结束。接着,第二、三、四座神舆在依次重复5次、3次、1次后,符合了神意,终得以进入神殿。11日,是祭祀活动举行的第三天。活动内容跟前一天基本一样。唯一不同的是,这天的巡游地点是充满现代时尚气息的商业街——上町。一路上,乐器的伴奏声,年轻人的吆喝声,围观者的喝彩声交织成一片,欢乐、喜庆的氛围充满了整个城镇。但是,天下没有不散的宴席。相聚之后紧接着是分离,神舆与彩车队游完上町又要回到各自的地方去了。回去的路上,原本喜庆的音乐也换成了悲伤的离别曲。游人们渐渐离去,城镇也慢慢恢复到了往日的平静。等到神舆回到神宫,彩车便被拉回到各自的村落,历时三天的姥神大神宫渡御祭这才落下了帷幕。

神舆的"宿入"仪式

"赛江户"的繁荣景象

东北地区

青森县

◇ 岩木山朝山祭

在青森县的津轻平野上,耸立着一座高山,人称岩木山,也叫津轻富士,自古以来被当地人视做灵山和守护神。

岩木山山顶的神殿建于宝龟十一年(780年),山脚下有岩木山神社,天正十七年(1589年)火山喷发时遭到破坏,庆长八年(1603年)重建。它受到历代藩主的保护,神社内有山门和四大天王像,现在其高达22米的宏伟城门和建于公元390年的前殿被指定为日本的重要文化遗产。

岩木山朝山祭是以岩木山神社为中心展开的,是津轻地方最大的秋祭,被认为是日本最有代表性的山岳信仰之一。岩木山自藩政时代起就有了祭奠镇守岩木山三大神的活动,岩木山朝山祭就由这种活动演变而来。它与农耕社会的信仰密切相关,于昭和五十九年(1984年)被指定为日本重要非物质民俗文化遗产。人们通过祭祀活动祈祷五谷丰登和家人平安。

在藩政时代,8月1日是藩主参拜日,一般民众是不能去登山参拜的。直到明治以后,普通民众才终于有了登山参拜的资格。之后当地民众就把在8月1日去山顶看日出称作"初一登山",并以此为荣。

相传岩木山的山神是一位女神,如果女性登山就会让山神嫉妒,导致山野荒芜,所以在明治以前,女性是被禁止上山的。明治以后此项禁忌虽有松动,一般还是不允许女性上山。到了战争年代,很多军人奔赴战场,他们的妻子就捧着丈夫的照片代替他们去岩木山参拜,至此禁忌才真正被打破。

如今,像过去那样自发组织起来的举着长幡的队伍,浩浩荡荡上山参拜的景象已经看不到了,取而代之的是由岩木镇的观光协会发起的"大家都来参拜"的祭祀活动。从村公所到神社约6000米长的古道上，人们手举长幡，穿着清一色的短外衣，头上缠着布，喊着"忏悔，忏悔"，走着去参拜，颇具古风。这个祭祀活动任何人都可以参加，既可体验登山的乐趣，又能了解历史，因此吸引了很多游客，并发展成为一种大众化的祭祀活动。

农历8月1日要举行的"初一拜山"的活动，要求登山的人须在上山之前的21天里进行斋戒沐浴。在这期间，要住在村里的神社内过几天远离烟火的生活，每天须沐浴净身。

到了这一天，从四面八方赶来的人们，都是一身白衣装束。大家以村为单位组成队伍，一边举着手里彩色的长幡，一边唱着"忏悔，忏悔"、"六根忏悔"、"御山八大"、"金刚道者"、"一々礼拜"、"南无归命顶礼"等具有佛教色彩的歌谣，浩浩荡荡地朝着岩木山移动。长幡上挂着四五米长的布帛，原本是用刨子把扁百木削成条状挂在上面的，现在使用的则多为塑料条，塑料条被染成蓝、红、黄等颜色，初次登山的人手里拿的长幡的颜色需是红、蓝、白三色，第二次登山是白色，从第五次登山开始采用银色，到了第七次就用金色的，并将它插在脖颈上。队伍举着这种五颜六色的长幡走在路上，好不热闹。来到神社院内后，人们就拿出带来的神酒和年糕祭祀神灵。在宽敞的

手举长幡的队伍（1）

手举长幡的队伍（2）

神社院内，人们围成一圈，在笛子和大鼓的伴奏下，载歌载舞。累了就到附近的旅馆或民居去休息。到了夜里再度起舞。准备登山的人们，天还未亮的时候就到岩木山神社沐浴净身，待参拜了大殿后便向山顶进发。

岩木山地势比较险峻，在陡峭的山坡上，人们借助手电筒微弱的光，带着布帛、长幡、神酒和年糕一步一步艰难地往上爬。不过现在，汽车可以开到山上。在岩石密布、坡度陡峭的登山道上，有很多虔诚的信徒都是带着家人一起来的。在通过七曲、鼻潜、坊主转等险峻难走的地方之后，离山顶就不远了，人们终于看到了希望的曙光，于是嘴里一边大喊着"忏悔，忏悔"，一边精神百倍地登上山顶。如果赶上好天气，就可以在山顶俯瞰沐浴在金色朝阳里的一望无际的津轻平原。

◇ 恐山大祭

恐山位于青森县下北半岛中央部，同比叡山、高野山并列为日本三大灵场。恐山一带过去曾发生过火山喷发，形成了破火山口湖——宇曾利湖，周围环绕着二重火山的旧喷火壁，中间还有8个火山性的地域。恐山灵场是下北半岛一带供养祖先的圣地，每年7月20~24日恐山大祭就在这里举行。

恐山于贞观四年（862年），由天台宗高僧慈觉大师开创。恐山的本尊是地藏菩萨，由于人们相信人死后灵魂会寄宿在这里，因而在这里供奉死者，恐山大祭实际就是一种地藏信仰。古时，下北地方的人们在恐山向地藏菩萨祈祷渔业丰收和家宅平安。二战后，恐山则变成了灵场。

恐山大祭的主角——巫女，主要来自青森县津轻地区和南部地区等地。过去，巫女从各地寻觅有才气的盲女为徒，女子入师门多为生计所迫，不过也有自愿成为巫女的。而如今，在下北地方已经很少能见到巫女了，巫女面临着后继无人的问题。

恐山大祭以巫女出名。她们几乎都是盲人女性，职责是为死者招魂，并举行降神仪式。

她们平时在青森县内活动，祭祀期间就聚集到恐山，并在地上铺上席子，等待信徒前来。于是，失去孩子的父母前来召唤孩子的亡灵，失去丈夫的前来召唤丈夫的灵魂。巫女会询问死者的性别、年龄等，然后持念珠念咒，进行某种祈祷仪式，据说巫女通过这种祈祷就可让死者的灵魂降临到自己身上。然后她们就告诉委托者刚才死者说了什么。她们进行这些仪式时使用的是方言，声音低沉且含糊。那些信徒们都经历过与亲人生离死别的痛苦，听了巫女的解说，会感到非常悲伤。

大祭期间请巫女进行降神活动的费用一般是一次3000日元。要求降神的对象死亡天数需超过49日或35日，不过近年来条件渐渐放宽，只要过了35日就行。请巫女降神时，要告诉巫女死者的姓名、忌日以

僧侣和信徒组成的祭祀队伍

及同死者的关系等。

巫女不属于佛教徒，而是东北民俗信仰的一种。她们召唤死者和祖先的灵魂，把战死的子孙、病死的爱儿叫做"死口"，把召唤下落不明者的灵魂叫做"生口"。

降神也分为两种，一种是召唤死后百日之内的新亡灵，即新口，另一种即死后超过百日的古口。

恐山大祭主要内容包括：22日，由僧侣和信徒组成的队伍抬着神舆举行上山仪式；22日~24日举行大般若祈祷；20日~24日举行大施饿鬼法要。恐山大祭以恐山的伽罗陀堂为中心展开。祭祀期间，神社内到处悬挂着地藏大菩萨的旗帜。神社周围都是烧焦了的火山岩石，上面寸草不生。空气中弥漫着硫磺的气味，对面是赛河原、供养塔、修罗地狱、八方地狱、赌博地狱、金掘地狱、血池等，气氛很恐怖。上山的道路两边到处都堆着供奉死者的小石山，旁边的壕沟里有戴着斗笠敲钲念佛的僧人；有端坐无语的僧人，身旁的岩石上放着不动明王的挂轴；还有手持白色手杖的盲僧人；有边敲钲边唱和赞的（日本佛经中的赞美诗）的巡礼者等。善男信女经过时，常常会在那些小石山上放些小钱，也有妇人往小石山放点心的，那大多是失去了孩子的母亲。岩石上到处放着煎饼等供品，这些供品在烈日的炙烤下渐渐变干。这里看不到一只蚂蚁，一只鸟，是名副其实的地狱。到了血池边，你会看到池水的颜色呈红黑色且混浊不堪。血池周围供有用帽子和布包起来的地藏菩萨。祭祀期间，很多人脖子上挂着写有亡故亲人姓名的布条来到恐山，请巫女为自己亡故的亲人招魂。

◇ 八户三社大祭

这是由青森市八户市长者山的新罗神社、内丸的龗神社、神明社三个神社共同举办的祭祀活动。

亨保六年（1721年），为庆祝丰收，新罗神社（当时叫法灵神社）举行了祭祀活动，接到消息的龗神社也随即组织了神舆队伍参加，三日后新罗神社作为还礼也组织队伍到了龗神社门口，这就是八户祭祀的开始。神明社于明治二十九年（1896年）也加入其中，使它成为三

八户三社大祭彩车

个神社共同举行的祭祀活动。并于昭和五十年（1975年）命名为八户三社大祭。距今约有280多年的历史。

自1891年各街道开始为活动制作彩车以来，彩车制作已有很久的历史。各城镇常举行比赛，相互切磋、较量手艺。制作彩车非常辛苦且费用昂贵，一台彩车大约需要300万~500万日元的费用，为了让更多的人都能欣赏到彩车，近年来开始变更举行祭祀的日期，并开始进行广告宣传。

祭祀活动主要于8月1~3日举行，现今还包括前夜祭（8月1日）和后夜祭（8月4日）。

第一天叫做"御通"。下午3点左右，抬神舆的队伍按神明宫、竈神社、新罗神社的顺序依次出发，在竈神社附近的市政府前集合。神舆的后面是彩车。彩车是各街道制作的。每个彩车后面都拖着数十米长的拖网，拉车者由穿号衣的小孩们打头，接着是戴着花簪子和花斗笠的少女们，紧随其后的是穿着一样的和服、系着相同腰带的男孩子们等，队伍多达数百人，他们一边喊着号子一边拉着彩车前进。

　　彩车装饰的内容丰富多彩，既有历史上的英雄人物，也有传说和童话里的主人公，还有神话和佛教戏剧的内容以及驱灾招福和祈祷丰收的福神等。此外，近年来电视剧中的演艺明星也会出现在彩车装饰上。紧跟在队伍后面的是或骑马或乘人力车的神社神官，还有扛着松树（松树被认为是神灵停留的地方）的人、举着各种旗帜的人、乘两轮拖车的5个少女、骑马的武士、表演神乐、鸟舞和虎舞（这都是当地的舞蹈）等乡土艺能的人，队伍浩浩荡荡，长达2000米。彩车缓缓前进，遇到大的街道或十字路口就停下来，向周围的观众作展示。队伍经过新罗神社最终到达目的地，游行一般要持续3个小时左右。

骑马武士的表演

　　第二天，队伍白天可以自由游行，到了下午6点在市政府前的广场上集合。然后去市中心游行。彩车五彩缤纷的饰物在路灯的照耀下呈现出一种梦幻的气氛。这一天，在长者山樱马场还要举行属于加贺美流派的骑马打球活动。这原是南部藩为振兴马术和武艺从文政九年（1826年）开始进行的一项活动。马上的武士们手持前端带有小网的球杖，捞起红色或白色的削球，投入球门，通过进球多少来决定胜负。比赛允许对对手实施阻碍活动，过去武士们之间的竞争非常激烈，现在则是在一片祥和气氛中进行的。

　　最后一天叫做"御还"，队伍在长者山下集合，到了下午3点，再按照神明社、新罗神社、竈神社的顺序，由神舆和彩车组成的队伍开始游行。

现今增加的前夜祭（8月1日）和后夜祭（8月4日）则是在下午18时~21时之间进行，主要内容是彩车游行，17辆左右的彩车，在市政府前和市内主要街道举行游行，还要举行演奏会。

◇ 青森NEBUTA

青森NEBUTA是青森市每年8月2~7日举行的祭祀活动，是日本极具代表性的火祭，与仙台七夕祭、秋田竿灯祭并列为东北三大祭。

关于青森NEBUTA的起源，有很多种说法。

一说是七夕祭中流水放灯笼活动的变形。农历七月初七举行七夕祭的时候，将灯笼放到河里冲走，以驱除污秽不洁的东西。青森NEBUTA就是这种活动的变形，所以在明治、大正时代以前，举行青森NEBUTA时人们还在市内的堤川河里放灯笼。

另一说是在坂上田村麻吕按照桓武天皇的命令征讨蝦蛦的时候，为了攻破蝦蛦头目"恶路王"，制作了巨大的灯笼引诱敌人出来。这种灯笼流传下来就成了NEBUTA。

还有一说是津轻藩的第一代藩主津轻为信公守护京都的时候，制作了巨大的灯笼，并拉着它在房子附近走动，这就是青森NEBUTA的原形。据说青森NEBUTA表示凯旋，弘前NEBUTA表示出征。

据当时的记载，在距今270~290年以前，人们开始模仿弘前的NEBUTA祭拿着灯笼游行，文化年间（1804~1818年）产生了今天的这种以歌舞伎为题材的灯笼。

以前，在祭祀活动的最后一天，人们要把人偶灯笼放到河里或海里冲走。在雄壮的音乐声中，华丽的灯笼人偶被放到水里冲走，恶灵也随之被水带走。现在不再这样做了，而是改在最后一天，把巨大的

游行队伍的前面是金鱼灯笼

灯笼放到船上在海里游行表演。最后燃放烟火，祭祀活动随即结束。人们通过这项活动来祈祷家宅平安和五谷丰登。

　　过去多是以町为单位制作灯笼，现在则是以公司或团体为单位制作。

　　活动的地点设在青森市新町大街到八甲大街，国道4号线被称为NEBUTA街。太阳落山以后，大鼓、笛子、钲等乐器的演奏开始了。头戴花斗笠，身穿和服的舞蹈者队伍聚集在此。和服上的小铃铛丁当作响，在人们的呐喊助威声中队伍围成一圈开始跳舞。这种舞蹈任何人都可以参加。随着越来越多的人加入其中，本来宽广的街道变得非常拥挤。这时，有很多人拉着十几个大型灯笼朝这边走来，这些灯笼就是NEBUTA祭的主角。

这些灯笼的制作过程相当复杂,需要在专门的NEBUTA小屋中制作。工匠们先要设计灯笼的造型,灯笼多取材于歌舞伎的名作和历史小说中的人物,以勇猛的武士形象居多,这种人偶灯笼也是青森NEBUTA的一大特色。制作灯笼时要用方木料做成柱子,用铁丝做骨架,粘上和纸,描上图案,并给其上色,之后在灯笼里安上灯泡(过去是蜡烛)。整个灯笼高约5米,横约9米,十分壮观。制作一个这样巨大的灯笼约需1000万日元。

青森NEBUTA的另一特色是金鱼灯笼。金鱼是日本从中国引进的物种,当时被视为稀罕之物、幸运鱼,人们为了满足亲睹实物的愿望,开始制作金鱼灯笼。青森的金鱼灯笼由纸花店制作,特点是呈圆形状,鳞片粗大,双目间距很宽。随着科技的进步,金鱼灯笼的制作技术也在不断改良,例如金鱼灯笼由原来的纸灯笼变成了现在的塑料灯笼。

活动通常举行五天,每天展示的灯笼数量不一,平均每天有十七八个。最后一天,灯笼表演则从下午1点开始。祭祀活动中所展示的灯笼每年都要重新制作。

秋田县

◇ **竿灯祭**

秋田县的竿灯祭是日本东北三大祭之一，以前是8月4~7日，从2001年起改在8月3~6日举行。

秋田竿灯祭起源于江户时代宝历年间（1751~1763年）的"NEBURI流"，由驱除夏日睡魔的中元活动发展而来，本来的目的是驱除不洁净的东西，让恶灵远离身体。在秋田县，亲人刚刚亡故的人家，会在家门前立根细松木，上面绑上横竿挂上灯笼。文化年间（1804~1818年）产生了今天这种形状的竿灯。"竿灯"这个词来源于记录明治天皇在明治十四年（1882年）巡幸事件的《景德传灯录》中的"百尺竿须进步"，距今约有250年的历史。

从江户中期的记载可知，当时人们举行竿灯活动时还没有统一的服装，表演者的装束也是五花八门。天保二年（1831年）藩主义厚侯在上通町观看了竿灯表演后，赐给竿灯领队"袴"（江户时代的武士礼服），自此以后只有领队才可以穿这种衣服。明治天皇在明治十四年观看竿灯表演时，竿灯表演者都穿着浴衣（日本的一种简易和服）和长半缠（日本一种短上衣）等，此后竿灯表演者的服装才开始统一化。

大正十年（1992年）左右，在竿灯表演中，人们才开始穿起像今天这样的装束，即腰缠半反（反是日本古代的长度单位）长的漂白布，身穿由楮树纤维质地的衣服，统一的无领短外衣、白色布袜、草鞋，额缠小圆点花样缠头布，造型非常漂亮。

竿灯表演原来的目的是把灾祸用河水冲走，即驱邪，因其形似稻穗，灯笼又被比喻成米袋，所以竿灯祭就变成了祈祷五谷丰登的活动，也叫星祭。现在祭祀活动结束后的第二天早晨，各城镇的代表们会在旭川的割穗桥进行此项活动。

竿灯表演以秋田市的山大王街为中心展开。主会场的两侧，设有收费或免费的观众席，观众就在那里观看表演。

6点半，吹奏乐器的队伍开始上场，7点以后，竿灯表演者的队伍也开始进场。所谓竿灯，是在长约8米的长竹竿上面横着绑上9根竹子，再在这9根竹子上吊上46个点着蜡烛的灯笼，整个竿灯重约50公斤。如果再在主体竹竿上接上一两根竹子的话，整个竿灯的长度就超过了15米，竹子会被压成弓形，这种竿灯叫做"大若"。年轻的竿灯表演者们穿着短外褂、短裤和白布袜，在大鼓、笛子和钲鼓等乐器的伴奏下开始表演。他们有的把竿灯放在手掌上，单手把竿灯高高地托

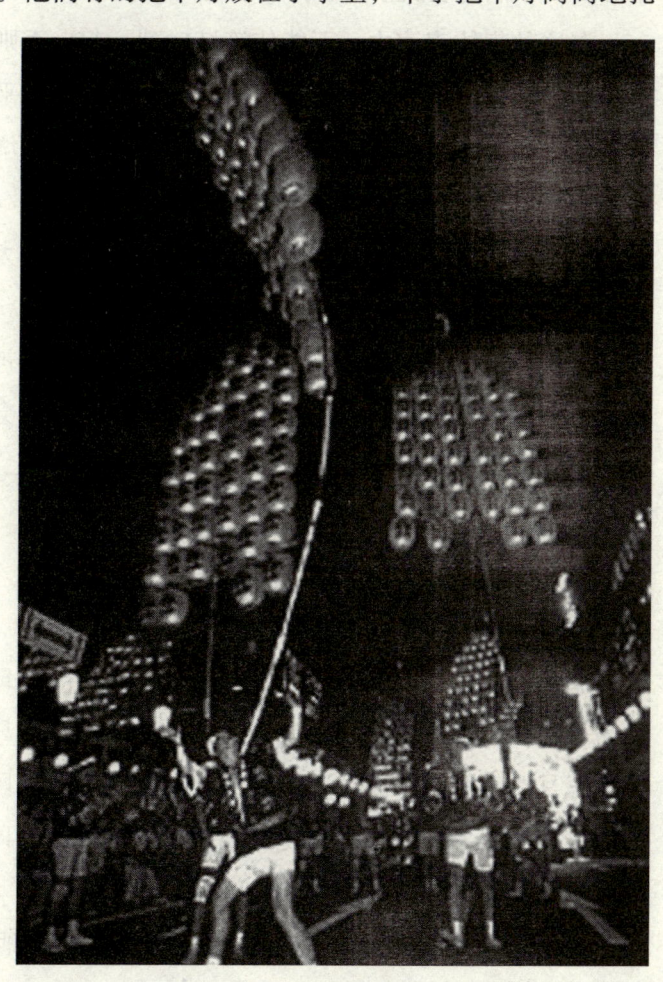

竿灯

起来；有的将竿灯放在额头或肩头，张开双臂保持平衡；还有的把竿灯放在腰上，而身体拼命往后仰，一边仰视竿灯，一边展开扇子，这一切看上去似乎很轻松，其实都需要很高的表演技巧。竿灯上的46个灯笼不停地摇晃，竹竿随时都可能倒下，这惊险的场面让周围的观众既紧张又兴奋，情不自禁地给他们呐喊助威。会场上用于表演的竿灯很多，最多达200多根。其中大部分是前面所说的"大若"，此外，还有适合中学生玩的"小若"（有24个灯笼，高约7.3米，重达15公斤）以及面向小学生的"幼若"（小灯笼24个，高5米，重5公斤）等小型竿灯。少年们的表演很精彩，常常受到观众的欢迎。

在这种集体表演中，不能使竿灯碰到一起，否则就会有人因失去平衡而摔倒。所以对表演者来说，如何保持灯笼的平衡是特别重要且辛苦的工作，一点也不能疏忽大意，如果有风更会增加表演的难度。表演一般要持续到8点40分才结束。

除夜晚的竿灯表演外，每年还要召开竿灯妙技大会，时间从上午10点~下午3点（时间有时会有变化），也叫昼竿灯。

竿灯顶端缠着用纸或麻布做的布条，被认为是神的替身。据说把这种布条缠在手指上，点燃竿灯上的灯笼，产妇就会平安生产，所以也被当作护身符使用。

◇ 六乡竹合战

仙北郡六乡町的KAMAKURA是每年2月11~15日举行的一种儿童活动。在祭祀活动大多被观光产业化的东北地区，只有它完整地保留了小正月活动的本来面貌，于1982年被指定为日本国家重要非物质民俗文化遗产。六乡竹合战就是在祭祀的最后一天，即2月15日举行的活动，也是整个祭祀活动的高潮部分。

相传镰仓幕府成立初期，二阶堂被指派到该地区做地头（中世

六乡竹合战

纪庄园的庄头），他为了提高士气，让那些屯田士兵们拿箍酒桶的竹子当作兵器，分成南北两军来进行模拟作战。这就是六乡竹合战的开始。

2月11日，是六乡KAMAKURA的"藏开"。所谓"藏开"，就是指初一至十一停止放粮的粮仓在这一天开仓，人们在仓库前供上饭菜和钥匙，祈祷一年的繁荣。

12日，孩子们在串起来的各色纸片上写上"五谷丰登，家人安全，生意繁荣，富贵长命"之类的吉祥话，挂在青竹的顶端立在户外。这叫"天笔"。

13~14日，孩子们用雪做出墙壁，用茅草编成的帘子或草席作天井，在地上筑起叫做KAMAKURA的小房子。然后相互到对方的房子里串门、唱歌和做游戏。

到了15日夜里，就要进行本活动的高潮部分——竹合战。活动在六乡诹访神社前的KAMAKURA田里举行。在诹访神社前的广场上，从各家各户收集来的正月里的装饰物和稻草被堆成了圆锥形的草垛，上面捆着稻草绳，这种草垛叫做松人鸟。当有人开始吹响木贝时，表明活动就要开始了。

7点钟，在木贝声中，扛着成捆青竹的男人们上场了。他们以旧羽州街道为分界线，分成南北两军。

男人们头戴安全帽，身穿厚厚的防寒服，手戴厚手套，这可以保证他们在接下来的战斗中免受伤害。他们每人手里都拿着一根七八米长的青竹，在开始的信号（以前是用钲鼓，现在是电笛）响过后，就挥舞着竹子向对方身上打去。战斗开始后，场面非常激烈，不时会有竹子的折断声，有时候也会有人受伤。周围的观众给他们呐喊助威，气氛非常热烈。10分钟后，木贝声再次响起，战斗暂停。男人们把断掉的竹子换上新的，然后又开始第二轮的战斗。

第三回合前，神官会从神社走出来给场上的草垛点火，熊熊火焰腾空而起，"天笔"也被投到了火中。这时，第三回合的电笛声响起了。男人们拿起新竹子开始最后一轮战斗。最后回合的战事最为激烈，男人们交战后索性丢开竹子徒手搏斗。焰火升起后，战斗宣告结束。过去人们认为，若是北军胜就预示今年会丰收，南军胜就表明米价会上涨。活动最后，人们把折断的青竹扔到圣火中，刚才还针锋相对的两军"斗士"们，转眼变成了朋友，互相炫耀自己在战斗中的勇敢表现，在友好的气氛中踏上归途。孩子们则回到自己的小屋，在烛光下品尝甜酒，烧烤年糕，自得其乐。

六乡竹合战因其奇特的形式吸引了很多人参加及观战，近年来除了本村人之外，也有不少外地人加入进来。

◇ **大日堂舞乐**

　　大日堂舞乐是秋田县鹿角市八幡平地区的活动，也是日本重要的民俗文化遗产。它以八幡平小豆泽的"大日灵贯神社"（也叫大日堂）为活动舞台，为大里、小豆泽、长岭、谷内四个村落的人们所继承，反映了当地的生活和信仰，是一种重要的神事艺能。

　　根据当地流传的"蜻蜓富翁"传说，大日堂舞乐是养老二年（718年）大日堂再建的时候，由来自京师的乐师传授，距今约有1300年的历史，是县内最古老的舞乐。

　　1月2日上午8点左右，人们陆续来到大日堂神社，最先来的是小豆泽和大里的舞乐表演者们，他们手拿五把骨伞，身穿染成太阳图案

鸟遍舞

驹舞

五大尊舞

日本的祭礼·东北地区

的蓝色舞乐服装，扎着绑腿，脚穿草鞋。不一会儿，长岭、谷内的表演者也到场了。这四个村落的人到齐后，神官就要举行驱邪仪式。然后，以小豆泽的笛声为信号，大日堂舞乐开始。

首先表演"地藏舞"，这是舞乐的前奏，表演者先绕神社院内走三圈，在大日堂的前殿前面整队。前殿的面积约有270平方米，中央是10尺4方（约9平方米）的舞台。然后是"花舞"（他们表演左手摇晃铃铛的神子舞，祭拜地神的神名手舞）。与此同时，在前殿里，小豆泽的数十名青年人表演脱谷粒舞，这种舞蹈模仿的是农事活动中脱去稻谷谷粒的动作。头缠头巾的年轻人右手中指缠绕着五色纸，喊着号子在大堂内跳来跳去。花舞结束后，各村落的表演者们以叫做"龙神幡"的旗帜打头，绕前殿的檐廊走上三圈。然后欢呼着冲进大堂内，跑到跳完了脱谷粒舞后在二层等候的年轻人面前，把旗帜扔给他们。扔旗人和接旗人的动作要配合默契，不能出一点差错，否则那些年轻人就接不到旗帜。这叫"挂旗"，是祭祀活动的高潮之一。之后，还有19个表演者要献上右手摇铃铛的神子舞和祭拜地神的神名手舞。

本舞在上午10点左右开始，有七个种类。以村落为单位进行，每个村落的表演内容都有明文规定，外村人不能参加。大里负责驹舞、鸟舞和工匠舞，小豆泽负责权限舞和田乐舞，长岭负责鸟遍舞，谷内负责五大尊舞。这里简单介绍一下这几种舞蹈。

① 权限舞（小豆泽8人）：一人头戴狮子头扮成狮子，小孩表演尾巴部分，在笛子和太鼓的伴奏声中跳舞。

② 驹舞（大里2人）：表演者头戴斗笠，胸前安着木制的马头、在笛子和大鼓的伴奏声中舞蹈，舞蹈包括礼拜、马替、一人舞、片手舞、仁义、大车、拜礼共七个部分。

③ 鸟遍舞（长岭6人）：表演者头戴帽子、手拿大刀、口中念念有词。舞蹈包括6人立、大博士舞、二人舞共三个部分。

④ 鸟舞（大里3人）：3个小孩身披雄、雌、雏三种鸟的羽毛、

右手拿着太阳扇子，雄鸟左手拿铃铛。舞蹈包括膝切、耳切、腰切共三个部分。

⑤ 五大尊舞（谷内6人）：表演者身穿袴（一种和服）和绑腿，脸戴面具，拿着大刀、左手拿铃铛，进行舞蹈。

⑥ 工匠舞（大里4人）：表演者身穿直垂（镰仓时代的武士礼服）、绑腿、高帽子，头缠头巾，带刀，双手拿小钵进行表演。

⑦ 田乐舞（小豆泽6人）：头戴斜纹布斗笠，一人拿小鼓，一人拿大鼓，其他4人拿SASARA（一种乐器）。舞蹈包括天狗鼓舞、立SASARA舞、大车三部分。

舞蹈的顺序根据时代的不同有所变化，现在是按照权限舞、驹舞、鸟遍舞、鸟舞、五大尊舞、工匠舞、田乐舞的顺序进行。表演者大部分是成年人，多数是世袭。只有鸟舞（大里）是由三个小学生承担表演任务的。此外，权限舞（小豆泽）中扮演狮子尾巴的也是小学生。

大日堂舞乐的表演者在正式表演的前几个星期就要开始做准备。除了斋戒、练习笛子、大鼓和舞蹈之外，还要进行清洁身心的活动。这些活动如下：在家的周围挂上稻草绳以防止恶魔进入；独自做饭；同妻子分床并早晚拜神；不去遭遇过不幸或是刚生过孩子的家庭；每天早上沐浴净身，等等。

这种传统表演在现代社会越来越难以见到了，但表演者们都尽力去做，因为他们认为如果不认真遵守这些规定就可能会给自己带来什么不幸。如果自己无法做到以上的规定可以去附近的寺院吉祥院进行斋戒沐浴。而且在小豆泽的表演者中还留有这样的规矩，即遇到不吉的事去别当（大日堂的一种僧职）的地方饮茶。

◇ 秋田NAMAHAGE祭

这是秋田县男鹿市一带约60个地区于除夕日举行的一项传统活动。

NAMAHAGE祭的起源不详。NAMAHAGE的语源是"NANOMI（火形）HAGI（剥）"。它的意思是冬天一些人贪图暖和老是烤火，小腿上往往就烤出了红斑，通过对它进行剥除来惩戒懒汉，消灾降福。NAMAHAGE在秋田NAMAHAGE中就指人装扮的恶鬼。这本是赤神神社五社堂的神事活动，后来传到了男鹿地区一带。NAMAHAGE祭分为男鹿市、南秋田郡若美町、天王町三个类别。派别不同，其外貌、形态各有差别，分属于本山、真山、灵山这三大灵山。西水口、浜间口这两个地区由于供奉着保佑小孩子的神，因此不举行这种以恐吓小孩子为主要内容的NAMAHAGE活动。另外，男鹿市脇本的渡边家相传是酒吞童子的后裔，因此NAMAHAGE也不会来。

以前，只有未婚的男性才可以扮演NAMAHAGE，传到现在已经没有这种限制了。NAMAHAGE祭本是祈祷丰收的小正月活动，具有数百年的历史。现在变成了集祈求丰收、平安和繁荣、驱除邪恶、占卜一年吉凶等功能于一身的活动。

除夕夜，村里的年轻人装扮成恶鬼NAMAHAGE，戴着鬼面具，身穿稻草蓑衣，绑着裹腿，脚穿长筒草靴，手执木制的牛耳尖刀，在参拜了真山神社后，下山到各家各户登门拜访。在下山之前，会有人提前通知那些NAMAHAGE要拜访的家庭。接着，装扮成"鬼"的NAMAHAGE就去咚咚地敲村民的家门，主人会打开门迎接他们的到来。NAMAHAGE被认为是神的化身，他们要在进门时、用餐时和用餐后分别踩踏门框七次、五次、三次。进屋后可以在房间里任意跳来跳去，横冲直撞。

之后主人和NAMAHAGE有一番对话。

"晚上好啊，NAMAHAGE您来了。"

"新年快乐！"

"天气这么冷您还来！"

"是啊，下一趟山可不容易！"

"嗯，家里有没有小孩爱哭不听话的，有没有懒惰不孝顺父母的？"

……

此时，这家的小孩早就吓得躲在角落里不敢露面。主人告诉NAMAHAGE说没有，并拿出饭食来招待他们。饭食有酒、年糕、生鱼片、炖肉、鱼肉丝、雷鱼等。鬼就告诉主人应当如何教育孩子，并

恶鬼NAMAHAGE

说他们就待在村中大树的洞穴里，如果家里有小孩懒惰不听话，可以去那里用手扣三次大树，NAMAHAGE就会前来相助。最后，他们还会对主人说："好好教育孩子，祝你们全家健康，明年我还会来"等告辞语。据说将这些鬼身上落下的稻草放在头上可以避邪消灾，放在身体的患处疾病可以痊愈，放在神龛里可以保佑全家安全。年后，人们把用过的蓑衣卷在神社的神木和鸟居上，等到下一年再用。

岩手县

◇ 日高火防祭

每年4月22日举行的日高火防祭始于藩制时代，目的是为了得到神的庇护，做到防患于未然，免受火灾之苦。

据说日高火防祭与1657年江户的大火有关。江户火灾以后，幕府颁布了《全国防火令》，告老还乡的宗景将此铭记在心，广泛告诫民众提高防火意识，并传授给他们防火知识以及受灾后的对策。为了得到神的庇护，人们开始向神祈祷。据说当时的日高神社的火和祖灵社瑞山神社的水比较灵验，因此人们常常去参拜这两个神社。

1735年2月22日，水泽地区发生大火灾，造成168户人家被烧毁。火灾后，佐佐木佐五平到江户去学习消防知识。据说民间的消防队就始创于此时。1842年11月的大火烧毁126户人家。1859年3月，大火烧毁562户人家，全城化为灰烬。因而，人们的防火愿望更加强烈，更想得到神的庇护，而这种祭祀也作为神社的例行仪式流传至今。尤其形成了以诸侯的居城为中心的6个城镇——"心字形城"。城主把防火的愿望寄予在6个字上——"仁、心、火、防、定、镇"，并分别把刻有这6个字的印赐给了这6个城，作为万代不易的城印，也保证了这种祭祀活动的继续流传。关于这6个字的读法也各有说法，但合起来的读法包含了"和"、"协"的精神。

祭祀仪式有过多次变动。留守氏家臣中保留着一份文化年间留守氏家关于一年中所有活动的记载。其中保留着历年正月22日，城主列席观看防火加势舞的坐席图等。据记载，这一天也有些地方举办去妙见社等神社祈愿并进行以防火祈愿为目的的徒步游行活动。

明治时代初期，供明治天皇观看的屋台达到了十五六人的规模。1873年，明治天皇莅临水泽时，屋台被改建得更加豪华。

日高火防祭彩车

1935年，立町3台，1971年，大町2台、横町也有出席的记录。屋台的数量随着城镇的繁华有所增多。1971年大町组最后一台人力抬的屋台退出历史舞台后，彩车式的屋台成了祭祀中的新主角。

以前的町印、伴奏、屋台都是由男子用肩膀扛起的，据说抬的人就可以防灾祛病，使得近村、近郊的人纷纷来参加。参加者的心理及人数随着时代的变迁不断地变化着。

1963年12月24日，火防祭的"屋台"被指定为岩手县的非物质文化遗产。1975年起，日高火防祭的"屋台"展示中也加入了挥舞消防队旗的表演。每年，25岁、42岁处于厄运年的人们也会准备一座屋台加入演出，每年的表演内容也都各不相同。

早上8点半左右祭祀宣告开始。首先由各城年长者去日高神社参拜，参拜后，被施予护身符，这被称为"年番祭"。年长者祭祀完毕后，抬着"城印"及"屋台"（小房子一样的形状，载有神像，或载有玩偶、装饰品、伴奏人员及舞蹈人员）的队伍便准备出发了。

下午1点半左右，人们聚集在市政府前，打着消防旗的队伍开路，接着，按照"城印"、"伴奏"、"屋台"的顺序依次出发。队伍先从旧城的北端——不断町出发，一直走到南端的袋町，结队游行的队伍历时3个小时、行程约1500米。途径川口町、立町。在柳町角，队伍会停下来参拜消防活动的创始人佐佐木佐五平的遗像。之后，再经过大町、横町、袋町南行，大约在下午5点半到达休息场所。

下午6点，以焰火为信号，晚上的活动便拉开了帷幕。夜晚，九座屋台齐聚在街上，绚丽缤纷的纸罩蜡灯与屋台构成了一幅优雅的图画，这正是日高火祭的高潮部分。

◇ **早池峰祭**

岩手县的中部有一座早池峰国立公园，公园中央的早池峰是古时人们信仰的灵山。山顶的主殿建造于807年。当时祭拜的是姬大神，如今供奉的主神是濑织津姬。主山的东北处是出羽三山，这几座山开展的活动很多，通常在各个城市巡回演出。流传至今的早池峰祭中最有代表性的是早池峰神乐。早池峰神乐是在早池峰妙泉寺开基不久后从京都传来的。顾名思义，神乐就是神愉悦的意思。这种神乐是一种优美的7拍神乐，由于其律动的节奏、深厚的文化底蕴以及丰富的表现力而深受群众的喜爱，并且成为日本重要的、广为人知的非物质民俗文化遗产之一。神乐发源于大迫町的岳和大偿，前者的舞以勇壮著称，后者以优美著称。

神乐的传统剧目很多，至今传承下来的有50多种，神舞、番乐舞、女舞、荒舞、岳、大偿的神乐都是每年的必选曲目。近几年，除了岳、大偿等传统神乐外，鸭泽神乐、石鸠神乐、土泽神乐、田子神乐也加入到了神乐的行列。

8月1日上午10点，神社的拜殿仪式开始。在杉树环绕的拜殿前的广场上，停放着金色的轿子。拜殿仪式和"入魂式"结束后，院内便响起了神乐。伴着笛子、太鼓、铜拍子的音乐，头缠彩色布条的孩子们拿着币帛（用于向神祈祷和驱邪，由麻、棉、帛、纸等制成），大人们手持刀剑开始舞蹈，其他跳舞的人都被写有神社名字的幕布覆盖着。随后，狮子舞也开始了，狮子头被鬃毛一样的白色剪纸覆盖着，脸部虽然浓淡不一，但全部是黑色，眼睛和牙齿都闪着金色的光。

早池山上供奉着许多神，虽然神的名字各不相同，但作为神的象征却都是狮子形态。这也许就是日本人心中神的形象。

舞蹈完毕后，巡游仪式开始。队伍由猿田彦神领道，接着是旗帜、

早池峰神社大祭

跳舞的人、狮子、神舆等，长长的队伍这时开始向停放着神舆的地方巡游。神事结束后，队伍又一次回到村子，一边走一边表演神乐。

　　神乐下午2点正式开始。第一个舞蹈是"鸟舞"，象征着伊邪那歧、伊邪那美的披着鸟样外衣的人手拿着铃铛和扇子开始舞蹈。接着登场的是象征驱除邪恶、免除灾难、延年益寿的"翁舞"。第3个是戴着黑色假面具的老人——"三番叟"的舞蹈。第4个出场的是手拿弓箭、降妖除魔、守护四方的"八幡舞"。第5个是祈求五谷丰登的"山神舞"。最后登场的是根据神话改编的"岩户舞"。这6种舞蹈总称为"式六番"。

　　神乐最后的篇章是权现舞。"权现"唱着歌出现在舞台上，受到全场观众瞩目的舞者由于担负着全乡人祈求五谷丰登的重担，因此往往十分紧张，这种紧张感也会感染到下面的观众，全场鸦雀无声。"权现"被高高托起，一边发出尖锐的齿音，一边祈求着丰收、逢火即灭、延年益寿、消除灾难。接着，观众代表登上舞台，先献上盛满米的盆子，"权现"晃动着头，发出巨大的齿音。观众代表又献上神酒，"权现"念着防火的咒语，以此来祈求祛病消灾。这时，人们从权现的幕下穿过，并祈求重生、延年益寿。到此，神乐方全部结束。

◇ 黑石寺苏民祭

　　岩手县的黑石寺在729年举行了行基菩萨的奠基仪式。此寺的正殿虽屡经战火，但本尊药师如来却得以保留，接受民众的祭拜。

　　关于苏民祭有一个"苏民将来"的传说。从前，有一位叫做武塔的神出来云游，天渐渐黑下来，他到一个名叫"巨旦将来"的很富有的人家求宿，但遭到拒绝。无奈之下，他又向一个名叫"苏民将来"的贫穷的人家求宿，苏民很高兴地答应了。武塔神为了表达感谢之情，在离开时交给苏民一个躲避疫病的秘方。不久，疫情爆发，苏民因为

39

黑石寺苏民祭

得到武塔神传授的秘方而活了下来，而巨旦家无一幸免。因此便有了现在的苏民祭，人们通过争夺"苏民将来"的护身符来防病避灾。

与现在不同的是，以前的人们在净身时，会反复10次、20次用冰冷的水净身，后才向药师如来祈福。这是因为只有忍受痛苦后才能真正得到庇护。但现在有些特别的祭拜者，他们通过多次往返石阶，以表达自己的诚意。

苏民祭在农历的1月7日~8日举行，正值隆冬夜晚寒气袭人，温度常常降到零下10度。在寒冷彻骨的夜晚，大部分的仪式是在屋外进行的。太阳落山时，支着帐篷的小摊布满了参道两侧，参道上聚集了许多参拜的村民。

晚上9点，在"嘿哟、嘿哟"的号子声中，人们手持方形玻璃手提灯集体来到山内川沐浴净身，登上以药师如来为本尊的药师堂前的石阶，进入妙见堂，献上一种叫做"OHANNNEE"的初穗，以祈求五谷丰登、无病无灾。

第二天中午11点半，"登柴灯木"的仪式开始。当钟声响起后，手持方形玻璃手提灯和长棒（仪式中使用的一种特殊的长棒）的男人们排起队，他们半弓着腰，嘴里一边喊着号子一边前进。在正殿药师堂前，红松柴灯木被堆积成并排的两队井字形的火堆。在熊熊燃烧的火焰及浓烟中，年轻人登上柴灯木，挥舞着手中的方形玻璃手提灯和长棒，高唱山门节歌，四周的人们附和着一起唱，充满着节日的气氛。男人们交替唱着歌，在他们的脚下，火熊熊地燃烧着，浓烟也不断升起。据说根据火的燃烧情况可以占卜来年作物的收获情况。等到火燃起来时，男人们将柴灯木推到火堆上。在清扫完寺院后，村民们纷纷来参拜，此时祭祀达到最高潮。

凌晨2点多，以钟声为信号，"别当（僧职之一）"上场，把祈福的护身符供到药师堂佛前开始念经。这时，两个背上倒背着鬼脸的孩子，一个拿着木槌，一个拿着斧子，他们由大人背着走进正殿，这被称为"鬼孩登场"。这时，"别当"会将曼陀螺米和做成十二生肖的年糕包起来，送给前来祭拜的民众。

在1米见方的护摩台上堆积着松明，"鬼孩"围着台子转三圈后，用水把火熄灭，并收拾好护摩台。熄灭的炭可以作为防火的护身符分发给民众。这时，正殿前半裸的男人们爬上格子，催促着要求把护身符投向人们，八角形护身符——"苏民将来"在男人们的疯抢中被夺走。据说，抢到的人会得到幸福。

宫城县

◇ 室根神社特别大祭

室根山自古就是村民们心中的灵魂所在，并作为灵山接受着世人的祭拜。室根村的历史与室根神社的变迁有着很深的渊源关系。据说，室根神社的本宫是镇守府将军大野东人奉元正天皇的命令于718年征伐蝦夷时祈愿、祭神的地方。718年9月19日，神灵被千里迢迢地经水路从纪州历时五个月请到吉郡唐桑町细浦，并被供奉到了室根山，直到今天这还是一个特别的纪念日。

漫长的岁月使得祭祀发生了一些变化。如以前用于覆盖假宫顶部的是白檀叶，而现在使用的是杉树的叶子。两队比赛抬神舆也从占卜来年的收成，演变成现在的比赛。

室根神社特别大祭在平安时代时就具有相当的规模了，镰仓时代曾一度衰退。近年，室根神社祭被作为东北三大祭进行了大力宣传。如今，此祭一般举行三天，9月17日~18日两天，大家会穿上节日的服装前往停放、供奉着神舆的南流神社参拜。穿着节日盛装的工作人员骑着装饰好的17匹马，排成荒马先阵或模仿大名列队的母衣先阵，在大路上练习，为祭祀增添了节日的气氛。

17日，本宫和新宫的神舆被抬过来。18日晚上11点，"忌夜祭"开始，当天人们会献上年糕、向神上奏祝词。祭祀的高潮是19日。凌晨1点，人们纷纷献上粥，作为给神的供奉。这时，神社院内渐渐聚集了很多从近郊赶来的人群。人们围着火把，觥筹交错，喝着粥，热火朝天地聊着天，等待着激动人心的时刻。这时，大殿中的灯火熄灭，"移魂式"正式开始。当神灵的灵魂被移到神舆中后，灯再一次被点亮，神乐奏响，启舆仪式开始。

两顶神舆分别来自本宫和新宫，由被称为"陆尺"的抬舆人抬着。其中，穿着背后印有圆形印章的日式短上衣的人是"本宫方"，而背后印有菱形印章的是"新宫方"，每一方约有200人。和着太鼓的音乐，"陆尺"们大声喊着号子抬着神舆前行。此时大约是凌晨4点，天还没有亮，队伍在途径"田植坛"时，还会举行向田神献上新谷物及祝辞的仪式。

室根神社特别大祭仪式的高潮部分是在假宫进行的。神舆和前来迎接神舆的神马、荒马先阵、母衣先阵到达假宫的时间在早上7点。假宫的祭祀场中央立着由8.6米长的原木搭成的高架，这就是"假宫"，其顶部覆盖着杉树叶子。而按照以前的老规矩建成的新宫，因为挖地

众人抬着神舆的景象（1）

众人抬着神舆的景象（2）

90厘米,其高度要比假宫矮60厘米。仪式的核心部分是:抬舆的两队人比赛看哪一方能先将神舆抬上假宫的顶部。比赛过后,作为献给神的礼物,进入祭祀场的荒马先阵、母衣先阵、彩车等需绕场三周。直到19日深夜,一系列的祭祀活动方告结束。

◇ **火伏虎舞**

　　火伏(防火)虎舞历史悠久。室町时代,作为奥州探题(镰仓、室町时代驻扎在重要地方统辖政务的长官)的斯波家兼公在中新田定居时,城内祭祀着"稻荷明神"(很灵验的农神),在初午(2月12日)那天举行祭典,因此现在也被叫做"初午祭"。距今已有650年的历史。旧藩主大崎时代开始又加入了虎舞。中新田地区自早春到初夏,

虎舞

西北风刮得非常猛烈，极易发生火灾。因此，在大崎所处的时代，引用"云从龙，风从虎"的典故，把舞虎献给稻荷神社的农神，来祈求免除火光之灾。

中新田町大崎神社每逢4月29日，在笛子和太鼓的伴奏下，几十只"老虎"来到街上，挨家挨户地跳，以此来进行消除火灾的祈愿。两个人一组撑起一只"虎"，在屋檐下舞动，来到庭院后，先在假山上舞，然后跑到屋顶上舞。

中新田的屋顶虎舞是传统项目，一只只老虎的表情都极具个性，而且十分滑稽。虎身画着老虎的黄黑条纹，前后足都穿着草鞋。头部像狮子头，仿佛要猛扑过来似的，吐着红红的舌头，嘴巴一张一合的。舞动片刻后，老虎一会儿仰望天空，一会儿用诙谐幽默的眼睛瞪着人，不停地左右上下地晃动着脑袋，相当活泼。比起自然界的老虎来说，更为敏捷活泼一些。

虎舞多数是成群结队的。几只虎从2楼的栏杆处探出上半身来，然后爬到屋顶轻轻地走动，一边从屋顶往下看一边舞动，让观看的人手心里着实捏了一把汗，又感叹它们脚步动作之敏捷。有时是在大路中间排成一队开始舞虎。舞虎的是中学生，伴奏的是消防队成员。

虎舞的伴奏有三支曲子，分别是"路"、"本调子"、"冈崎"，全部表演下来大约要花20分钟。曲目并不会被一一介绍，因为对于看的人来说都是一样的。听说从昭和五十五年（1980年）开始，在中学，大家都会齐心协力进行道具的制作和练习。一到舞虎会，就有40支左右的虎队参加，深受居民们的欢迎。

虎舞一方面凝聚着大家的奇思妙想，另一方面又继承了传统，成为宫城县重要的民俗文化遗产之一。

虎舞从上午7点开始，以烟火为信号，装饰着"花马廉"（古时营房旌旗的长穗儿，现在消防组旗帜的长穗儿）的山车在笛子和太鼓的伴奏下，被活泼可爱的孩子们拉着出发了。

高潮是中午时分，在十日市的商业街的屋檐上舞虎团队虎队，和着穿着消防法被（古代下级武士穿的上衣）的男人们演奏的笛子和太鼓的声音，几十组的老虎登上屋檐开始表演。

过去只要是有人家请求在他们家屋顶舞虎，舞虎队就会登上屋顶尽情舞弄。由于随时都有跌落的危险，因此现在只在固定的场所、固定的时间进行舞虎表演了。

◇ **松例祭**

从古时起，举行松例祭的出羽三山就作为修行者的圣地为众人所知。所谓出羽三山指的是海拔1980米的月山、1504米的汤殿山及与月山相连的海拔412米的羽黑山。羽黑山上建有三山总社——合祭殿，三山的祭祀活动便在这里进行。在被称为"四季峰"的地方，春夏秋冬都会举行入峰修行的活动。松例祭便是冬季入峰修行活动的产物。

松例祭的主角是两位分别被称为"位上"及"先途"的"松圣"。这两个人从9月下旬开始必须斋戒100天。在此期间，他们不能食肉、不得行房事、身上不得带利器，只能面对着祭坛诵经、祈祷。百日斋戒的后50天，"位上"和"先途"进入斋戒馆并且闭门不出。祭坛上供着装有米、稗子、粟、大豆、荞麦五种谷物的神龛，这种神龛被称做"兴屋圣"。另外，挂在神龛后的是画有出羽大神、月山大神、汤殿山大神的画轴。"松圣"每天都要在这里祈祷"天下太平、国家安定、五谷丰登、渔民丰收"。

祭祀当天，两位"松圣"与"兴屋圣"一起移动到离斋戒馆不远的"补屋"。"补屋"呈长方形，中间用墙相隔，两人分别在左右两间屋里。两组年轻人分别辅佐"松圣"二人。下午2点左右，被叫做"AMIMAKI"的仪式开始。山脚下，上供的村民们用自己割下的1333束草做成恙虫，松圣对着恙虫念"祝词"（指对神说的话，古代起着人与神交流的作用）。据说，出羽山的开山始祖"能除仙"经过100天的虔诚祈祷解救了饱受恙虫之苦的村民们。从此将恙虫作为除魔、防火的护身符带回家，吊在屋檐下的习俗便流传了下来。神事结束后，恙虫被截成50厘米长度的粗绳索抛向人群，人们开始激烈地抢夺。

下午3点左右，在合祭殿举行驱邪的神事被称为"大祓"。4点进行除夕祭。为了决定"AMIMAKI"和点火把的顺序，7点左右在一间大屋里进行戏剧表演。9点进行"检绳仪式"，在实地测定了火把的位置后，两组年轻人开始挖立火把的坑位。

晚上11点，拜殿内被称为"山伏"的日本"修验道"的修行者开始进行"验竞仪式"。"位上"和"先途"两队都弯下腰单脚跳，尔后又突然两臂展开做山鸟飞翔之态。据说，开山始祖"能除仙"便是经山鸟的指引来到这座圣山的，所以，山鸟被认为是神的使者。

接下来进行的是"兔子神事"。兔子被认为是月山神的使者。随着穿着兔子模样的人打出手势，修行者一个个被叫出来用扇子敲打桌子。

与此同时，寺院内，赤裸着上身的年轻人已经准备好，等待着点燃火把。他们也被分为"位上"和"先途"两队，根据点燃火把的先后顺序及火势的大小来决定胜负。如果"位上"一方获胜，则代表来年粮食丰收。如果"先途"一方获胜，则预示着来年捕鱼会获得大丰收。

凌晨1点，寺院内再一次以分地域的形式举行神事。在2米多高的火把前，头戴乌纱帽、身穿白色衣服被称为"所司"的人两手高高举起一根被称为"定尺棒"的约3.6米长的原木，一边往雪上插一边与4个修行者进行问答。

在"补屋"的两个"松圣"的房间，当上述神事完毕后会进行重新点火的神事，被称为"松打役"的人脸涂白色，嘴唇被涂成红色，戴着绫兰斗笠，手拿打火石和打火金绕火把三周。此时火被熄灭又重新点燃，预示着照亮来年丰收的道路。

直至深夜两点，松例祭才全部结束。

山形县

◇ **王祇祭（黑川能）**

王祇祭已经流传了400多年，是历史悠久的传统祭礼。于每年的2月1~2日举行。像日本其他传统民俗一样，王祇祭依托于记忆的表现，但其中具有高超的技艺、并能把紧张的舞台空间巧妙地利用起来的就要数黑川能了。

很多人将黑川能作为一种独立的艺术形式来看待，但是，事实上王祇祭和黑川能是不可分割的。黑川人的生活总是围绕着王祇祭进行，因此，黑川被认为是祭、能、生活三位一体的村庄，是黑川能的故乡。

以前，参加祭祀的男人们在祭祀的前几天就开始用冷水净身。但是，现在则只需在洗过澡后用冷水淋浴冲洗一下。但是，现在仍保留着在祭祀的前几天不吃肉的传统。

另外，与其他的祭祀不同，王祇祭由于是春日神社及其乡民的神事活动，场所也设在农家，因此外人是禁止参观的。但随着近几年公演机会的增加，包括2月的王祇祭、3月的祈年祭、5月的例祭、7月的羽黑山的花祭、8月鹤岗庄的神社祭、11月的新谷感谢祭以及其他5次邀请演出，黑川能一年约进行10场公演。

黑川能被指定为国家非物质文化遗产是在1952年，但是在指定后不久，由于法律的修改，该指定被取消。1957年又再次被指定为县非物质文化遗产，1976年被指定为国家级非物质文化遗产。但以上均指的是黑川能，而不是带有宗教性质的王祇祭。

如今，黑川能面临着许多问题。例如传承难的问题，由于该地区离农现象严重，致使从事能乐的人越来越少，并且缺乏练习时间。针对此类问题，有关部门采取了很多措施，例如在黑川地区的某个小学，5年前就开始规定在每周周一的早会上，全校的学生要练习5分钟的歌谣，并聘请了专门的指导教师，1992年，黑川能被纳入学校的社团。现在继承者的问题虽然得到初步解决，但是指导教师的稀缺、表演者年龄层偏小的问题也逐渐显现出来。

黑川能是由作为镇守当地的春日神社的守护神的氏族组织——宫座得以保留下来的。宫座由黑川的13个字（字是指日本的"町"、"村"之下的行政区域名）的300多户人家构成，以神社为中心，南边的为上座，北边的则为下座。参加能剧团的必要条件是：本人必须隶属于此宫座。而加入宫座的原则之一是：其本人必须是当地的居民，在此基础上如果向神社交纳一定的费用，符合条件的都可以加入宫座。

能剧团分为上座和下座，采取相互竞演的形式是黑川能的一大特色，虽然分为两座的目的并不是要区分出两个演出团体孰优孰劣，却是黑川能历经500年得以保存的重要原因。据说黑川能现在有530多个剧目，由于分为两座，在保存技艺的水准、仪式等方面，两座形成了竞争的关系，这对于技艺的提高和保存起到了十分积极的作用。并且在这530多个剧目中，两座各有百十来个拿手剧目，总计有300多个保留剧目。

在宫座中，上座、下座里被称为"能太夫"的各座长和"式三番（此地区总称为"所佛即"）"以及被称为"纲冠者"的演员都是世袭制，并都可领取神社下发的俸禄。而对其他的一些工作，如伴奏等人员则没有什么原则上的要求。

王祇祭的过程

第一天的早上，"王祇"神像被上座和下座分别迎到当屋安置下来。傍晚，在两个当屋，进行能的表演。首先是少年表演的舞，叫做"大地踏"，接着上场的是黑川能的"式三番"、"能五番"、"狂言四番"。

"式三番"是仪式开始时演出的剧目。演头场戏的是一个祝福天下太平的老翁——千岁。黑川能有一大特征就是"翁"分为两种，即"公仪翁"和"所佛则翁"。"公仪翁"是由能太夫出演,王祇祭以外的祭中的翁都是这一个老翁。"所佛则翁"则只能由上座的翁太夫釼持源三郎家的传人出演,其他人概不允许出演此角色。而且,这一老翁的独特角色只有在黑川能中才能见到,在王祇祭以外的场合是不表演的。

翁是猿乐中自古流传下来的仪式剧目"式三番"中的一个角色。"式三番"是祭祀仪式中首先出演的节目。严格来说,它不是能,也不是狂言,而是另一种比能更具有古风的艺术形式。在表演时,演员所扮演的神戴着面具,更显出神的威严。上座的神体使用的面具叫"白

黑川能

式尉",下座使用的是"黑式尉"。

表演结束后,款待村人们饮酒、吃冻豆腐、品尝土特产的筵席便开始了。

第二天,神像被移回到春日神社。在神的面前,两座的配角分别轮流上演能。之后,两座在同一场所合作表演"大地踏"、"式三番"。在王祇祭春日神社的院内,除了黑川能,还会进行一些比赛性质的神事。当神像被放回到原位后,会进行一个叫做"切年糕"的仪式。天花板上吊下一个直径为1米的年糕,上座和下座分别挑选两个年轻人,把吊年糕的粗草绳砍断。使年糕先落到地上的一方为获胜方。据说,获胜方来年的作物会获得大丰收。因此,被选出来参加比赛的人肩负着重大的责任。

王祇祭全部结束是在傍晚,神体上的衣物会被保留下来以便次年使用。

◇ 花斗笠祭

花斗笠舞是由人们挥动着手中的斗笠跳的一种舞,据说当初的花斗笠上扎的是红色的纸。1963年8月6~8日,为开发宣传藏王的观光项目,山形县、山形市、山形新闻社、山形工商会所以山形的队列游行的形式,举办了"藏王夏祭"。"山形花斗笠祭"最初只是以集体舞

花斗笠

作为"藏王夏祭"的一项活动而进行的。但是,从第二年的1964年开始,"山形花斗笠祭"便成为单独的活动,并逐渐形成了现在的规模。1993年,负责"祭"的各种娱乐活动的事务局也从山形新闻社移到了山形工商会所,旨在发动和鼓励更多的市民参加此项活动。

此前,整齐划一的集体舞是山形花斗笠舞的一大妙处,如今,除了华丽的正调女舞"熏风最上川舞"、雄壮的正调男舞"藏王晓光"外,花斗笠舞的发祥地——尾花泽地区富有动感的转斗笠、妙趣横生的创作舞,都吸引了众多的观光游客陶醉其中。以小姐花斗笠组舞为首,个性丰富的队伍都加入到此行列中,使巡游的会场气氛欢乐、祥和。

8月5~7日,红、黄、绿、白的灯笼装点着山形市的主要街道(从十日街口到文翔馆前的1200米),装点了山形的夏季,这条街也因此被称为"灯笼街"。在这里举行的"山形花斗笠祭"成为深受全国民众喜爱的大型娱乐活动。当天,每个队统一着装,华丽的藏王权现的彩车开道,响亮的号子声和花斗笠太鼓声响彻盛夏的夜空。身穿艳丽服装的舞者跳着富有动感的舞蹈,点缀着山形的"红花"斗笠使现场顿时成为花的海洋。

花斗笠祭的第一步是藏王大权现的迁座仪式。地点在山形市宝泽,据说那里的藏王大权现化身为御神火,迁座到藏王温泉的酢川神社,以祈祷花斗笠祭的顺利进行。藏王大权现的迁座仪式从8月5日下午3点开始。先进行的是采火式,神火队列下午5点到藏王温泉洗浴中心进行迁火式。队列以天狗为先导,后边分别是太鼓、鲤鱼旗、金童玉女、巫女,向着酢川神社前进。

下午6点左右,当太鼓响起后,跳舞的巡游队伍开始出发。队伍的前方都是经验丰富的舞者,在队伍前方起着带头示范的作用,豪华的彩车作为各个队伍的先导车为他们开路,一般可以达到20多辆。队伍中还有可爱的儿童组,此外还有青年组、妇女组,上到70多岁的老人下到3岁的儿童,从老人到新手,可以说是男女老少齐上阵。

舞蹈的跳法根据地区的不同大相径庭。有戴上斗笠的手舞，还有手拿斗笠的转圈舞等十多种舞蹈。1963年，舞蹈的跳法得到了统一，诞生了现在的任何人都能轻松上手的"正调花斗笠舞—熏风最上川舞"。1999年，男子舞蹈—"正调花斗笠舞—藏王晓光"也诞生了。

◇ **新庄祭**

新庄祭以彩车的装饰之豪华广为人知。每年都有新的作品争相媲美。如今，以町为单位，有19辆彩车参加。彩车的主题以歌舞伎的知名场面及神话居多，并且在人物表情、装束等的表现力上力求完美。传统的岩石、瀑布、波浪作为背景，花中之王牡丹的纸型也被装点在彩车上。

在新庄举行的这项娱乐活动起源于宝历五年，即1755年的大饥荒时期。新庄依靠山形县母亲河的"最上川"成为大米、木材的集散地。当年歉收的情况非常严重，是江户时代三大灾年之一。藩主泽正谌公为了鼓舞领地居民的士气、祈求来年的丰收，决定在次年9月天满宫的秋祭上制作装饰漂亮的屋台进行巡游，为秋祭增添节日气氛。从此，在农历的7月25日举行的天满宫祭上，各町便纷纷效仿，各具特色的屋台加入到了巡游的队伍中。

藩政时代，抬神舆的队伍有许多藩士参加，祭祀仪式可谓戒备森严。而今，演变成了扮演江户时代武士侍从模样的演出队伍。他们背着随身的衣物箱，拿着矛枪、戴着斗笠，一边展示着武士侍从的样子，一边在前边引导着神舆的队伍。

整个活动是在24日上午10点，始于户泽神社。新庄祭的主要部分是神舆起行，但最有人气的当数彩车的联合巡游。各町引以为豪的装饰华丽的彩车一辆接着一辆登场，大太鼓、小太鼓、笛子、钲等20多名伴奏者紧随其后。演奏的曲目通常有两首："宿渡り"和"かつ鼓"。

前者是从城内到城的正门进行彩车巡游时演奏的曲目,后者是节奏较快的曲目。通常两首曲子是在行进中交替演奏。

跟在神舆后的是彩车。宵祭的彩车巡游队从下午6点开始,全市的彩车队分为金泽町队和北町队两队,两支队伍在站前路上合并,并绕广场一周。手提灯笼的孩子们拉着绳索喊着号子站在队伍的最前边。这些由年轻人花费了一个多月时间做成的传统彩车与年轻人的朝气融合在一起构成了一幅朝气蓬勃的生动画面。在孩子们有力的号子声中,彩车一台台地经过各町,散发着新庄年轻人的热情。彩车巡游一直持续到傍晚,途中只在铁跑町休息两个小时。

夜色中,人头攒动,彩车上扎着人们亲手制作的漂亮的手工艺品,广场上一片欢腾的气氛。

祭祀完毕后,彩车上的装饰会分给志愿者们,据说可以保佑大家不受火灾的侵犯。

25日早上8点,天满宫例大祭开始。神舆10点起行,供奉神舆的彩车也同时在市内开始巡游。

新庄祭

福岛县

◇ 滨下祭

在离海很远的镇守（守护当地的神社）森林的深处，被供奉的众神们坐着神舆，被氏子们（同祭一个氏神的人们）抬着向遥远的河岸走去，望着海面进行祭祀。这样的祭典叫做"滨下祭"，在关东以北太平洋海岸一带还保留着这样的风俗。

随着时代的变化，滨下祭过去是申年4月的初申举行，明治以后改为4月下旬，而现代则是在星期日举行。

在拥有叫做"滨通"（在海岸线上的大道）的狭长海岸线的福岛县，如今也有40几个村落举行"滨下祭"，其中最盛大

福岛县相马郡的"滨下祭"

的要数福岛县相马郡鹿岛町江垂日吉神社的"滨下祭"，12年举办一回，在猴年的4月21日举行。

因为是12年一回的大庆典，所以准备规模庞大。首先从当年的1月日吉神社的屋顶翻修开始，2~3月，氏子总代表磋商后着手进行准备。

凌晨5点30分，各个地区的志愿服务者一个个相继来到日吉神社。正是樱花在春风中飘舞的季节，大家按照到达的先后顺序来表演节目。在等待出发的时间里，村民们相互重叙旧谊，忙得不亦乐乎。

55

早晨6点，以烟火为信号开始整队。本地江垂的前阵高举村里的旗帜走在队列的最前面，后面跟着来自川子、大内、寺内、小岛田几个村落的人们。他们高举着各自村落的旗帜，拿着鸟毛、夹箱、御徒士、神官马、铁炮、持旗等，根据村落的不同组成了各具特色富有时代特色的队伍。队列的最后是江垂的后阵，来自五个地区的大约700人组成了长长的队列。

沐浴着明媚的春光，在悠闲的田园风景中前进的队列，中途在经过13处叫做"建场"的旅所（日本神社祭礼活动时，神舆暂停处）时，一边表演节目一边前进。

在大内和岛崎地区的边界上设置了"竹矢来"这样的路障。由拿着6尺（1.8米）长青竹的壮汉进行盘问，当神舆接近关卡时，就连一般观看的人们都经常被要求止步。按照过去的惯例，要通过这个关卡，就要无一遗漏地使出所有的看家本领来。因此在这个关卡周围的广场就成了观看各个村落表演的最佳场所。

下午3点左右队伍到达浅水区的海岸边。神舆和队列像是被吸进去似的走进放置着"竹矢来"的白色沙滩上的围墙中。岛崎地区的区长，表情严肃，双手捧着全新的木桶，在浅水区域面向大海一步一步地走去。随后把灌满海水的桶交给神官。桶被供奉在祭坛上，祭典开始。

接着是各个村落的表演，狮子舞、万作舞、寺舞、神乐识字、马子歌等数十种之多，其中与日吉神社紧密相关的是少年们的"财宝舞"。

跳舞的七个人装束各不相同。带着头巾的"转柄勺（长把勺子）"打头，后面是被叫做山王权现的依代（神灵所依附的地方）的"孩子抱"；手里拿着锡杖（僧侣修行者拿的手杖，头部用锡做成，挂有几个环儿）的"山伏（在山野中修行的僧）"；腰上绑着小太鼓的"狮子"；女子的襦袢姿态，戴着贴着各色色纸的"筲箕下冠"；戴编笠（用菅、兰草、藁编的斗笠），穿黑色法衣的"道心坊（成人后就步入佛门的僧侣）"；背着琵琶（三味弦）拿拐杖的"座头（盲人乐师）"等，伴着笛声依次进入舞庭，和着转柄勺的前歌，大家一起唱后歌，一边挥动着各自的彩物（祭祀时，神职手里拿的道具，特别是御神乐时跳舞时手里拿的道具）一边跳舞。

神舆一来，海滩上的竹矢来周围立即形成一道人墙。很多人都前来观看，摊贩也摆起摊儿来。太阳落山后表演仍然继续着。等表演结束后神舆返回神社。

◇ 木幡山旗会

木幡山的旗会已有900余年的历史，号称日本三大旗祭典之一。

传说在天喜五年11月，源赖朝、义家父子在后冷泉天皇的命令下平定陆奥（奥州在古代时指陆前、陆奥、磐城、岩代4个地方，即现在的福岛、宫城、岩手、青森4县）之乱。但是，源家父子被占地利的安倍一族打败，仅仅剩下10几人，他们渡过阿武隈川，逃到了山中，寄宿在一户农家。正想打个盹儿休息一下的时候，辩财女神（七福神之一，掌管口才、音乐、财富、智慧和延寿、消灾、得胜的女神）枕边托梦，道："从这里向东方走1里（日本1里约3900米）到深山中的辩财女神神社去祈愿吧，你们的愿望会实现的。"深山中正如辩财女神所说有一座神社，源家父子立即赶到神社，祈求战争胜利。而这时，安倍贞任、宗任率领大军追杀过来。赶上暴风雪，山上白雪皑皑，安倍大军把木幡山老杉树上堆积的白雪误认为是源氏的白色军旗。判断源氏有许多兵力在此，不战而返。摆脱险境的源义家重整军队，成功平定陆奥之乱。朝廷封源氏为镇守府将军，赐名此山为"木幡山"。源氏在山上建造了神殿。此后当地的人们尊拜此山为神山，每年的11月18日，源氏白旗在前，后随手工做的五反旗，人们向山上的神社前

五颜六色的旗帜

进，进行拜祭，来缅怀将军义家的武功和品行。之后，祭典的时间由以前的每年11月18日改为每年12月第一个星期日。

供有木幡山辩财女神的隐津岛神社，位于木幡山（高666米）的中部，寺内有一块巨大的岩石。在延喜式内的古社里，虽然现在供奉的是月老、农神、桑神，但是根据神社历史记载，神护景云三年（769年）时，辩财女神被叫做"劝请"，大同年间（806~810年）被叫做"隐津岛的辩财女神"。

在木幡山，有国家级的自然保护品种"木幡大杉"。此外栽满老杉树的整座山也被福岛县指定为自然名胜。自古以来就有山荒则遭天谴的说法。山上古迹很多，除了神社大殿，还有山顶的藏王宫、木幡山经塚群以及木幡山三重塔。

祭典要提前三天开始准备。年轻人从各地赶来，聚集在如今仅剩下的二十几座堂舍（神社寺庙的大小建筑物）里，斋戒，沐浴净身。村民把做旗用的布收集起来，配好颜色，交由妇女们缝制。男人们负责准备旗杆，权立们（初次参加祭祀活动的15岁的孩子）负责做好随身携带的太刀。

当天早上9点，人们手持旗帜，从堂舍（神社寺庙的大小建筑物）出发，在木幡小学的校园里集合，年轻人举行扛旗赛跑活动。近年来为了迎接观光旅游的人们而举行的木幡音头舞（一种集体舞蹈）的表演和捣制年糕的活动，也非常热闹。

到了10点半左右，按照海螺、数名权立、驹形（祭典时，人做的马头、马尾巴，装作骑马的样子的东西）、白旗、彩旗、年糕、一般参拜者的顺序，排成一列长队出发。途中，路过同一神社的散宿地时，人们在那里早餐。

早餐后，沿着木幡山的山脊向奥宫的羽山神社前进。一眼望去，山路上数百杆五颜六色的五反旗哗啦哗啦在风中招展着，朴素而壮观。

午饭后，权立就和队伍分开，抄里参道（参拜神社庙宇的道路）向羽山神社前进。在神社的下方有一块叫"胎内潜石"的巨大岩石。人们从能容人穿过的岩石缝隙中钻过去。权立把随身携带的太刀放到岩石的背阴处。岩石上站立着的带路人吹响海螺，一问一答的活动就开始了。

问道："当年老去的你，权立的名字是什么？"，权立大声回答："对面的树根"。第三回合的问题，权立大喊道："八幡太郎"，话音一落，就会听到祝福的声音。然后权立进入羽山神社的乳屋，被赐给一种叫"乳"的汤，进行"食初仪式（开始喂饭菜的仪式）"。接着参拜羽山神社，按照第一年向后，第二年横向，第三年正面的方向进行参拜。参拜完毕后，权立成为了一名男子汉。之后，权立和旗队一起参拜隐津岛神社，大家一起三呼万岁，下午3点左右祭典结束。

◇ 田岛祇园祭

祇园祭是在南会津郡田岛町田出宇贺神社举行的。传说神社的一棵柳树下有一处灵泉，上面长出了稻子。于是人们开始在这里祭神，开垦水田。这里的祇园祭始于镰仓时代，是从田岛城主长沼模仿京都祭典发展而来的。江户时代田岛成为幕府的直辖地，作为连结江户和会津的驿站，在地理上起着极其重要的作用，因而祇园祭也一直延续下来。

田岛祇园祭具有与其他祇园祭不同的两大特征：一是"七行器行列"，另一个是"党屋制度"。

七行器是七个献给神灵的供物的曲物（薄木板挽制成的容器）状容器。其中有三个盛神酒的角樽，三个装红饭的三足黑漆行器，一个盛鲭鱼的雨台，共计七个。加上作为在同一神社院内祭祀的熊野神社

七行器行列

的一个角樽，一个行器，一个鱼台，共计10个。穿袴（上衣和裙裤）的年轻人手拿角樽和鱼台。新娘装束的女性手持盛红饭的行器，加入队列。未婚的女孩必须梳高岛田发髻，已婚妇女为丸曲发髻。每年人数不同，最多时达百人之众。据说，为了找到未来的新娘，近郊的很多年轻人也来观看庆典。

"党屋制度"是组织庆典工作的。现在有12组党屋，每12年一次，也叫作头屋、当屋。1981年，田岛祇园祭的党屋制度成为国家重要文化遗产。

1月15日一大早，被雪覆盖的神社里开始举行"党屋千度"。由当年轮到的党屋组组织大家进行净身活动。浴后大家用朱红的大杯畅饮，开始祇园祭仪式。

7月，庆典的准备也更加忙碌起来。12日开始采购庆典用的浊酒，15日鸟居悬挂注连（日本人祭神时或新年时挂在门前的稻草绳），17日在党本（代表党屋）前的入口处搭起神桥，18日在党本举行降神式。开始搭建庆典用的台子。19日上午10点开始在田出宇贺神社举行定期的祭祀。在党本举行"请取度（婚礼时，送新娘到新郎处的仪式）"的庆典，上一年和下一年的党本由夫妻共同参加。

到了傍晚，移动货摊开始出动。坐在货摊上的孩子们的独特的演奏声响彻在大路上。移动货摊的前半部分是舞台，后半部分是乐屋。来到事先定好的人家面前，表演歌舞伎。表演节目的地方叫做"艺场"，艺场的表演有一定的顺序。20日，天还没破晓，迎神的队伍踏着"嘿哟嘿哟"的号子声去社有林（神社管理的树林中）把小树运到党本，洪亮的声音打破清晨的寂静，以此宣告祇园祭开始。

先要在神社清洗两架神舆。过了7点，两名穿着袴和草鞋的少年作为七回侍者站在党本和神社之间。参拜六次御手洗和神社前殿，第七回作为七行器行列的先导返回党本。以烟火为信号，上午8点，七行器行列从党本的家出发。引人注目的是着新娘装的女性们。角樽和鱼台由男性拿着，装红饭的行器三个，加上熊野神社的一个共四个。但是为了不让自己的鼻息弄脏了行器中的供物，从党本到神社的路途中，都有人替换。穿新娘装的女孩们越多庆典就越热闹，但并不是谁都可以穿新娘装的，而是必须由当年的党本组的亲属担当，其双亲也要到场。

由七回使者打头，加上警备、神马、七行器，队列在人们的簇拥下到达神社。从神社开始神舆渡御（神舆启行）。

田出宇贺神社和熊野神社的两架神舆由白丁（举行神社仪式时，从事搬运物品等杂用的人）们抬着，在稻田和古风犹存的街道中行进。拂露打头，后随儿童团、神马、猿田彦、矛、长持等，组成长长的队列。中途在御旅所（日本神社祭礼神舆暂停处）进行庆典，然后返回党本家。

在党本家门前铺上草席，在神舆前举行祭礼。祭礼一结束，神官就渡过御神桥，在党本本阵交换祝词，之后大家开始吃午饭。神舆到达神社时已经是傍晚了。

举行庆典的广场上，歌舞伎摊床开始出动。人海中三百家摊贩热闹非凡，歌舞伎表演也很热闹，一直持续到深夜。

第二天，即21日的下午，在神社院内的神乐殿有太太神乐表演。现在留存曲目十二支，加上开始的乙女神乐，每年都会演奏数曲。

◇ 高田田植祭

如"伊势的朝田，高田的昼田，热田的夕田"这句话所说，高田田植祭是日本的三大田植祭之一。

伊佐须美神社因供奉着开拓会津的祖神而受到会津人的崇敬。作为奥州的二宫（仅排在一宫之后的神社），会津的总镇守（供奉镇守神的神社）地位很高，现在还有很多人从近郊赶来参拜神社里的月下老人和农神。

每年7月17日上午10点，以太鼓的声音为信号，伊佐须美神社本殿开始举行祭典活动。排成一列的神官们迈着庄重的步伐离开本殿之后，穿着羽织（和服，

"田荒"

短上衣）和绔（和服的下装，裤裙）的氏子团体陆续登场。而后，神社内出现很多孩子，他们头缠布条，布条内插着标记"剑先守"字样的剑形纸币。这些孩子被称做"童子"，是参加狮子追仪式的孩子们。

孩子们在拜殿前排成8列，从神官手中接过御祓（神社里除灾用的牌子），每一列最前面的人接过来的是木刻的假面。亲狮子、白狮子、苇毛驹、鹿、白马、赤马、先牛、后牛共8面，各自结着红白相间的长绳。童子们手握长绳，以太鼓声为信号，从左边开始绕着神社本殿走三周，然后绕过南门，一起来到街上，向御田神社走去。在去往御田神社的路上大家喊着"嘿哟，嘿哟"的号子穿过街道。中午时分返回神社。这次和出发时相反，队伍从本殿的右边开始绕三周，然后把假面交给神官。据说参加狮子追的话可以消病除灾，因此男女老少很多人都来参加。

狮子追开始后，神社内开始早乙女舞、狮子舞、稚儿舞的表演。早乙女舞只被佐布川地区的长子继承下来了，他们手带手甲（手盔、护手），脚套脚绊，披菅笠，打扮成女子模样跳舞。遮着脸的"持扒"两名，"早乙女"七名排成两列，"羽子板舞"、"棒舞"、"扇舞"，一个接一个地表演，最后用扇子表演插秧。然后是狮子舞和稚儿舞。

插秧人偶

　　下午1点以烟火为信号开始神舆渡御。先拂、神马、天狗、太鼓、狮子、田植人偶、舞人、稚儿、神官、巫女神舆、神马、笛、大拍子、乐人等，大约100来人排成长长的队列，穿过主要街道，向御田神社走去。格外引人注目的是叫做"凸"的插秧人偶，全部共有11具，真人大小，脸部各自不同。白翁、黑翁、白女三具是神，其他的人偶都是插秧的农夫。把这些人偶捆绑在1.8米长的竿子上，腰下垂着幕，由年轻人扛着走。

　　队列中有10匹左右的马，神官、町长、穿制服的警察骑马的样子很吸引人。在路上，戴着一字形状斗笠的乐人，一边走一边朗诵着叫做"道中催马乐"的插秧歌。

　　一个小时后，到达御田神社。把神舆放在指定的拉着注连（做标志的稻草绳）的场所，开始祭典活动。早乙女舞结束后，有人扛着叫做"凸"的人偶在田地里转三圈。穿着绔的乐人站在田地边上唱插秧歌。人们又一次跳起早乙女舞、狮子舞，神官献上祝词后氏子代表奉上玉串，然后神舆返回伊佐须美神社。

据说向大小约30坪（大约100平方米）的神田里扔十束捆好的秧苗，第二天早上5点左右附近农家的人们会赶来插秧，这叫做"早苗植"。

过去，在去往御田神社的路上，游行的人们挨家挨户的从后门进去从前门跑出来，以此来驱邪。在御田神社，人们光着脚跳进神田，这叫做"田荒"。回来时以一双泥脚，从来时人家的前门进入，穿过家中，从后门出来。

◇ 相马野马追

穿着祖先传下来的漂亮甲胄的骑马武士，在呐喊声中，迎着在风中招展的旗差物（在古代，插在背部铠甲上，用做战场标志的小旗），在夏日耀眼的日光中前行。相马野马追是一个非常壮观的庆典，近几年，数量增加到数百骑，让人仿佛回到了战国时代。

相马野马追起源于延马年间（923~931年），传说藩主（诸侯）相马将门公，在下总国小金原追野马，以此锤炼武功。元亨三年（1323年），相马氏将封地移到了奥州行方郡（原町市），后进入小高的新城，最后又移到了中村（相马市）。因此，上述的三个地方都分别留有相马氏的城址和妙见神社。

7月23日下午举行乘云骑马比赛，24日下午举行古式甲胄骑马比赛和神旗争夺赛，这些比赛的场所都设在原町市云雀原的广阔草原上。血气方刚的骑马武士驰骋在草原上，烟尘滚滚，激烈的比赛仿佛再现了过去猛士的敏捷身姿，观看者为勇士们呐喊助威。

相马市、鹿儿岛、原町市、小高市、浪江市、双叶町、大熊町的勇士们聚集在云雀原，穿着甲胄，以乡（乡是旧藩时代行政区的叫法）

为单位集合，组成出阵式，23日正式开始庆典。

由本阵所在的宇多乡（相马市）在相马中村神社里迎接总帅、军师们，大家举杯庆祝出师，齐唱军歌"相马流山"。出师仪式一结束，就和神社的神舆向云雀原出发。中途，在鹿儿町与北乡势汇合。

在原町市的相马大田神社里，中乡势的200多骑，举行相同的出师仪式。在小高町的相马小高神社里，小高乡和标叶乡的队列（浪江、双叶、大熊的各町）汇合。

下午2点在云雀原开始"乘云骑马比赛"，这是即将面临明天正式比赛之前的热身赛。带着白色的缠头布，身着野袴、阵羽织，配上古式马具的勇士们，挥动着鞭子，全力奔驰着。马蹄声震天动地，卷起无数尘土。

晚上从7点开始在原町市内举行相马盆舞的盛装游行。人们在旭公园围成跳舞的圆圈一直欢庆到深夜。

24日是庆典的高潮。早晨吹响第一次螺号时，大家纷纷起床；第二次螺号响起时，做好准备的勇士们聚集在小川桥；第三次螺号响起时，在总帅的指挥下，全军列队坐好，上午9点半以烟火为信号，队列按中乡、小高乡、北乡、宇多乡的顺序，开始向云雀原进发。

上午11点到达庆典场所后，三架神舆被抬上本阵山。各个乡的骑马队列依次排开，等待着比赛的开始。这时，本阵山的观众席上早就聚满了观众。

古式甲胄骑马比赛从中午开始。颜色形状各异的旗差物在风中招展着。骑马猛士在一圈千百来米的马场上驰骋着，不由得让人想起了

野袴

阵羽织

源平时代争头阵的华丽与魄力。因为人和马都没有经过专门的训练，所以突发事件很多。观众们既紧张又兴奋，观看席上充满了笑声和声援的声音。

下午开始进行神旗争夺赛。以阵贝的号声为信号放烟花。烟火20发，神旗40面。耀眼的妙见神社的御神旗从天而降。追逐神旗的勇士们策马疾奔，争先恐后。御神旗在风中忽左忽右的，勇士们也跟着左奔右跑。马和马，人和人不断地相撞。马的嘶鸣声，男人们的怒吼声此起彼伏。骑士们手拿着长鞭，伸长手臂巧妙地去够取从天而降的御神旗。策马一口气跑上本阵山，领取奖品。在夏日的晴空下，热汗淋漓的赛马比赛结束后，三神社的神舆也开始返回。

在小高町，人们在沿途的3300处生起篝火，向天空燃放3000发烟火（一般是从下午7点开始），以此来迎接小高乡的骑士们。

神旗争夺赛

25日，在小高町的浮舟城址（小高神社）进行古式的"野马驱"。在离城址大约2000米的"岩迫"，放出数匹无鞍马，以阵贝号声为信号，勇士开始追赶无鞍马，试图把无鞍马赶进神社院内事先准备好的"竹来失"中。御小人（身份卑微的人），即几名净身数日的小孩，选定一匹健壮的马，把竹竿一头系有绳子的"套驹竿"放在神水里浸泡，然后在马背上拍打。御小人们抱住马头和马背，赤手空拳把抓到的马献给神灵，庆典到此结束。

这一活动虽然在明治时期一度中断，但随后恢复，庆典时间变为每年7月11~13日举行。此后又考虑到孩子们的暑假及观光因素，又改为7月23~25日。

◇ 御宝殿熊野神社祭

从勿来站向北大约2公里，坐落在鲛川南岸森林中的熊野神社，和坂上田村麻吕的传说有着密切的关系。在大同二年（807年），纪州熊野新宫分灵到此（将某处神佛之灵分祭在其他地方），刚占领社地的时候，三只鸟飞起又落下的那片森林就是现在的神社。这座神社供奉着当地的守护神，自古传承下来的祭典风俗保留至今。例如，占卜收成好坏的"矛立"祭典、成为重要的非物质民俗文化遗产的稚儿田乐和狮子舞、被看做神的依带的担当敕使的儿童等。

7月31日，祭典在磐城市锦町熊野神社开始，从一个叫做大岛的村落选出一名6岁的男童作敕使。在世袭的介添使和守役的帮助下，敕使在傍晚时分乘马到东边大约2公里远的须贺海岸，用潮水洗浴净身。到凌晨零点，敕使和共司一起参拜本殿、摄社、末社，这叫做"丑刻参拜"。从这一时刻开始到第二天下午祭典结束，敕使不能睡觉。一打瞌睡，守役就会把神社后鲛河的水浇在敕使的身上。晚上9点，在宫司的宅前庭院和社务所表演稚儿田乐。

8月1日是祭典正式开始的日子。早上，在长长的参道（参拜庙宇，神社的道路）中部立起两根矛。立矛是祭典开始的标志。矛一旦立起来，祭典就要风雨无阻地进行。上午10点在神殿开始祭典。用五色布装饰的马背上驮着熊野神社的币束。

占卜收成好坏的矛立祭典从中午开始。矛是用带根的十多米长的真竹（孟宗竹）做的。在接近顶端的地方固定上一块圆板，圆板上的一面画上兔子，一面画上三只脚的鸟。兔子代表山，被立在参道的西侧，如果兔子一方胜出，那么这一年农业就会大丰收。鸟代表海，被立在参道东侧（靠海），如果鸟一方胜出，那么这一年渔业就会大丰收。挥动信号旗后，两支矛由男人们扛着跑上参道，然后立在殿前。

在大自然的威力极大地左右着人们生活的年代，人们对于神的信仰非常之深，在神前展开的占卜竞技也非常地正式，而且十分狂热。但是不知从什么时候起，代表海的参加者逐渐减少，现如今只有长子地区的人们继承着传统的祭典。

下午1点开始的是稚儿田乐。八名从八九岁到十二三岁不等的田乐童子担任主要演员。两名戴着黑帽，手拿矛的拂露和六名带着板芒的拍板的少年排成两列，面对面跳舞。

两名拂露少年手里拿的矛，分别画着鸟和兔子，按照东侧靠海为鸟，西侧靠陆地为兔子，分好位置。这被认为是关系到渔业、农业丰收的祭典舞的象征。拍板是由30~35枚18厘米长的细长桧板串起来的东西。由三名笛手，一名太鼓手伴奏，表演叫做"总巡"的独特舞蹈。狮子舞在面对参道的城楼举行。天井无盖，在大约2.5米的地方拉起幕，笛、太鼓的演奏者从低一点的地方进入。脸上带着假面具，按照扇子打开的顺序在城楼里跳鹭舞、龙舞、鹿舞、狮子舞。

下午4点时分，社殿里又开始了田乐。在青竹声中，神灵上了神舆，朝着叫做本宫的御旅所前进。这时敕使衣冠整齐的乘马出现。"神到了"，村民们开始叩拜。

傍晚时分，在神社院内人们让无鞍马奔跑。敕使和年轻人到大约1公里外的御灵神社参拜，在这里舞动狮子舞用的白布，用来驱除蝮蛇，祭典持续到夜晚方宣告结束。

关东地区

茨城县

◇ 日立风流物

日立风流物是在大型的彩车上进行的木偶表演。在日本进行木偶表演的彩车被称为"风流物山车"。茨城县日立市的日立风流物以其做工精巧、气势庞大而闻名日本。彩车上的音乐演奏者多时可达30人以上，需要200人牵引彩车。其所用的彩车被指定为日本国家级的重要有形民俗文化遗产，木偶表演被指定为日本国家级重要非物质文化遗产。

日立风流物原来被称为"宫田风流物"，江户时代中期开始将木偶与彩车组合在一起，明治时代逐步形成与今天相类似的形式。过去日立风流物一直在5月3日神峰神社的庆典活动中登场，后来改为在每年4月的第二个星期六、星期日举行的"日立樱花节"上表演。

日立风流物彩车共有4台，彩车部分的组装以及木偶的制作都是分别由宫田地区的东町、北町、本町、西町的居民自己动手完成的。彩车高约15米，宽约3至8米，纵深约为7米，重量可以达到5吨。

以上照片为舞台变形的过程以及表演时的场景

2003年参加演出的本町的彩车中，约有10位演奏者和40名木偶表演者参加了演出。

彩车分"表馆"和"里山"两侧。"表馆"一侧的一层是伴奏席，上面5层全部为舞台。彩车的舞台部分造型奇特，其变化的过程让人不禁联想到变形金刚。从外表看，舞台好像是五层叠落在一起的屋顶，表演时这些"屋顶"状的部分可以从中间裂开，平放后变成5层舞台。舞台内部设有升降机，可使木偶升降。木偶的动作逼真，可以做出像射箭那样精细的动作。与动作相配合的枪炮声等声音装置也十分到位。因为舞台有5层，所以可以表现立体、宏大的场面。

伴奏所用的乐器包括鼓、笛子、钲等，伴奏与活动木偶相互配合进行表演。先由"表馆"一侧表演，表演结束后，彩车旋转180度，改为由"里山"一侧进行表演。"表馆"一侧的表演包括忠臣藏、源平盛衰记、太阁记、川中岛等；"里山"一侧的表演包括安珍清姬、清正虎退治、自雷也等。

◇ 龙崎的撞舞

龙崎的撞舞是龙崎市内的八坂神社祈雨以及祈求五谷丰饶、祛病消灾的神事活动，距今已经有400多年的历史了。每年盛夏时节的7月末在八坂神社祇园祭的最后一天举行。据说，高耸的柱子表现了龙升天的神态，柱顶的圆台则被喻为龙的坐骑。

有关撞舞的起源还不十分清楚，有一种说法认为撞舞源于中国民间艺能的"寻舞"，其传入日本之后形成散乐，后与日本古代神事活动相结合，用于祈求丰收和求雨。室町时代随着村落的逐渐形成而在民间流传开来，融入了民众的生活当中。到了近代，除了茨城县的龙崎以外，仅有千叶县的野田市、旭市、多古町的撞舞得以保留。而野田市已经近百年没有进行撞舞活动，2006年特别出资邀请龙崎的撞舞师来野田表演撞舞,希望借助龙崎的力量逐步恢复当地这一古老的艺能活动。

"撞舞"在日语中又被称为"柱舞"。表演时,在空地上树立起一根高约14米的木柱,用棉布把柱子缠裹起来,并用棉布打结做成阶梯,以便表演者可以用脚钩着向上面爬。柱子的顶部用铁和木头搭成一块直径约80厘米的圆台,同样用棉布缠裹并打结。被称为"舞人"的表演者爬上圆台后,会向东南西北四个方向射箭,然后在圆台上做出倒立、身体悬空等各种动作。柱子的两侧拉有绳索,表演者完成了在圆台上面的动作后,顺着绳索,一边下滑,一边作出旋转、倒立等各种动作。

2005年的龙崎撞舞于7月24~27日之间举行。晚上6点钟左右,身穿蔓草花纹的服装,脸上戴着雨蛙花纹面具的表演者在音乐的伴奏声中顺着柱子登上顶部的圆台。他先向四个方向射箭,据说射出的箭落到谁家,谁家在一年当中就可以免灾,捡到箭的人可以得到幸福。由于表演者在表演的整个过程中没有使用保险绳,所以在圆台以及绳索上做的倒立、旋转等动作十分惊险,头上戴的面具阻碍了表演者的视线,无疑加大了表演的难度。伴随表演者动作的时紧时慢的音乐伴奏更加重了紧张空气。在表演的过程中,观众们除了偶尔发出一两声赞叹声之外,大部分时间屏声静气。整个表演过程结束以后,人们悬着的一颗心终于落地,霎时间掌声四起。

由于表演撞舞的危险性高、难度大,要求表演者具有过人的胆识、臂力和体能。表演者大部分为从事高空作业的建筑工人或是在学生时代练习过体操的人。大部分表演者可以表演到40岁。2006年在千叶县野田市表演撞舞的"舞人",年近40岁,却一直没有结婚,其中一个原因便是撞舞具有危险性。即将与他结婚的女性提出希望他不要再表演撞舞的要求。家人的担心与阻挠加大了培养撞舞表演者的难度。然而,撞舞的高难度表演正体现出古人求雨、祈求丰收的迫切心情。

◇ 石冈节

　　石冈节是茨城县石冈市常陆国总社宫的重要节日，其正式名称是"常陆国总社宫大祭"。公元八世纪时，石冈是常陆国的政治、文化中心。当时石冈的长官又被称为国司，其重要任务之一就是管理神社以及各种祭祀活动。新上任的国司需要到管辖界内的各个神社参拜，为了能够便于参拜而将界内各神社供奉的神灵合起来供奉在"总社"。根据常陆国总社宫的社记记载，总社宫创建于公元八世纪，其所供奉的主要神包括素盏命尊、大国主尊等6位神，这些神代表着东西南北天地，也代表国内所有的神灵。

　　江户时代元禄期，石冈节演变为平民百姓祈求阖家安泰、无病无灾的节日。1902年以后改为由周边的15个町每年轮流负责举办。这15个町包括：森木、大小路、土桥、金丸、守横、富田、仲之内、宫下、青木、幸、国分、若松、泉、中、香丸。负责主办石冈节的地区会搭建神灵临时下榻的寓所。现在的石冈节于每年9月敬老日到来之前的两天前开始，持续3天。也许是由于石冈节在当地又被称为"唤雨节"的缘故，石冈节期间经常会下雨。

　　石冈节的第一天举行"例大祭"，由各地区的氏子代表参加这一神事活动。下午2点，以焰火为信号，开始神舆巡游，目的是将神灵送到主办地区搭建的神的临时寓所，各个地区的彩车、狮子跟随其后。途中，神舆可能不按照原定路线走而多拐几个弯，那么彩车、狮子等必须等待神舆重新回到原定路线来。第二天举行"大祭"，在神社内由茨城县高中的学生举行相扑比赛，并在神社内的神乐殿内上演歌舞以及神乐等。下午3点钟，狮子队开始巡游，晚上7点钟开始彩车巡游。第三天下午2点举行"还幸祭"，神舆将神灵由临时寓所送回神社。途中，神舆仍然有可能不按照预定路线走，那么各町的彩车在巡游过后需要在指定位置等候神舆到来。神舆到达神社后举行"还幸祭",意为让神灵归位,同时与第二年主办石冈节的地区进行交接工作。

石岗节被称为关东地区的三大庆典节日之一,规模盛大。加上常陆国总社宫位于国铁常磐线石冈站附近,交通方便,所以游客众多。三天之间有40万左右的游客前去观看。当地有40多台神舆、彩车参加巡游活动。头戴重约20公斤的狮子头跳的狮子舞是整个庆典活动的压卷之笔。

◇ 浊酒节

浊酒是指在蒸熟的米饭内加入酒曲、酒糟后经过发酵酿造的酒。在日本,虽然人们利用简单的家庭用工具便可以制造浊酒,但是未经政府批准,私自酿造浊酒是违反酒税法的。茨城县行方市的春日神社在关东地区是唯一得到政府允许酿造浊酒的神社,这在日本全国也是屈指可数的。每年浊酒节开幕前,潮来税务所的税务人员会进行检查,并征收酒税。

春日神社每年11月23日举行的浊酒节被指定为行方市的非物质民俗文化遗产。每年浊酒节的时候,会吸引很多来自外县的客人。乘坐国铁在潮来站下车后,再乘坐大约一个小时的巴士,下车徒步3分钟左右即可以到达春日神社。

春日神社的浊酒节据说大约起源于1200年前的平安时代初期。公元809年,人们将奈良的春日神社的神灵迎请到清沼地区,在当地建成了春日神社。神社的神官以及周边地区的氏子们为了庆祝神社的落成,向神灵祈求五谷丰登,酿造了1580升浊酒敬献给神。江户时代开始,改为用浊酒表示丰收后对神灵的感谢。

现在青沼地区分成四个组,每年交替负责此项活动。每年10月末收获新米之后，负责酿酒的地区便开始用新米酿造浊酒，每天派人昼夜巡视，不断调节发酵的温度。每年大约酿造200升浊酒，11月23日勤劳感谢日那天用浊酒敬神后，分发给当地的氏子和前来参拜的客人，以表示对五谷丰登的感谢之意。在浊酒节的前一天晚上会举行"前夜祭"（也称"开哺会"），款待各个地区的代表和当地的老人，请他们对当年酿造的浊酒进行评价。浊酒节当天还会在神社的院内搭建临时舞台，由当地的青年团的成员表演歌舞。虽然现在酿制的浊酒数量较过去大为减少，但是这项活动所吸引来的参拜者却有年年增加之势。

栃木县

◇ 二荒山神社弥生节

　　日光的二荒山神社弥生节是二荒山神社每年的大典，4月13~17日期间举行，被誉为日光春天的使者，迄今已经有1200多年的历史，平安时代的《日光山三月会日记》中就已经有了对其的记载。日光二荒山神社于公元790年由胜道上人创建。1999年，与日光东照宫、日光山轮王寺合称为"日光的社寺"，被指定为世界文化遗产。

　　"弥生祭"最初在农历6月份举行，由于天气炎热，820年改为农历3月3日举行，弥生祭因此又被称为"三月会"，延续至今。明治五年（1872年）根据政府颁布的改历令，改为于公历4月举行。举办弥生节需要严守各项规定，否则便可能引发町与町之间的纷争，因此它又被称为"争执节"（ごた祭）。历史上曾经为此发生过人员伤亡事件。

　　13日举行装饰本社、本宫、泷尾三社神舆的仪式，这揭开了为期5天的弥生节的序幕。"本社"、"本宫"、"泷尾"三社的神舆上刻有南北朝时代的印记，可见其历史之悠久。"神舆装饰仪式"后，举行点灯仪式，点亮二荒山神社院内的"化灯笼"（因灯笼上绘有日本各种神怪故事，故有此称）。

　　在为期5天的弥生节当中举行一系列的活动，其中最引人注目的活动是原本于17日举行的"献花家体"。当地人将彩车（一般日语称其为"花屋台"）称为"花家体"，其发音是はなやたい。"献花家体"活动中，装饰艳丽的彩车巡游之后，进入二荒山神社。各个町的两名行事和两名头役按照古法拜访其他町的彩车队伍，彼此问候致意并交换印有所在町名称的名片。请神官驱邪后，巡游队伍绕着大殿走一周，称为"转明神"。参加"献花家体"的包括市内东町内8个地区的8台彩车和西町内4个地区的4台彩车，共计12台。

与弥生节的悠久历史相比,"献花家体"始于江户时代,历史并不长。在过去这一活动只是弥生节的附属部分。1954年,为了纪念日光改制为市,市观光协会在16日晚举行了弥生节的"前夜祭",其主要内容就是表演"献花家体"。从此以后,"献花家体"改为在16~17日两天当中举行。

负责弥生节彩车巡游的主要是被称为"若众"的青壮年男子。"若众"制度过去曾经遍布日本各地,但是明治时代以后,大部分地区的"若众"被青年会或青年团所代替。而日光是保留这一制度的为数不多的地区之一。在第二次世界大战以前,只有从江户时代开始就在此居住的家庭的长子才有资格成为"若众"。"若众"内有严格的分工。被称为"头役笔头"的是"若众"中的最高负责人。"头役"相当于总务,"小口"相当于"头役"助理,"行事"相当于会计,"若者"则是各种杂物的具体执行者。过去,在"若众"中的地位不同,着装也不同。"头役"以上的穿带有家徽的和服外装,"小口"以下的穿上下身分开的礼服。在弥生节中担任演奏的主要是女性,现在男性也会辅助性地演奏笛子或敲鼓。

◇ 日光强饭式

日光强饭式是日光山独有的仪式。轮王寺的正殿三佛堂是东日本最大的木造建筑。正殿内供奉着千手观音、阿弥陀如来以及掌管兽界的马头观音三尊金箔佛像,故称为"三佛堂"。从明治时代开始,日光山分成了轮王寺、东照宫、二荒山神社三处参拜地,在此之前,日光山作为一个整体,被认为是关东地区神道教与佛教的灵山,是修行者修炼的圣地。1999年12月,轮王寺与日光东照宫、二荒山神社以"日光的社寺"的名义,被登录为世界文化遗产。

据说轮王寺的强饭式始于奈良时代,其创始人是日光山的开山鼻

日本的祭礼

日光山地图

80

祖胜道上人。强饭式起源于当时的修行者将献给神灵的祭品从山里的修道场带回来分给百姓。后来发展为不限于从山里的修道场带回来的供品，用供奉给日光三社权现（千手观音、阿弥陀如来、马头观音）、开运三天（大黑天、辩财天、毘沙门天）的供品也可以举行强饭式。到了江户时代，这一仪式的影响力不断扩大，就连德川将军的家人以及各地的大名都曾经登记为强饭式的"领受人"，并引以为荣。因为当时的日光山作为"轮王寺之宫"迎接皇子的"镇守国家的道场"而闻名全国，享有很高的规格。据说只有十万石以上的大名才有资格成为强饭式的"领受人"。

现在，轮王寺的强饭式于每年4月2日举行。一共举行两次，第一次是11点~11点50分，第二次是下午2点~2点50分。一般的参拜者只要花3000日元就可以参观强饭式。参观强饭式的参拜者可以得到饭勺形的特别护身符和福米。

强饭式主要包括三个部分：

（1）僧侣、修行者、领受人约20人在法螺声中进入三佛堂，紧闭门窗，熄灭灯烛，只留下佛坛上的一支蜡烛照明。随着开始咏诵《三天合行供》，祈祷神灵保佑，整个佛堂内充满神秘气氛。念经完毕后，堂内掌灯，"领受人"走上佛坛，开始"强迫领受仪式"。

（2）"强饭领受仪式"包括：饮"御神酒"、念"祈祷文"、领受"强饭"及菜膳供奉神灵。身着修行者服的强饭僧搬出盛有3升米饭的大碗，命令领受人"75碗饭一粒不剩吃下去"（75碗饭相当于3升米饭）。作为信徒代表的"领受人"吃下饭就可以"七难即灭、七福即生"，免除灾祸、家运昌盛。据说现在强饭式的领受人每次有6人，多为企业的董事长、总经理，而且"75碗饭"只是个象征，并不需要真正吃下去。

（3）"领受人"将信徒们供奉的吉祥物从本堂的走廊抛给在外等候的参拜者，这样做是为了遵守佛教的理念，即："将"强饭领受仪式"

上得到的福气、好运与一般的参拜者分享。

除了轮王寺的强饭式以外，日光地区还有日光市生冈神社于11月25日举行的孩童版强饭式以及位于鹿沼市发光路的妙见神社于1月3日举行的强饭式。生冈神社的强饭式由孩童们身穿上下件套礼服扮演领受强饭的氏子以及修行者。修行者强迫孩童吃下神赐的山珍海味，其随从却将芋头塞进孩童的嘴里。整个活动充满幽默欢快气息。它被指定为日光市的非物质文化遗产。在轮王寺强饭式的影响下，妙见神社的强饭式始于延文年间（1356~1361年），于1996年12月20日被指定为国家重要非物质民俗文化遗产。妙见神社的强饭式准备丰盛的酒宴款待定期来人间访问的神佛，并"强迫"众人领受为神佛准备的酒饭芋头。

◇ 乌山"开山节"

乌山"开山节"是栃木县那须乌山市八云神社的神事活动的一部分，于每年7月的第四个星期五~星期日之间举行。这一活动于1959年第一个被指定为栃木县重要文化遗产民俗资料，1963年被指定为国家选择的民俗资料，1979年2月被指定为日本国家重要非物质民俗文化遗产。为"开山节"所吸引的观众每年可达到10万~20万人。

根据八云神社的社志记载，乌山"开山节"始于永禄三年（1560年），距今已有450多年的历史。据说当时正处于战国的动荡期，又遇饥馑之年，爆发疫病。人们通过占卜认为只有从大桶村将牛头天王迎请到此才能祛除疫病、天下太平、五谷丰登。人们将牛头天王迎请到乌山町后，在神前搭建舞台，表演相扑及神乐、狮子舞以敬神，并因此得以祛病消灾。人们非常喜悦，从此将在神前表演的活动延续下来，并建造了神殿。宽文年间（1661~1672年）开始了舞蹈表演。元禄年间（1688~1703年）开始狂言表演。享保至宝历年间（1716~1763年）

开始将歌舞伎舞蹈加入到表演中，同时舞台背景也不断扩大。1666年，在石头砌的石台上建成新的神殿，神殿看起来显得更加宏伟。当地的人们用当地特产乌山和纸制作了"山"作为舞台背景，并在神社内设置舞台为参拜者表演节目。

到了江户末年，"开山节"发展成今天所看到的野外歌舞伎的形式。其最大的看点是演技以及作为舞台背景道具的"山"。"山"依次分为前山、中山、大山，此外还包括馆、桥、波等。背景宽约8米，高约20米，长达100米。"山"不仅描绘出四季的景色，而且可以随着剧情自由变化，演出结束后还可以快速折叠，送往下一个表演场地（2007年全町共设了16个表演场地）。这些舞台背景是以细竹条为骨架，外边蒙了多层乌山和纸而制成的。演出时，当地的女孩子随着三弦奏出的常磐津的曲调，表演《子宝三番叟》、《将门》、《回桥》、《关扉》、《老松》等优美的歌舞伎舞蹈。

《子宝三番叟》于1784年初次上演，后来成为"开山节"第一天晚上必演的曲目，表演时间大约25分钟。节目表现了一位有12个孩子的福者讲述四季的情趣。

在历届"开山节"中表演次数最多的曲目是《将门》。这个曲目1836年首次上演，表演大约需要45分钟。剧情大意是：平将门被灭之后，他的女儿泷夜叉姬借助妖术希望东山再起。她想引诱前来讨伐的大宅太郎光国，以便为己所用，但是被识破，双方发生了一场恶战。这首曲目无论是唱腔，还是舞蹈都十分精彩，而且剧情与背景"山"十分协调，所以成为表演次数最多的曲目。

《回桥》于明治二十三年（1890年）初次上演，表演大约需要50分钟。曲目的大意是渡边纲在京都的一条回桥遇到了一位名叫小百合的美女。在小百合向他倾诉衷肠之际，却发现她原来是爱宕山的恶鬼所变。经过一番打斗，终于砍落了恶鬼的一条胳膊。

《关扉》与《老松》是"开山节"最后一天上演的曲目。首先上演的是《关扉》，这首曲目于1784年首次上演，大约需要50分钟。剧情大意是：关兵卫，其真实身份是想一统天下的大伴黑主，从倒映于杯中的星星的影子想到现在的时节，便想砍下樱花树，用它做巫术中所需的"护摩木"。此时装扮成美女的妖精现身，一番调情之后，双方现出真面目，最终发生了一场恶战。《老松》于1747年首次上演，是"开山节"中历史最悠久的曲目，主要表现了祝福之意。

庆祝"开山节"的时候，需要提前一个月开始做准备工作。而且由于同一天之内在不同的场地进行演出，必须不断更换场景，所以需要150人相互配合。"开山节"的演出由乌山町的6个传统地区轮流负责，即：元田町、金井町、仲町、泉町、锻冶町、日野町。这么多的人同时在一起行动，需要有严密的分工合作。负责"开山节"的是被称为宫座的当地民间组织。宫座由八云讲的八云委员、中老、若众世话人、木头、若众形成纵线联系。八云讲是宫座的领导组织，八云讲的讲长由八云神社的宫司担任，各町的三名主要负责人与曾经担任过中老的人组成八云讲。中老相当于若众的顾问，必须由曾经做过若众的人担任。若众世话人相当于一个町的若众的总负责人，木头是指若众的现场总指挥，若众在木头的指挥下根据剧情转换场景。若众分工负责舞台演出的不同部分，各部分的负责人被称为主任。

乌山町为了"开山节"成立了执行委员会，负责庆典活动当天的交通管制，并且为活动提供900万日元的赞助。不足的部分由负责的各町的成员赞助。此外，乌山町还于1991年开设了"开山会馆"，展出小型舞台布景、彩车以及"开山节"的录像资料，协助"开山节"活动的保存与继承，并且将其树立为乌山町的新的观光景点。"开山会馆"每年从町政府得到2000万日元的资金援助。

传统上只有各个家庭的长子才有资格成为若众，现在由于高龄化、少子化等因素，很多町若众的数量不够，需要招募志愿者，甚至需要出钱雇佣临时工。一些只有老人的家庭脱离了自治会，这影响了自治会费的收缴，也影响了"开山节"的主办。此外，现在参与"开山节"的只限于乌山町的6个传统地区，其他的地区并没有参与。

◇ 鹿沼的秋季庆典

鹿沼的秋季庆典原本属于今宫神社的神事活动的一部分，由于其彩车的精美华丽以及庆典活动的精彩吸引了许多观众，现在成了当地最为盛大的活动。这项活动于每年10月的第二个星期六、星期日举行，2003年2月被指定为日本国家重要非物质民俗文化遗产。

鹿沼市位于栃木县中部偏西，北边与著名观光地日光相接。今宫神社于公元782年创立，神社内供奉的是由日光二荒山神社迎请来的大己贵命（おおなむちのみこと）、田心姬命（たごりひめのみこと）等神灵。鹿沼距离东京大约有100公里，在鹿沼市成立之前，这里被称为"鹿沼驿"，是由东京通往日光的必经之地。当时，鹿沼地方出产的麻、人参等特产远销江户、大阪、京都等地，商品经济的繁荣为制造大型雕刻彩车奠定了经济基础。与江户直接相连的道路，使得许多文人墨客、能工巧匠汇集于此。

有关鹿沼的秋季庆典的起源，据说庆长十三年（1609年）夏天鹿沼地区遭遇大旱，氏子们汇集于今宫神社向神灵祈雨。三天后，天降大雨。当地民众为了感谢神灵显灵，在雨停后的6月19日、20日，手举花伞，举行庆典活动。这一活动后来演变为民众们在各自地区的彩车上表演舞蹈、狂言等，并与其他地区相互比试较量。

19世纪上半期实施的文政、天宝改革，提出抑制社会上的奢华风气。当地的民众因此由比试各自的表演改为比试彩车上雕刻的精美华丽，由此形成了今天彩车的样式。彩车由各个地区分别保管。在现在使用的27台彩车当中，有14台是江户时代制作的。鹿沼彩车的雕刻方法吸收了日光东照宫的建造手法，有的彩车还绘有颜色，做工精致，绚丽豪华。每个地区为了自己的彩车可以在庆典活动中大放异彩，可谓极尽所能。因此，当地的彩车又被称为"雕刻彩车"。由于彩车建造的年代不同，建造手法各不相同，其差异主要体现在彩车外观的色彩上。彩车分为内室和舞台两部分，内室是演奏者坐的地方。1998年，当地建成了"雕刻彩车展示馆"，庆典活动以外的时间，部分彩车在此展出。

庆典活动的第一天下午1点左右，各地区的彩车队伍开始一边在市内的街道中巡游一边向神社汇集。傍晚6点钟左右，在灯笼的照耀下，彩车离开神社回到各个地区巡游。第二天是彩车、神舆巡游。在这两天当中，每当彩车在途中相遇时，两边的演奏队伍便会用音乐一比高低。乐队的较量与雕刻彩车是鹿沼秋季庆典中最吸引观众的两大看点。

群马县

◇ 少林山的达摩集市

群马县高崎市少林山的达摩集市于每年1月6日正午至7日正午举行。当地民众制作达摩像的活动据说始于十八世纪末期的天明年间。当时正值荒年饥馑,少林山达摩寺的东狱和尚教当地的民众按照开山鼻祖东皋禅师所绘的达摩图制作达摩像,以作为他们补贴家用的副业来源。后来,人们将达摩像视为生意兴隆、家泰安康的吉祥物而争相前来达摩集市购买。

达摩与中国少林寺的关系可谓源远流长。据说达摩出生于印度,后来出家并来到中国修行。他与梁武帝之间的问答以及在少林寺面壁9年而终于开悟等传说在中国民间广泛流传。日本禅宗将达摩视为初祖,在日本民众心目中达摩是吉祥、愿望达成的象征。

最初的达摩像采用写实手法,表现了达摩的坐姿。由于很多农户养蚕,为了保佑蚕生长得好,达摩像逐渐变成了今天这样外形浑圆的蚕茧形状。为了祈祷蚕顺利蜕皮(日语将蚕蜕皮称为"蚕睁眼"),农户会在许愿时将达摩像的左眼涂黑,等到蚕作茧的时候再将右眼涂黑。这一习俗流传至今。今天,很多政治家、备考生也会采用这种方式来许愿和庆祝愿望的达成。

高崎地区的达摩像被称为"高崎的福达摩",其眉毛和胡子很宽,有的用鹤表示眉毛,用龟表示胡子。也有的达摩像用松树表示胡子,用竹子和梅花表示鼻孔。据说红色的达摩像可以祛除百病,保佑家人安全、生意兴隆、出入平安。白色的达摩像可以带来幸福,是婚礼时用于集体题词的吉祥物。金色的达摩像则可以使财运亨通。达摩像的底部一般较重,这样即使倒了,也可以重新站起来。这一特点也是达摩像深受欢迎的原因之一。因此在日本民间流传着"达摩像摔倒了也没关系。摔倒了还会再爬起来，从一开始，下次一定可以成功"的说法。

　　日本很多地方，特别是关东地区到东北地区的这一区域，每年都会举行达摩集市。其中以在高崎市少林山达摩寺的院内以及参拜路两侧举行的达摩集市最有名而且规模也最大。据说每年有将近30万人来此集市。此外，于2月11日举行的福岛县白河市的白河达摩集市，以及于3月3~4日举行的东京都深大寺的达摩集市也很有名。除此之外，各地还有很多达摩集市。例如：秋田市的"星辻"达摩集市于4月12~13日举行；水户市的于1月8日在市杵神社举行；群马县桐生市的于1月的成人节时在普门寺举行；埼玉县川越市的于1月3日在喜多院举行；东京都八王子市的子安神社达摩集市于1月9~10日举行；东京都青梅市的住吉神社达摩集市于1月12日举行；神奈川县的第六天神社的达摩集市于12月27日举行。

　　现在日本全国每年生产的达摩像达到200万个左右。而少林山达摩寺周边大约有100户人家制作达摩像，其产量占日本全国总产量的80%，形成了这一地区的特色产业。

1.达摩坐像

2.涂黑了一侧眼睛的达摩像

◇ 上州白久保茶会

上州白久保茶会原本是白久保天满宫的神事活动的一部分，现在每年于2月24日在位于群马县中之条町五反田的"茶会之家"举行。有关白久保茶会的起源以及历史发展过程至今并无详细的记载，有关此茶会的最古老的记载可见于宽政十一年（1799年）的《御茶香觉帐》。该文记载的内容与今天茶会记录的《御茶讲连名帐》的内容基本相同，由此可以推测江户末年的茶会与今天的茶会形式基本相同。

茶会中使用的材料包括甘茶、涩茶（煎茶）、橘皮茶三种。将各种材料用浅锅烘焙后用茶臼捣碎筛过之后制成细细的粉末。将三种粉末按照不同的调配比例制成一茶、二茶、三茶、客茶四种茶。

《御茶香觉帐》中记载茶会的方式是将四种茶分十次（现在是分七次）献给茶客，让茶客猜出所饮茶的种类，优胜者给与奖品。茶客不直呼其名，而是以花、鸟、风、月等称呼。这些做法可以说是延续了镰仓时代至室町时代在武士之间盛行的"斗茶"的传统，是日本国内十分珍贵的民俗活动，1990年3月29日被国家指定为重要非物质民俗文化遗产。在平常日子里，任何人都可以参加白久保茶会，但是2月24日的茶会仅限于男子以及13岁以下的女孩参加。

茶客进入茶会会场后，首先向会场撒盐以驱邪。第一道茶被称为"天神茶"，供奉给天神之后，分发给茶客。接下来，将分别包有四种茶的茶包样本交给茶客。茶包的封面上写有茶的名称，茶客需要记住各包茶的名称、味道和香气。接下来开始正式品茶，正式品茶称为"本茶"。正式品茶时用的茶包的一角写有该茶的名称，但是这一角被折了起来，茶客无法看见。本茶中的一茶至三茶让茶客品尝两次，客茶让茶客品尝一次，共品尝七次，不按照顺序。每次品尝的时候请茶客说出该茶的名称，由被称为"胜"的"连名帐"记录员写入连名帐中。七次茶喝完之后公布正确答案。作为奖品,答对的人可以得到记分员(被称为"叶")分发的糖。

全部答对的人被称为"ハナッカツギ",全部答错的人被称为"サカサッパナ",其他的人根据答对的数目分别被呼以不同的名称。茶会的最后向所有茶客介绍当场选出的"ハナッカツギ"和"サカサッパナ"。据说,这两种人越多的年份越被认为是好年景。

为了能够扩大上州白久保茶会的社会影响力,让更多的人了解、参与这一活动,除了正式的茶会以外,中之条町教育委员会以及茶会保存会还会主办"茶会体验会"。

1.上州白久保茶会之家　　　　　2.茶会的情形

◇ **五料的水神节**

五料的水神节是群马县佐波郡玉村町五料的居民向祭奉于饭玉神社的水神祈求免除水灾的仪式,是玉村町指定的重要非物质文化遗产,2002年2月又被指定为国家民俗文化遗产。水神节在当地又被称为"麦秸船放流"或"麦秸船"。原本于农历6月16日举行,后来改为于每年7月的最后一个星期日举行。

五料地处利根川与乌川的汇合处,自古以来当地便有许多人从事渔业、航运业。江户时代在这里设立了五料关卡,成为水路与陆路交通的中心。当地人的生活与船运有着非常紧密的关系。

水神节原本是大杉神社的庆典活动。大杉神社原是茨城县稻敷郡樱川村阿波的镇座大神,江户中期以后大杉神信仰在渔民当中迅速传播。此外,当年天花流行的时候,由于大杉神社曾经迎请过大和的三轮明神,因此又被认为具有驱除疫病的神力。"麦秸船放流"原本是渔民祈祷航船平安而举行的庆典活动,后来逐渐演变成与祇园祭一样具有驱除疫病的功效。

明治四十一年(1911年)大杉神社被并入饭玉神社(饭玉神社内除了大杉神社外,还供奉有八幡神社、菅原神社、八坂神社、稲荷神社),因此,水神节成为位于饭玉神社院内的水神宫(即大杉神社)

氏子们准备将麦秸船放入利根川

的庆典活动。

麦秸船的制作

在举行水神节的一周前的星期日，当地居民中的负责人便开始在饭玉神社内用麦秸、青竹、茅草搭建一条长约7米的"麦秸船"。船上有用麦秸做的舵和锚，用于放置祭神驱邪幡的船篷，以及写有"水神丸（号）"的旗子。

水神节的前一天完成船的全部组装后，先将其置于神殿供奉一晚。水神节当天傍晚，作为氏子的当地小学生们就像抬神舆一样，拉着麦秸船在部落内巡游一周。各家各户会将香蕉、黄瓜等供品投入水神号中。据说吃了这些供品的人可以得到幸福，所以人们会争抢这些供品。这一天，小学6年级的孩子被允许使用红色的手巾，并且有资格抬麦秸船。随后，大人们抬着麦秸船前往五料桥附近，将船点燃并放入利根川中。

◇ **片品的驱猿节**

群马县利根郡片品村的驱猿节在每年农历9月中旬的申日（公历10月底至11月初）举行，是国家指定的重要非物质民俗文化遗产。这项活动距今已经有300多年的历史，据说其起源是过去武尊山的岩洞中栖息着一只大白猿，每当农作物收获的时候，大白猿就会下山袭扰、祸害农田，给当地的农业生产带来很大的危害。当地的村民想尽办法驱赶白猿但是都没有效果，无奈只好向武尊神社祈祷，请求帮助驱除野猴。武尊显灵，打败了白猿，从此以后这项活动便流传了下来。

举行驱猿节仪式的当天，枥久保、登户、锻冶屋、山崎、粟生、

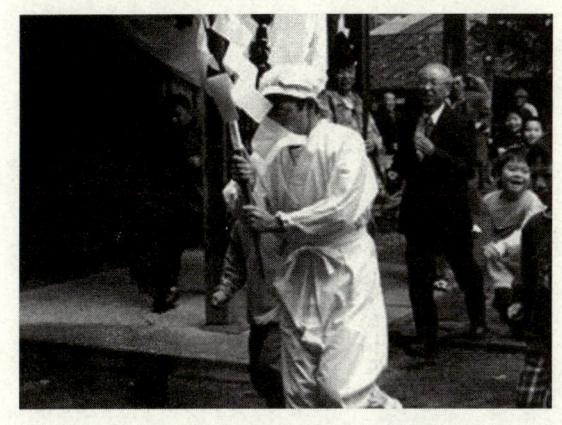
追赶白猿的场景

针山六个部落的代表首先汇集到武尊神社,举行神事仪式。由神社的神主咏诵祝愿五谷丰登、国泰民安的颂词,向神供奉玉串。之后,各部落的代表分成东西两组,用饭勺盛起红豆饭互相抛掷。在抛掷红豆饭的时候,一方发出"エッチョウ"的声音(相当于汉字"荣长"的发音),另一方发出"モッチョウ"的声音(相当于汉字"茂长"的发音),意为祈求长久繁荣。

最后,参加驱猴节的人们互敬米酒,酒兴正酣之际,身着白装,由村民假扮的白猿瞅准时机跳出人群,绕神殿三周,负责拿酒的"酒番"和负责拿饭桶的"柜番"随后追赶,同样绕神殿三周,但是不能跑到白猿的前面。据说如果没有遵守这个规定,村子里就会发生灾害或流行疫病。最后白猿跑进神殿,村民随之通过举行被称做"直会"的仪式结束整个活动。

驱猿节由片品村各个部落内被称为"イッケ"的同族集团负责。在驱猿节中扮演重要角色的"酒番"和"柜番"由各个部落轮流负责。

埼玉县

◇ 鹫宫催马乐神乐

神乐是日本古代祭祀神灵时演奏的歌舞。现在日本全国流传至今的神乐有4000多首，其中，被指定为国家重要非物质文化遗产的屈指可数。鹫宫催马乐神乐于1976年5月4日被指定为国家重要非物质文化遗产，是全国第一批得到该项指定的神乐。催马乐原为平安时代流行的一种歌谣。一种说法是催马乐是当时地方向朝廷运送贡品时，赶马车的车夫唱的歌。鹫宫催马乐神乐之所以受到重视，是因为鹫宫催马乐中演唱的神乐保留了许多平安时代流行的催马乐歌谣，而且是江户乡土神乐的源流。江户神乐随着时代的发展，增加了很多戏剧色彩，而鹫宫的神乐则保留了传统的以舞蹈为主的形式。在舞蹈动作中，包括朝着四个方向舞蹈，三步为一组等保留了较多传统宗教色彩的地方。

鹫宫神社位于埼玉县北葛饰郡鹫宫町。鹫宫催马乐神乐的正式名称是"土师一流催马乐神乐"。相传这里以前是制作粗陶的土师部居住的地方，所以被称为"土师"。鹫宫神社相传为"土师部"人所建。

鹫宫催马乐始于何时，至今尚无法确定。镰仓幕府时代的《吾妻镜》一书中，记录了建长三年（1251年）4月鹫宫举行神乐的情形。但是当时的神乐是否就是流传至今的催马乐神乐，尚没有定论。战国时代，由于鹫宫神社的神主同时又是武将，军务繁忙，无暇顾及神乐，神乐逐渐衰退。到了江户时代的太平盛世，神社的神主不再做武将，专心于神社事务。当时作为鹫宫大宫司的大内国久（一说为藤原国久）下决心重新复兴神乐，1726年重新编制了12首神乐作品，并写下了《土师一流催马乐神乐歌实录》，记录了鹫宫催马乐神乐的歌词、表演时所用的服装以及道具等具体内容。这12首作品一直延续至今，其中大部分取材于《古事记》、《日本书纪》，以二人舞蹈为主。据说在此之前，鹫宫催马乐神乐曾经有过36首作品。

从江户时代到明治、大正时代，神乐活动一直都很兴盛。江户时代的神乐表演者采用世袭制。进入昭和时代以后，神乐表演者逐渐减少，到了20世纪40年代，神乐师只剩下白石国藏一个人。由于一个人无法进行神乐表演，鹫宫催马乐神乐陷于后继无人的困境。1955年，广播电台广播了鹫宫催马乐神乐的笛子伴奏，鹫宫町的十几个年轻人因此受到感染，组成了"神乐复兴会"，跟随白石学习神乐。"神乐复兴会"后于1960年改名为"鹫宫催马乐神乐保存会"，约有20名成员，他们除了在鹫宫神社的庆典活动中表演神乐外，还参加外界的演出，培养神乐的后继者。1993年，"鹫宫催马乐神乐保存会"作为栃木县的代表参加了由日本文化厅主办的第35届关东地区民俗艺能大会。

鹫宫催马乐神乐的一个特点是大部分舞蹈需要手拿铃铛、折扇、团扇、弓、箭、宝珠等道具。神乐表演者戴上面具后，就意味着变身为神灵。鹫宫催马乐神乐中共使用14种面具，约有10首曲目需要使用面具。在开始神乐表演之前，需要先表演"天照国照太祝词神咏之段"，以祈祷神乐表演顺利进行。

鹫宫催马乐神乐现在每年于鹫宫神社的庆典活动时在神社内的神乐殿上演6次，分别是元旦的"岁旦祭"、2月14日的"年越祭"、4月10日的"春季崇敬者大祭"、7月31日的"夏越祭"、10月10日的"秋季崇敬者大祭"以及12月初酉日举行的"大酉祭"。

1980年，当地的鹫宫中学成立了"乡土艺能社团"，请鹫宫神乐的表演者向学生们传授技能。1993年，"乡土艺能社团"改名为"乡土艺能部"。虽然每周只有一次练习时间，但是在神乐师的指导之下，学生们的技能有了很大提高，有的社团成员后来成为正式的神乐师。

◇ **大宫薪能**

　　大宫薪能表演始于1982年。当时，为了纪念东北·上越新干线的开通能乐各流派的名家来此表演。后来这项活动被延续了下来。大宫薪能现在于每年5月的第四个星期五、星期六晚上在埼玉市大宫区的五藏一宫冰川神社上演，被称为冰川神社夏日的象征。之所以称为"薪能"，是因为表演时会在神社内搭建露天舞台，点燃篝火，在篝火的光亮下表演能乐。届时，能乐的几大流派，如金春、观世、宝生等在同一舞台上汇聚一堂。这种打破流派门户，名家荟萃的表演在日本国内也是难得一见的盛事。篝火映衬下的能乐表演更加突出了能乐特有的充满神秘色彩的"幽玄"气氛。与能乐同台表演的还有狂言、雅乐。如果下雨，便改为室内表演。

　　2002年5月23、24日举行的第21届大宫薪能中，金春流表演了歌曲《翁》以及能乐《葵上》；观世流表演了能乐《小督》；和泉流表演了狂言《鱼说法》。在表演开始之前，上演了雅乐，并举行了点燃篝火的仪式。2007年5月25、26日举行的第26届大宫薪能中，同样以歌曲《翁》开场，接着上演了金春流的能乐《杜若》、《松风》，观世流的能乐《通小町·雨夜传》，宝生流的能乐《杀生石》，以及大藏流的狂言《拔谷》、《富士松》。

　　武藏一宫冰川神社内供奉着须佐之男名、奇稻田姬命、大己贵命三神。2006年正月初一至初三之间，来此参拜的人达到187万，在日本全国可谓名列前茅。神社占地面积达到3万坪，院内古木参天。从神社第一大门开始计算，参拜道路长达2千米。位于国道16号附近的神社第二大门高达13米，是日本关东地区最高的木制宫门。大宫区的大宫二字，便因为是历史悠久的武藏一宫冰川神社的所在地而得名的。

　　据说武藏一宫神社创立于2400年前的第五代天皇——孝昭天皇时

代。公元905年，醍醐天皇命令编纂的法典《延喜式神名帐》中，武藏一宫冰川神社被列为最为灵验的神社之一。明治元年（1868年）明治天皇亲往参拜，1871年被认定为皇室奉献贡品的神社，每年8月武藏一宫举行例行大祭的时候，皇室会派代表参加。

◇ 川越祭（川越庆典活动）

　　川越祭原本于每年10月14、15日举行，现在改为每年10月的第三个星期六、星期日在埼玉县川越市的旧城区举行，其最主要的活动是彩车巡游。川越祭彩车巡游原本属于川越冰川神社秋季庆典活动中的娱乐活动部分。参加巡游的彩车原来是由冰川神社氏子的10个町制作的，战后随着城区范围的扩大，一些并非冰川神社氏子的町也加入到彩车巡游的行列中来。1968年川越市成立了"川越祭赞助会"，川越祭从此由冰川神社的神事活动发展为一项市民娱乐活动。

　　川越祭始于1648年的江户时代，距今已经有大约350年的历史。相传它起源于庆安元年，川越藩主松平伊豆守信纲向冰川神社捐献神舆与狮子头等庆典活动用具，并倡导这一庆典活动。当时的川越依靠新河岸川的水运交通，与江户间的商业往来密切，是埼玉县内第一大商业城市，有"小江户"之称。财富的积累使得富裕的商户可以花费重金建造大型彩车。此外，川越祭从被称为"大江户天下祭"[①]的赤坂日枝神社的"山王祭"、神田明神的"神田祭"等庆典活动中吸取了很多方法。江户的庆典活动本来也是使用彩车的，但是江户改名东京之后，由于电线妨碍了彩车的高度，彩车逐渐被御舆所代替，而川越祭却依然保留了江户彩车巡游的特色。为了保证彩车巡游顺利进行，

---

① 在德川幕府的组织运作下，"大江户天下祭"始于元和元年（1615年）。由赤坂日枝神社的"山王祭"和神田明神的"神田祭"隔年交替举行。庆典活动举行期间，允许彩车进入江户城内，将军亲临观看。

日本的祭礼

彩车巡游的场景及川越市无电线障碍的街道

彩车经过的街道全部保留了传统江户商家风格的建筑——"藏作"①。此外，川越市还特别将彩车巡游途经地区的电线全部埋入地下，这为川越祭的举行提供了整体协调的空间与氛围。今天，川越祭被看作是昔日江户庆典活动的珍贵再现。

川越祭中使用的彩车装饰华丽，做工精细，各具特色。川越祭中现有29台彩车，其中10台大正时代以前制作的彩车于1968年被指定为埼玉县的物质民俗文化遗产。川越祭使用的彩车被称为"江户系川越型彩车"。"江户系"的特征是彩车设有上下两层，车的顶部装饰有巨大的人形木偶。彩车前部设置的可以360度旋转的小舞台则是川越彩车的特色。小舞台用于乐队及舞蹈表演。为了穿过障碍物，彩车顶部的人形木偶以及上层部分可以升降。彩车一般以街道或是历史人物命名。川越祭会馆中，常年展出两台彩车，定期更换。此外，会馆还定期上演川越祭中演奏的音乐。

川越祭的另一个看点是音乐演奏。每个町的彩车式样不同，其演奏的音乐也各不相同。每个彩车上都配有奏乐者，曲调欢快。据说川越祭中使用的音乐是十九世纪前期从江户传来的，其源头是江户的葛

---

① 1893年发生的一场大火使得川越三分之一的房屋被烧毁。火灾过后的重建当中，当地居民将房屋建成"藏作"式样。这种建筑形式的特点是墙壁用土、熟石灰黏着物以及麻丝等混合制成，具有耐火功能。这种建筑方式本来是用于建造仓库的。

彩车巡游及在彩车上进行的艺能表演

西小调和神田小调。与音乐演奏同时进行的还有各种各样的舞蹈表演，其中既有丑男丑女的滑稽舞蹈，也有气势逼人的白狐舞、狮子舞。彩车与彩车在十字路口交错相会的时候，车上的表演者会竞相展示各自的技能。此时音乐的节奏会变得急促，加上周围观众的喝彩声，气氛十分热烈。随着电灯在川越的普及，1907年开始举行晚间的彩车巡游。夜色中彩车交错时的表演是川越祭最引人注目的高潮部分。

川越祭中所用的彩车，本来全部是组合式的，即从彩车巡游的两天前开始组装，巡游结束后拆开保存。组合时不用钉子，依靠木头的榫头来连接。但是组装与拆分彩车需要大量的人手以及经费，所以现在一些町不再拆除彩车，而是建了大型的彩车保管所，改为采用整车保存的形式。

2005年2月21日，川越祭以"川越冰川祭的彩车活动"的名称被命名为国家重要非物质民俗文化遗产。2006年前往观看川越祭的游客达到110万人，达到有史以来的最高纪录。

◇ **秩父夜祭**

秩父夜祭是秩父神社神事活动的一部分，每年12月2~3日举行。秩父夜祭据说起源于巡游队伍护送秩父神社的妙见女神与武甲山的男神相会。根据民间传说，武甲山的男神的妻子是诹访神社的守护神，所以妙见女神每年只能有一夜与他相见。护送妙见女神的队伍从秩父神社出发一路上鼓乐喧天，载歌载舞，但是路过诹访神社的时候，必须保持肃静，否则诹访神会心生妒意，祸害四方。

秩父是当地行政、经济、文化、信仰的中心地区，历史上繁荣的商业活动，为秩父夜祭的举行奠定了经济基础。过去在举行秩父夜祭期间，当地会同时举行"绢丝集市"，带动当地的经济。因此秩父夜祭又被称为"蚕祭"。当地人还将其昵称为"夜祭"、"冬祭"、"妙见神"。秩父的夜祭,与京都祇园祭、飞驒高山祭被合称为日本的三大彩车巡游庆典活动。

秩父夜祭开始的年代不详,常见的说法认为秩父夜祭始于江户时代的宽文年间(1661~1636年),但是根据现在的研究,应该是始于享保年间(1716~1736年)。18世纪末至19世纪初,由于受到江户幕府的禁令,秩父夜祭一度被迫中断。大正时期,秩父夜祭成为秩父公园(神灵的临时寓所周边地区)活动的一部分。1950年秩父町改制为秩父市。随后,秩父夜祭改由秩父商工会议所以及秩父市观光协会共同主办,由秩父市的31个町以及周边地区的五个町的成员参加,各个町分工合作。有的负责拉彩车,有的负责演奏,有的负责燃放焰火等。当地的企业、商家共同出资在秩父夜祭期间举行焰火大会。

在庆典活动期间,四台装饰有精彩雕刻的彩车和两顶装饰华丽的大型花伞,会在音乐的伴奏下,在秩父市中心巡游后前往秩父神社参拜,随后护送妙见神前往位于团子坡上的神灵的临时寓所。四台彩车分别由当地的上町、中町、本町以及宫地四个地区负责,两顶花伞则由中近、下乡两个地区负责。由于彩车与花伞于1962年被指定为日本国家的重要物质民俗文化遗产(其中中近町的花伞制作于1880年,出于著名工匠荒木和泉之手),出于保护的目的,如果下雨,巡游活动会被取消。而为期三日的神事活动部分则会照常进行。

四台彩车的前部设有可以左右延伸的舞台,用于歌舞表演。彩车经过秩父神社以及主要十字路口时表演的完全借助于人力的彩车回转十分引人。同时,当地的女孩子们会在音乐的伴奏下,表演"藤娘"等日本舞蹈。当年轮到值日的地区还会表演歌舞伎。彩车的歌舞表演以及秩父神社的神乐于1979年2月3日被指定为日本国家级的重要非物质文化遗产。

3日晚上,彩车队伍跟随秩父神社的神职人员将神灵护送到距神社大约1公里外的神灵的临时寓所。途中,彩车队伍需要经过秩父铁

日本的祭礼

秩父夜祭路线图

道线。为了保证彩车队伍畅通无阻地通过铁道线，3日晚上8点~10点半之间，秩父铁道的这一段线路停止运营，改为由巴士运载乘客。为了庆典活动的举行而停止电车运营在日本国内十分罕见,由此可见秩父夜祭在当地的影响力之大。经过铁道线之后,彩车队伍会一鼓作气冲上寓所前的陡坡——团子坡,形成整个庆典活动的高潮。神的临时寓所面向武甲山而建,据说武甲山的男神与秩父神社的妙见女神每年一度在此相会。

近年来,秩父夜祭发生了很多变化。其中一个主要原因是为了配合旅游观光活动。比如庆典活动为了保证电车乘客夜晚回家的时间,而将焰火燃放时间由原来的晚上10点钟提前了2个小时。这样原本在四台彩车、两顶花伞的簇拥下焰火升空的景象无法再现。此外,由于每年有20万人的观众观看,为了解决游客过多而产生的拥挤问题,从1977年以来,巡游队伍改变了巡游路线,并延长了市内巡游的路程。这样的改变起到了分散游客的目的,同时也多少改变了举行秩父夜祭的初衷——护送神灵出行,秩父夜祭的观光色彩更加浓厚。

使得秩父夜祭发生变化的另一个原因是原本作为当地主干企业的大型工厂的数量在减少,规模也在缩小,这使得秩父夜祭的经济基础产生了动摇。此外,由于当地人口的高龄化和少子化的发展,人员短缺的问题日益突出。而拉动一台彩车需要100~150人。从20世纪70年代后半期开始,出现了由女性拉彩车的町。现在有的町拉彩车的人当中一半以上是女性。这样的措施虽然解决了人员短缺的问题,但多少使得秩父夜祭失去了原有的阳刚之气。此外,1914年起铺设在道路两侧的电线使得原本高达15米的花伞无法通行,只得降低高度,并在外观上做了很大的改变。

千叶县

◇ 和良比赤身祭

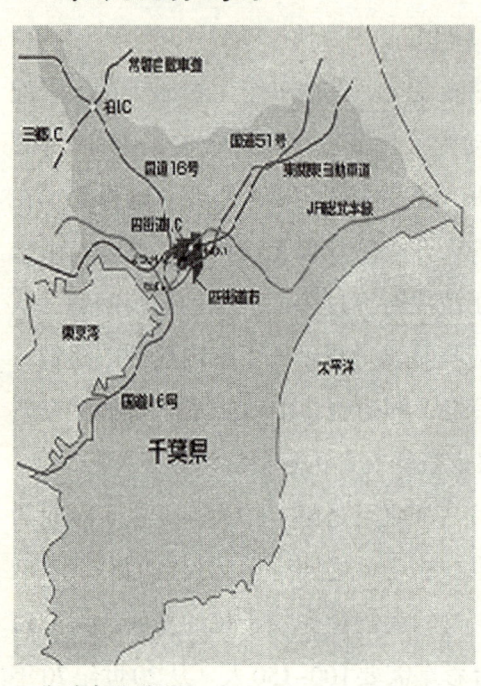

四街道市位置图

和良比赤身祭始于江户时代末期,每年2月25日在千叶县四街道市和比良地区举行。四街道市位于千叶县北部,与千叶市、佐仓市相邻。1955年千代田町和旭村合并形成了四街道町,当时的人口为1.8万人。这里原本遍布稻田,从20世纪60年代前期开始,在四街道相继建成了旭丘绿色乡镇、千代田以及美空住宅区,成为东京都圈的城郊住宅区,人口迅速增加。1981年四街道町升格为市。进入21世纪后的今天,四街道市的人口约为8.6万人。

由于和良比赤身祭主要在泥泞的稻田里进行,所以又被称为"和比良泥巴赤身祭"、"和比良泥巴祭"。这一活动原是以祭祀除恶神而闻名的大六天神社的庆典活动[1],后因明治时期大六天神社与皇产灵(みむすび)神社[2]合祭,所以成为皇产灵神社的传统活动。过去在疫病蔓延的时候,年长者会到患者家中,祈祷疫病神离开。明治初年神

---

[1] 祭祀创造天地的7代天神之中第6代天神淤母陀琉神(おもだるのかみ)、妹阿夜诃志古泥神(おもあやかしこねのかみ)的神社。神社中所祭祀的神以驱除疫病而闻名。

[2] 祭祀创造宇宙万象的、养育之神——皇产灵神(みむすびのかみ)的神社。

社迁址的时候，曾经举行过沐浴净身的仪式，这一仪式成为和比良赤身祭的起源。而现在这一活动的主要目的是祈求幼儿健康成长以及五谷丰登。原定于每年农历3月25日举行，现在改为每年公历的2月25日举行。因为和比良地区距离国铁四街道车站仅有徒步15分钟的路程，每年都会吸引许多观众。2004年有近1500名观众观看了这一活动。

2月25日上午11点钟，活动的参加者们在神社举行神事活动。由皇产灵神社的神主举行驱邪仪式，并祝贺词。2004年四街道市市长参加了这一仪式。11点半，参加者们在神社内的社务所用膳。

下午1点钟，在神社内向参拜者抛撒红白二色的年糕，这一活动大约持续15分钟。随后神主为参加赤身祭的男子们举行驱邪仪式。男子们不畏严寒，赤裸着上身，腰间围着兜裆布，足蹬白袜。接下来由这些男子们怀抱参加祈福活动的幼儿参拜神社中祭祀的神灵。参加祈福活动的大部分为不满周岁的幼儿，也有一些前一年没有赶上活动而改在这一年参加的孩子们。2004年大约有150名幼儿参加了祈福活动。参拜活动结束后，男子们从神殿前悬挂的稻草绳上拔下一些稻草插在腰间。随后男子们前往神社的神田，以稻草代笔，为孩子脸上涂泥。

举行赤身祭的神田原本在泽山一带，由于当地变成了住宅区，改在神社北侧的和比良丘公园内为这一庆典活动特别准备的水田中举行，这里与神社大约相距百米。水田中已经提前注了水，在水田的一角还拴上了稻草绳，意味着这块水田成为了举行神事活动的神田。男子们怀抱幼儿走近泥泞的稻田中，用稻秸或是手指蘸着神田里的泥抹在幼儿的额头和脸颊上，保佑孩子无病无灾，顺利成长。稻田里的泥是稻子成长的保障，人们希望孩子们也能得到泥土的庇佑，所以把泥抹在孩子们的脸上。近来由于过度讲求卫生使得孩子们的免疫力出现了下降的趋势，而据说泥中的微生物正可以增强人的免疫力。由于孩子的数量多于参加赤身祭的男子的数量，所以男子们在水田与田埂间不断穿梭，为一个又一个的孩子脸上涂上泥巴。

为孩子们举行的祈福活动结束后，男子们先短暂地返回神社内烤火、饮神酒取暖，随后返回神田举行祈求丰收的仪式。男子们围成圆圈，做出向田里插秧的动作，向养育宇宙万物的皇产灵神祈求五谷丰登。接下来的是和比良赤身祭的高潮——"骑马战"，男子们六七人一组，搭起人墙，彼此激烈地碰撞。摔倒在泥水中的人爬起来互相抛掷泥块。这个活动持续大约5~10分钟后，男子们回到神社内取暖，为下一次"骑马战"作准备。2004年"骑马战"举行了四次，人们尽情地在泥水中嬉戏，四周充满着狂欢的节日气氛。"骑马战"结束后，男子们重新排成圆圈，集体拍手后退场。一路上，男子们向周围的观众身上泼泥水，或者把自己身上的泥抹到观众的脸上，据说这样可以带来好运。和比良赤身祭的结束意味着春天即将到来。

参加2004年和比良赤身祭的男子大约有40名，其中十余人是当地居民，其他人都是全国各地赶来支援的人们。由于四街道地区的绝大部分农田变成了居民区，所以支撑和比良赤身祭的当地氏子人数大为减少。从2004年开始，当地一些孩子们加入这项原本由成年男子进行的活动之中。周边的学校还利用课外学习的时间，带着孩子们来参加这一活动，感受传统庆典活动的气氛。

◇ **鬼来迎**

"鬼来迎"是流传在千叶县山武郡横芝光町虫生地区广济寺的民间艺能，在当地被称为"鬼舞"，需要戴着面具表演。虫生地区仅有20几户人家，但是"鬼来迎"却是在日本全国极为少见、独具特色的佛教剧。当地居民每年8月16日在原来建有大殿的位置上搭建舞台，在广济寺举行的"施恶鬼会"后进行表演。鬼来迎主要表现了广济寺建立的缘起以及佛教的因果报应·惩善扬恶的思想。它起源于镰仓时代初期，1976年被指定为国家的非物质文化遗产。1991年曾经在东京国立剧场上演，受到了极大的好评。表演中使用的古面具据说是被誉为佛像雕刻典范的著名匠人运庆和他的儿子湛清等人的作品。

鬼来迎原本包括"大序"、"赛之河原"、"入釜"、"死出之山"、"和尚道行"、"扫墓"、"和尚物语"七个曲目。现在主要上演的是其中的"大序"、"入釜"、"赛之河原"和"死出之山"四个曲目。"和尚道行"、"扫墓"、"和尚物语"讲述的是广济寺建成的缘由。"大序"表现的是阎魔王、俱生神、鬼婆、黑鬼、红鬼等审判亡者生前的罪过。如果亡者被判定为"娑婆国的大罪人"，就会被鬼带走。"赛之河原"一幕开场的时候，一些死去的孩子们玩着堆石子的游戏，黑鬼、赤鬼突然出现要抓孩子们。此时，地藏菩萨出现，赶走了鬼，救出了孩子们。"入釜"的场景是地狱，鬼婆将亡者扔进大锅中，点起柴火，准备分而食之。在"死出之山"一幕中，亡者们被众鬼赶上"死亡之山"，被大石头挤压，又被从山上推了下来，口吐鲜血，痛苦不堪。此时，观音菩萨出现，救出了亡者们，并和众鬼从容对答。众鬼们无奈只好让亡者成佛。

有关鬼来迎的起源当地流传着这样的传说。萨摩国的僧侣石屋在周游列国的途中，来到虫生的佛堂寄宿。他看到了一位刚刚去世，法名叫"妙西信女"的亡灵在地狱受到鬼的折磨。鬼来迎中的"和尚道行"一幕表现的就是这些内容。"扫墓"一幕讲述"妙西信女"的父母来给女儿扫墓，石屋叫住了二人。《和尚物语》一幕中，石屋将自己看到的情景告诉了"妙西信女"的父母，二人当晚在佛堂中留宿，亲眼看到了女儿的惨景。"妙西信女"的父亲名叫椎名安艺守，是当地的领主，由于他的暴政使得当地人民深受煎熬。看到女儿在地狱中所受的痛苦，他为了能够让女儿成佛，并祈求自己的罪过得到宽恕，听从石屋的教诲，于1196年出资修建了广济寺。

据说广济寺建成当年的夏天，一场雷雨过后，青、黑、红、白四个鬼从天而降，出现在广济寺的院中。当地的很多居民来观看，其中一个小孩因为惧怕鬼的面具而哭了起来。他的母亲一面安慰她，一面将青色的鬼面具戴在了孩子的脸上，谁知道面具从此再也摘不下来了。慢慢地孩子的头上长出了角，并且开始吃人。村民们出于无奈只好将他活埋在佛堂边上，并种了一颗杉树作为墓标。这棵树后来长成一棵大树，树冠达到7米，被称为"鬼堂的大杉"，很遗憾的是这棵树后来被烧毁，未能保存至今。白色的鬼面因为倾慕于青色的鬼面，跃入井中。当地人将这口井称为"鬼井"。

当时，居住在镰仓的著名雕刻师运庆、丹庆、安阿弥三人在同一天，做了同样的梦。梦中一个和尚看到死去的人受到鬼的折磨，而这一切被菩萨所看到。情急之下和尚问菩萨，"这是在哪里发生的事情？"，菩萨告诉他是在关东下总国小田部乡虫生。三个人商量之后，来到虫生。见到石屋之后，三人提出要雕刻阎魔王、俱生神、赤鬼、黑鬼、菩萨的面具献给广济寺。面具刻成之后，三人与石屋分别戴上面具，表演了地狱的情景并且显示了菩萨的威力，那一天刚好是农历7月16日。自那以后，虫生的居民们将这一表演延续至今。

传说从天而降的赤鬼、黑鬼的面具现在被收藏在广济寺中，据说具有降魔伏怪的威力。此外。据说"鬼井"的水可以治百病，喝了用"鬼井"的水煮的粥可以令母乳充足。在曾经种有"鬼堂的大杉"的墓边祈祷可以令子孙繁盛。在鬼来迎的表演中，死者在受到阎魔王和俱生神的审判后，会由鬼和鬼婆送入地狱。相传被鬼婆抱过的婴儿可以健康成长，体弱多病的人扮成死者被鬼责骂之后身体也会强壮起来。

◇ **大原赤身祭**

大原赤身祭于每年9月23~24日在千叶县夷隅郡大原町举行。根据文保四年（1864年）当地氏子们供奉在大井区泷内神社的彩马匾额中所绘的内容来看，这一庆典活动的相关规则以及传承形式等在天保年间（1830~1844年）便已经成形，并一直延续至今。在江户时代，大原赤身祭是大原地区最大的娱乐活动，在当地的民众当中具有很大的影响力。当地的领主为了团结人心，十分重视这项活动。每年庆典活动顺利结束后，会派专人向大喜城主报告。在当地流传着即使典当家中的财物，也要把这项庆典活动准备好的说法。起初，这项活动在农历8月13~15日举行，明治6年起改为于每年公历9月23~25日举行，大正二年开始改为9月23~24日举行。

　　大原町的庆典活动包括几个部分。23日上午大原地区的10台神舆聚集到主神（親神）的鹿岛神社举行"十社参拜"仪式，下午神舆向大原渔港汇集。东海、浪花两区的神舆分别在自己所在的地区完成仪式后，也向大原渔港汇集。18台神舆在大原渔港集合，举行祈求渔业兴旺、五谷丰登的仪式。每台神舆四周大约汇聚着40~50人，所以18社的神舆汇集在一起，声势颇为浩大。下午3点钟氏子们抬着神舆下海，开始粗狂豪爽的"踏潮"（汐ふみ）活动。氏子们赤裸着上身抬着神舆，随着号子声在潮水中互相冲撞，一边又撩起海水泼向自己的同伴以及其他神舆，掀起赤身祭活动中的一个高潮。

　　"踏潮"（汐ふみ）活动之后，所有的神舆在木户泉造酒坊前面列队集合，相互挤碰着向大原小学前进。途中经过长约1公里的大原中央商店街，狭小的商店街挤满了抬神舆的人们。在乐曲声和号子声中，人们载歌载舞，游行队伍蜿蜒行进。这段巡游活动在当地被称为"渡御"。巡游中，抬着神舆的年轻人们不停地往前闯，不时会与负责游行队伍安全以及管理疏导的长者们发生冲撞。这种冲撞激起周围的一片欢声、喊声。观众们一边躲闪着神舆，一边向年轻人以及长者们喊着："谁都别认输啊！"

　　在大原小学校园汇集的神舆举行的结束仪式，掀起第一天庆典活动的高潮。人们抬着神舆在操场上奔跑、彼此冲撞，不断将沉重的神舆高高抛起，神舆与抬神舆的人们融为一体，在场的观众也被包在一片热浪之中。天空中升起的焰火是仪式结束的信号。人们高高地抬起神舆，各队逐渐聚拢起来。在仪式结束的时候，人们会唱起惜别的歌曲："年轻人离别是这样痛苦，如果没有离别该是多么美好"。缠绵的依依惜别之情与刚才的阳刚雄武之风形成鲜明的对比。

　　从小学校园出来的抬着神舆的人们心情仍然难以平静，他们簇拥着神舆，在街巷中巡游，不断和其他神舆队伍冲撞着，迟迟不愿回到各自的街区。这种巡游活动一直持续到晚上10点多。

　　24日神舆队伍在各自的街区举行过仪式后，汇集到大原八幡神社再次举行仪式，随后是各队的自由巡游活动时间。最后各队仍然会在木户造酒坊前面汇合，然后经过商店街汇集到大原小学举行整体庆典活动的告别仪式。告别仪式结束之后，各队抬着神舆，时而摇晃、时而抛举，直到很晚才将神舆送回各自的街区。

　　大原赤身祭原来在日本国内的知名度并不高，只有周边地区的人们才知道当地有这个活动。自从大原赤身祭参加了千叶国民体育大会后，才开始逐步为外界所注意。大原赤身祭后来又相继参加了"全国海洋文明建设大会"以及"全国运动娱乐大会"，并在日本天皇、皇后面前进行了表演，这些全国性的活动令大原的赤身祭闻名于日本全国。

◇ 佐原大祭—秋祭

　　佐原位于千叶县的东北部，距离东京大约70公里，距离成田机场只有15公里。江户时代佐原利用利根川的水运条件，与江户的往来十分紧密，当地的酿造业和商业得到很大发展，因此被称为"小江户"。18世纪后期已经有居民5000多人，是当时关东地区有名的城镇之一。佐原传统的庆典活动中之所以能够使用装饰华丽的彩车，而且在一度被政府禁止的情况下，仍然能够将这一活动坚持下来，都是与当地的经济实力分不开的。第二次世界大战后的市村合并中，佐原被划

彩车转弯时的情景

归佐原市管辖。2006年与山田町、栗源町以及小见川町合并成为香取市。

小野川流经佐原,将佐原分为东、西两部分。小野川的东岸地区发展较快,被称为"本宿",相对应的西岸地区被称为"新宿"。本宿地区供奉的是"八坂神社",每年夏天7月10日之后的星期五~星期日举行庆典活动,这一活动习惯上在当地被称为"本宿祭"。新宿地区供奉的"诹访神社",于每年10月的第二个星期五~星期日举行庆典活动,习惯上被称为"新宿祭"。相比之下,"新宿祭"的活动规模更大,更为闻名。

佐原的庆典活动已经有300余年的历史。从前,佐原的庆典活动和日本的其他许多地区一样,也是抬着"御舆"在村中巡游。后来,作为庆典活动的余兴,巡游队伍中出现了由竹、木搭成的装饰华丽的灯笼,或被称为"伞鉾"的花伞。随着时代的发展,这种原本附属于

"御舆"巡游的活动的规模越来越大，进而取代"御舆"巡游，成为庆典活动的主角。现在所见的彩车巡游形式在江户时代中期逐渐成形，从明治时代起，彩车上开始装饰巨大的木偶塑像。现在，彩车（山車）巡游成为佐原庆典活动中最吸引人的部分，佐原的秋季庆典活动与埼玉县的川越、秩父被合称为"关东三大山车祭"。使用的彩车以及木偶塑像大部分制作于明治年代。

佐原秋天的庆典活动，一般有14台彩车参加。彩车按照彩车所属地区的顺序排列，排在最前面的是今年秋季庆典活动的主办地区，排在队伍最后面的是上一届秋季庆典活动的主办地区，其他彩车依次排列。每3年更换一次主办地区。佐原的每个地区都有自己的彩车。彩车重约三四吨，整体高约7米，彩车最上层装饰着高约4米的木偶塑像，每个彩车的木偶塑像不同。这些塑像包括日本武尊、仁德天皇、源义经、神武天皇、菅原道真、浦岛太郎、桃太郎、诹访大神、日本武尊、素盏鸣尊、瓊瓊杵尊等历史人物以及神话中出现的人物。彩车的下层坐着吹奏"佐原小调"（佐原囃子）的伴奏者。"佐原小调"被称为"关东三大小调"之一，流传至今的曲目包括50多首曲子，曲调优雅，一般采用笛子、大鼓、小鼓、大太鼓、小太鼓、钲六种乐器来伴奏。彩车四周的木框上雕有精美的图案。其中南横宿区的仁德天皇以及下新町区的浦岛太郎彩车的四周分别雕有《三国志》中桃园三结义以及《水浒传》中的故事画面。

在彩车上演奏的基本都是男性，走在彩车队伍最前列的是孩子，以及年轻的女性，男人们紧随其后。最小的参与者只有两三岁，从小接受传统节日的熏陶。彩车行走一段以后，会在为庆典活动缴纳赞助费的商家、住户前面停下来，跳被称为"手舞"的民间舞蹈。赞助费一般是一台彩车3000~5000日元。如果给10几台彩车都支付赞助费的话，也是一笔不小的开支。

彩车巡游时会在六个指定场所表演各种技巧，例如让彩车转圈的

"曲曳"拉法，或是让彩车忽前忽后的"算盘"拉法。"曲曳"拉法是佐原"山车"巡游中最被观众们所称道的"亮点"，即以彩车的右前轮为圆心，让彩车原地转圈。在山车转圈的时候，山车上部的木偶塑像如果能够像表演"能乐"一样优雅地转动，即被认为是精彩的表演。

2004年2月，佐原庆典活动中使用的彩车以及用于伴奏的佐原小调都被认定为国家重要非物质民俗文化遗产。为了让观众近距离仔细欣赏彩车的制作工艺，佐原当地在八坂神社内建成了"水乡佐原山车会馆"，每次轮流展出两台彩车，可供游客随时参观。其中不仅包括参加秋季庆典活动的14台彩车，还包括参加夏季庆典活动的10余台彩车。

小野川两岸至今保留着许多江户、明治时代的古建筑群。这些古建筑群于1996年被日本文化厅选为"重要传统建筑物保护区"。小野川两岸的水乡风景为佐原的庆典活动增添了许多风采。每年会有40万左右的人来观看这一庆典活动。每年庆典活动举行之前，日本铁路东日本公司也会印刷精美的传单，用来宣传庆典活动的时间安排、交通方式以及他们为此组织的一日游的活动内容。

经过1950年、1968年、1976年的多次内部调整，诹访神社的秋季庆典活动被正式定名为"佐原大祭"。这一命名使得这一活动从佐原地区内部一个分区的庆典活动，上升为佐原地区的最具有代表性的庆典活动。1992年，当地成立了"佐原大祭实行委员会"，与"NPO地区振兴佐原大祭振兴协会"共同成为佐原庆典活动的主要组织者。

日本的祭礼

载有琼琼杵尊木偶塑像的彩车

东京都

◇ 德丸地区的田戏

东京都板桥区德丸北野神社的田戏于每年最为寒冷的2月11日举行，这项活动也被称为"打春田"或"御田"（みた）。与其相距不远的赤冢地区的诹访神社也于每年2月13日举行田戏，二者于1976年被认定为日本国家重要非物质民俗文化遗产，1983年被认定为板桥区的非物质民俗文化遗产。两地的田戏还被选为其所在的板桥区的"板桥十景"之一。德丸地区和赤冢地区曾经拥有大片的水田，田戏是春天开始耕种之前进行的仪式。两地至今保留着比较完整的田戏形式，历史悠久，是在今日的东京市区难得一见的与耕种直接相关的庆典活动，保留了东京地区昔日的农业社会的风貌。

根据德丸神社保存的《天神宫纪》记载，长德元年（995年）天满宫迁址到德丸地区时，开始了田戏表演，距今已经有上千年的历史。据说当时疫病流行，人们向一棵老梅树祈祷，梅树显灵祛除了疫病。后来人们将梅花神——供奉于京都天满宫的神灵菅原道真迎请到此地。为了庆祝请神活动，当地居民表演了田戏，并一直流传至今。明治三年（1870年）天满宫（在当地又被称为"天神社"）在明治政府的规定下，改名为北野神社。每年年初的时候，当地的居民都会举行庆典活动，通过风趣的表演款待掌管农耕的神灵，以此祈祷一年的丰收和子嗣繁盛。参加庆典活动的男子们在神的面前按照一年之中的耕作活动的顺序，演唱播种、耕作、收割、稻米入仓等与耕种有关的歌曲，并且表演风趣的舞蹈。江户时代后期的地方志当中对这一民俗都有记载。

田戏在北野神社内一块3米见方的场地中举行，这块地在当地被称为"圣域"（もがり）。场地的四周插上细竹，竹子间绑着草绳。场地正中摆放的鼓代表着稻田，10多名男子围着鼓演唱各种与耕种有关的歌曲，一名戴着耕牛面具的男子在鼓周围模仿耕种的动作。接着男子们将幼儿放在鼓面上，然后慢慢举起，随后做出收割的动作，以此来表现水稻的生长。在田戏表演中，男女交合、妊娠、新生命的诞生等代表着五谷丰饶、子嗣繁盛，所以在表演中会出现男性生殖器被夸大的木偶和孕妇形象。田戏表演在晚上7点钟左右开始，历时两个多小时。

参加田戏表演的是当地传统社区"小字"的男性成员（在当地被称为"ホラ"），他们的年龄大都在40岁以上，基本上采用世袭制度。演出中的角色包括"大稻本"（おおいなもと）、"小稻本"（こいなもと）、"锹取"（くわとり）、"五月女"（さおとめ）、"よねぼう"（用稻草制作的象征性器官的道具）等。"大稻本"负责把握演出整体的进展，"小稻本"起着"大稻本"副手的作用。"五月女"由被称为"田戏小子"的可爱的男孩扮演。虽然田戏是严肃的神事活动，但是中间不时穿插着暗示"太郎次"与农妇"やすめ"男女交合的场面，以及"よねぼう"，引起观众中的阵阵笑声。在德丸的田戏中，人类的妊娠、繁殖与自然界中五谷的顺利生长息息相关，体现出人与自然的紧密联系。男子们的滑稽表演，使得庆典活动充满浓郁的欢愉气氛。

◇ **三社祭**

三社祭是东京浅草神社的传统庆典活动。浅草神社和浅草寺比邻而居，两者之间有着密切的渊源。浅草寺是位于东京都台东区一个有着上千年历史的古寺，民间称其为浅草观音。浅草寺原本属于日本佛教的天台宗，1950年成立了圣观音宗的总本山，下有25所分院。

有关浅草神社及浅草寺的起源，《浅草寺缘起》当中是这样记载的。推古天皇三十六年（628年）3月18日，以捕鱼为生的桧前滨成、桧前竹成二兄弟从隅田川中捞出了一尊黄金佛像。他们捧着佛像向当地的读书人土师中知请教。土师中知告诉他们这是一尊观世音菩萨的塑像。不久，土师削发为僧，并将自己的宅院改为寺庙，供奉那尊从河里打捞上来的佛像，并致力于教化乡民。这所寺庙便是浅草寺的前身。据说当年观音菩萨显灵的时候，曾有一条百尺金龙从天而降，雀跃舞动，守卫在殿堂周围，所以浅草寺的山号被称为金龙山。

土师去世后，639年3月18日，他的儿子得到观世音菩萨的托梦，因为其父在世时的功绩，菩萨命其将父亲奉为神灵供奉在观音堂的旁边，并将其称为"三社权现"，这样做可以保证子孙以及当地居民生活的繁荣。三神指的是土师和桧前兄弟二人。不久，"三社权现"神社建成。

1312年，阿弥陀三尊菩萨再次降下神谕，让当地居民供奉神舆，举行庆典活动，这样便可以天下太平。同年开始了"三社祭"庆典活动。1319年，开始水上神舆巡游活动。镰仓时代，浅草寺得到将军的信奉与庇护，江户时代成为德川幕府的祈愿所，其影响力日益扩大，成为日本观音灵场的代表寺院。浅草寺中被认定为重要文化遗产的现社殿是1649年奉德川"第"三代将军家光命令建成的。明治初年，由于明治政府颁布的神佛分离令，"三社权现"神社改名为浅草神社。在第二次世界大战期间，寺庙的许多建筑物被烧毁。1958年，在社会各界的捐助下得以重建。

现在三社祭主要由浅草神社奉赞会组织，该组织是由浅草寺"氏子"的44个周边的町以及浅草地区的工商业联合组织构成的。三社祭原本在每年的3月17~18日举行，以纪念桧前兄弟将观音像打捞上岸的日子。明治以后改为在5月17~18日举行。从1963年开始改为在每年5月的第三个星期六、星期日举行。举行三社祭的前一天举行仪式，将神灵请入"神舆"。当天，由浅草寺的和尚诵经，并主持整个仪式。星期六各町的"神舆"在浅草寺集合，仪式过后举行巡游。星期日"神舆"在各个地区巡游。大约有100台"神舆"参加三社祭的巡游。

以前三社祭采用的是彩车游行，由于受电线的制约，逐渐被神舆所代替。在"神舆"巡游期间，还会举行许多文艺表演，场面热烈，据说每年可以吸引150万左右的游客前来观看。由于浅草地区傍依着隅田川，所以明治时代以前在渔船上进行的水上神舆巡游曾是三社祭的一大特色，现在的"神舆"巡游则全部改为在陆地上举行。

浅草地区不仅以三社祭闻名，从江户时代开始就成为了东京十分有名的娱乐区。江户时代的天"保"改革之后，原本分散于东京不同地方的三座著名的歌舞伎剧场市村座、中村座、森田座汇集于此。原本位于日本桥的花柳街也迁址到此。大正、昭和时代，浅草又成了大众戏曲、大众曲艺表演的主要地区。浅草寺山门前的两侧，汇集了许多店铺，绵延约300米。这些店铺出售的小商品十分具有日本风情，吸引了众多海内外的游客。浅草寺西侧是十分有名的浅草游乐园。现在，浅草地区除了三社祭以外，每年还举行浅草桑巴狂欢节、东京时代祭等盛大庆典活动。

◇ 隅田川焰火大会

隅田川是流经东京都内足立区、台东区、墨田区、江东区等七个区的河流。隅田川焰火大会于每年7月的第四个星期六在东京都内隅田川的两处会场举行。第一会场是樱桥下流至言问桥上流之间，第二会场是驹形桥下流至厩桥上流之间。

隅田川的焰火大会与隅田川的泛舟纳凉活动有着密切的联系。隅田川的泛舟纳凉活动是在江户幕府时代逐渐形成规模的。当时的诸侯们命令手下在船上加盖凉棚，在艺伎的陪伴下，泛舟水上纳凉取乐。隅田川的泛舟纳凉活动到了江户第三代将军德川家光的时候，已经十分兴盛。但是1657年发生的"明历"火灾，使得江户成了一片废墟，隅田川的泛舟纳凉活动也一时销声匿迹。但是随着江户经济的迅速恢复，17世纪后半期，诸侯们追求奢华生活方式的影响波及到社会的富裕阶层。当时虽然泛舟隅田川价格不菲，但是仍然有很多人热衷于此。

1659年两国桥的建成，使得隅田川的泛舟纳凉活动更加兴旺，而两国桥更成为纳凉者们汇集的地方。当时有许多出售焰火的船只穿梭于纳凉游船之间，为客人们燃放焰火。当时市区也曾经燃放焰火，但是遭到政府的再三禁止，只有隅田川允许燃放焰火。据记载，隅田川开河日当天在两国桥附近燃放焰火的活动始于1735年5月28日。1734年，日本西部地区爆发蝗灾，造成大规模的粮食歉收，江户又爆发霍乱，死者众多。江户幕府政府为了祭奠死者、驱赶病魔，于1735年5月28日在隅田川举行了水神祭。两国桥畔的餐馆老板们在政府的许可下，在祭奠活动当天在两国桥燃放焰火，以祭奠亡灵。从那时开始，开河日当天燃放焰火的活动被延续下来，焰火大会因此也被称为"两国开河"焰火大会。在焰火师的钻研下，当时已经可以燃放大型的焰火了。

在江户时代末年的动荡之中，1863~1868年之间焰火大会曾经一度中断，但是1868年明治元年重新恢复的焰火大会的盛况更加空前。据说当时两国桥附近汇集了4艘大船、400艘中型船、150艘小型船。明治时期，焰火师不断开发出新的焰火品种。明治七年（1874年），研制出圆形绽放的焰火。明治十二年（1879年）以后，随着钾的进口及在焰火中的运用，使得焰火可以清晰地呈现出红、绿等颜色，这一类焰火被称为"洋火"，而之前的焰火被称为"和火"。焰火制作技术的不断改进，是两国焰火大会长期受到欢迎的主要原因之一。

1898年8月11日举行的焰火大会，由于两国桥上的游客过多，致使护栏断裂，造成死伤数十人的事故。虽然此次事故后，在旧的两国木桥上流20米左右的地方修建了铁桥，但是政府依然下令禁止焰火大会期间在两国桥上摆设摊位以及游客在桥上驻足观赏焰火。直到今天，这些禁令仍然有效。明治40年以后，警视厅先后规定观赏焰火的游船不能接近两国桥下，焰火只能由焰火大会的主持者燃放。

  第二次世界大战前后的1938~1947年期间，"两国开河"焰火大会被迫停止。1948年，焰火大会重新恢复以后，由于采用了多种新的添加物，焰火的形式更加多样化。但是经济快速增长造成的环境污染使得隅田川的自然环境恶化，变成一条散发出恶臭的河流，让人无法接近。加上两岸人口密集、交通拥挤等原因，1961年，两国焰火大会再次被停止。高度经济成长期过后，隅田川的自然环境得到逐步的改善，重新恢复焰火大会的呼声越来越高。1978年，东京都台东区、墨田区、中央区、江东区四区组成"隅田川焰火大会实行委员会"，并于同年7月20日在隅田川上举行了焰火大会。由于两国桥附近住宅密集，无法恢复传统的"两国开河"焰火大会，因而改为在其上游地区的两处会场举行。焰火大会的名称也因此由"两国开河"焰火大会改为"隅田川焰火大会"。当天，警视厅出动了东京都全部警力的四分之一，即11000人维护焰火大会的秩序。根据警视厅以及焰火大会举办方的调查，当天有80万人观看了焰火大会。从那时开始，隅田川焰火大会定于每年7月的最后一个星期六举行。隅田川焰火大会成为东京都重要而富有特色的夏日纳凉活动，每年都吸引着众多的游客。

◇ 小河内的鹿岛舞

  小河内的鹿岛舞又被称为"祇园舞"，是东京都西多摩郡奥多摩町的加茂神社及御灵社的祇园祭中的一项活动，于每年的6月15日举行。有关小河内鹿岛舞的起源尚不明确，一种说法是京都来的落难的达官显贵带来的，另一种说法是由僧侣传授给当地居民的。小河内的鹿岛舞保留了歌舞伎初期的风貌，优雅动人，独具特色。小河内的鹿岛舞于1980年被认定为国家重要非物质民俗文化遗产。

  为了保证东京的用水，政府于1938年开始兴建小河内水库。第二次世界大战的爆发推迟了工程进展，水库最终于1957年竣工。为了修建小河内水库，小河内村以及山梨县丹波村、小菅村的945户村民被迫迁移，其中原小河内村所在地以及供奉着小河内地区日指、岫泽、南三个村子的守护神的加茂神社也被淹没，因此重新修建了小河内神社。新建的小河内神社内供奉着小河内地区9个神社的11位神灵。小河内水库建成后，小河内的鹿岛舞改为每年9月15日在小河内神社内举行，后来又改为9月中旬的周末在小河内神社以及西多摩郡奥多摩町的水与绿色交流馆①举行。

原来的小河内村群山环绕，被称为传统艺能的宝库。除了鹿岛舞以外，当地还流传着狮子舞等。为了配合水库建设而进行的迁移使得当地居民居住分散，加大了当地传统艺能的传承难度。但是居民们为了不让这一国家认定的非物质民俗文化遗产消失，仍然坚持在9月中旬汇集起来，举行鹿岛舞。为了解决后继者不足的问题，改变了原来由年龄在17~23岁之间的未婚男性来表演的规定，扩大表演者的年龄范围，使得一些40多岁的已婚男性也有机会参加表演。

小河内鹿岛舞的独特之处是男扮女装表演舞蹈。表演共需要6名舞蹈演员以及笛子、鼓表演者各两名。伴奏者全部身穿和服套装（袴）。舞蹈演员将脸和手用白粉涂白，抹上口红，身穿印有芒草和桔梗图案的宽袖和服，三人束红色腰带，三人束白色腰带，头上戴冠。优雅的妆扮颇具古典风貌。

据传小河内鹿岛舞原本有12首曲目，流传至今的有11首。第一首曲目是三番叟，最后一首曲目是三拍子。为了表现女性特征，表演时需双膝并拢，膝盖与腰微弯。一曲虽然只有五六分钟，但是也需要相当的体力。

---

① 为了纪念东京都自来水管道建成100周年以及小河内水库竣工40周年，由东京都水道局与奥多摩町在奥多摩乡土资料馆的旧址上建成的。主要用于介绍奥多摩优美的自然环境、水库的构成以及水资源的重要性，加强作为东京都水源地的奥多摩町与水资源的利用者——东京都民之间的交流。

神奈川县

◇ 左义长

左义长始于平安时代，一般在每年1月15日举行。左义长是除旧岁迎新年、祛除疾病、祈求丰收的节日。一般的做法是用青竹、松木搭成架子，放上稻草，用稻草绳装饰，这被称为"神体"。燃烧"神体"，意为送火神，因此又被称为"火节"。在信奉岁德神的地区，由于受到出云大社的信仰观念的影响，这一活动又被称为"烧岁德"（どんど焼き）。有的地方将"岁德"写作"爆竹"，很可能是由于燃烧中竹子裂开而有此称呼。

第二次世界大战以前左义长普遍流行于日本各地农村，由于城市消防以及战时灯火管制等原因，很多地方的这一习俗消失了。近年来随着环境保护意识的提高，人们意识到左义长活动中由于燃烧而有可能排放出二恶英等有毒物质，所以一些地方纷纷取消了这一活动。

大矶町位于神奈川县中部，面向相模湾，海岸处有暖流经过。北面是高丽山、鹰取山。受到洋流、地形的影响，这一地区的气候温暖湿润。文豪岛崎藤村当年来此观看左义长之后，非常喜爱这一地区，来此定居。去世后被葬于当地的古寺地福寺。镰仓、江户时代这里是东海道上的重要驿站。明治时代以后，很多日本政界、财界的人在此修建别墅，其中包括伊藤博文、吉田茂等人。据说名人名家所建的别墅在当地有150多户。明治十八年（1885年）在第一代军医总监松本顺的斡旋下，在照崎海岸设立了日本第一个海水浴场——大矶浴场。

大矶町北滨海岸举行的左义长于每年1月14日举行，是关东地区十分具有特色的"火节"。当地的居民将新年时装饰大门的松枝、新年第一次开笔写下的字等堆积到岸边燃烧，举行祭奠道祖神的"火节"。这一节日在当地又被称为"烧岁德"、"烧团子节"。人们分享用左义长的火烤过的糯米团，祈求祛病消灾。左义长这一名称据说是明治后期伊藤博文的亲信起名的。大矶町的左义长先后被选为神奈川县的非物质文化遗产、神奈川的50节庆之一以及国家重要非物质民俗文化遗产。大矶町各地都举行左义长，其中以南下町和北下町的活动规模最大。

每一年1月11日开始，大矶町的居民按照各自所在的地区，分别用松、竹、稻草等在北滨海岸搭建七处简易草房。随后孩子们钻进草房中玩耍，并且烤糯米团吃，直到13日。在此期间，当地的居民去七处草房参拜。1月14日清晨，将稻草房改建为高约七八米的塔，加入过年时用过的各种装饰物。夜晚7点钟点火，随后当地的年轻人将安放在木橇上的小型神殿捣毁后拉入海水中，然后分成陆地方和海岸方两部分一起拽木橇。在火堆的熊熊火光中，庆典活动落下了帷幕。

◇ **降滨祭**

降滨祭是在神奈川县茅崎市的海岸、茅崎市内以及寒川町的各个神社举行的庆典活动，被称为关东地区的三大奇节，距今已经有200多年的历史。这一活动始于镰仓时代，过去曾经被称为"祭神禊节"。

明治时代初年降滨祭一直在每年的农历6月15日举行，随着明治五年（1872年）政府将历法制度由农历改为公历，这一活动也随之改为于公历6月30日举行。后来考虑到这一时期正值农忙，明治九年（1876年）以后改为每年7月14~15日举行。1978年这项活动被神奈川县指定为非物质民俗文化遗产。1997年日本政府将每年的7月20日定为"海洋日"（2004年以后海洋日改为每年7月的第三个星期日，茅崎市的降滨祭也随之做了相应的调整），同年这项活动改为在"海洋日"举行。同时为了纪念过去举行降滨祭的日子，每年7月15日这一天仍然会在寒川神社举行传统形式的降滨祭神事活动。

有关这一活动的起源，据说天保九年（1838年）寒川神社的神舆参加完每年春天在大矶举行的"国府祭"后，在返回途中被洪水冲入马入川不见了踪影。几天后一位叫做铃木孙七的渔民在打鱼时发现了原本置于神舆中的御神体（据推测有可能是一尊木质的神像），并将其归还寒川神社。为了表示感谢，寒川神社的神舆每年前往南湖之滨举行祭神禊仪式（祭神禊仪式是指用海水来清洁身体，洗清罪过及污秽）。

有关降滨祭起源的另一个传说是，位于茅崎市内的鹤岭八幡宫从建久二年（1191年）开始每年举行去除身心罪过与污秽的祭神禊仪式，并在海水中举行神舆游行的仪式。从明治九年（1876年）开始这两项活动被合并在一起举行。

降滨祭现在由茅崎海岸降滨祭保存会主办。庆典活动当天凌晨2点半，先在寒川神社举行"发兴祭"。约有40台神舆从市内各处以及各个神社出发，在雄壮的号子声中向南湖海岸进发。其中鹤岭八幡宫的神舆建造于文化3年（1805年），年代最为古老。（2003年共有来自寒川町及茅崎市的33个神社的38台神舆参加了"降滨式"，约有十几万人观看了这一活动）

清晨6点钟以前，所有神舆队伍汇集到南湖岸边，举行"降滨祭"，即当地的男女老少们抬着神舆进入海水之中，举行祭神禊仪式。进入海水之前，神舆必须先从立在海滩的竹制的神社牌坊下面通过。南湖之滨设有八龙王的碑，传说这里是寒川大明神降临之地。因此神舆在这里举行"降滨祭"，可以说是再现了具有漂流神性格的寒川大明神降临的情景。据说通过定期举行这样的仪式可以焕发神灵的神力。1975年以后，大部分的神舆改为由西滨停车场进入海滩，神舆游行活动主要在沙滩上进行。随后各地的队伍抬着神舆集中到指定的地方举行"盛砂"仪式，咏诵祝词以后，将稻谷、神酒、红豆饭、鱼、海藻、蔬菜、水和盐等贡奉给神灵。早上8点钟以前结束在海滩的仪式，人们抬着神舆按照指定路线在市内游行。一部分神舆下午两点钟返回寒川神社，举行仪式后结束整个活动。

◇ 鹤冈八幡宫大典

鹤冈八幡宫位于神奈川县镰仓市，是源赖义下令于1063年建造的。源赖义十分信奉推崇京都的石清水八幡宫，将神灵由石清水八幡宫迎请到镰仓由比滨乡并建造宫殿。1180年，幕府的第一代将军源赖朝进入镰仓后，将由比滨乡的八幡宫迁址到小林乡，后来又于1191年下令建造八幡宫的本宫（上宫）和若宫（下宫），并再次从石清水八幡宫迎请神灵到新建的神社。

对于镰仓幕府来说，鹤冈八幡宫不仅是祭祀源氏氏族神的重要地方，而且可以说是幕府统治的象征，很多重要的仪式和活动都在此举行。据说在当时幕府的将军获得封赏的时候，会来此向神拜祭以表达自己对于朝廷的感激之情。而第三代将军源实朝也是在八幡宫院内被仇家之子赖公晓所杀。

鹤冈八幡宫被指定为国家级的古迹，每年新年时来此参拜的人在日本全国名列前茅。八幡宫的第一个牌坊位于距镰仓站约500米的地方，经过这个牌坊，顺着若宫大路一直往北走可以看到神社的第二个牌坊。过了第二个牌坊后，顺着段葛参道一直往前，可以看到神社的第三个牌坊。过了第三个牌坊后才正式进入鹤冈八幡宫的院子。

《吾妻镜》中曾记载了源赖朝下令于文治三年（1187年）农历8月15日在鹤冈八幡宫举行金铃子虫放生会和骑射活动的情景。骑射不仅展示了骑手的武艺，而且是一项重要的神事活动。这些活动一直延续至今，成为镰仓市秋季的象征。后来，鹤冈八幡宫将原本举行"放生会"的日子定为大典的日子，并将日期改为公历9月14~16日之间举行。

9月14日的早晨,首先在由比滨海岸举行"降滨式",傍晚举行"前夜祭",15日上午9点举行正式的祭拜仪式,仪式结束后在舞殿以及神舆的停放之处演奏雅乐并由巫女表演八乙女神乐。传说静御前与源义经在吉野山分手后,被源赖朝所捕获,源赖朝命令她献舞的地方便是鹤冈八幡宫的舞殿。

15日下午1点将神灵迎请到神舆内,神官以及手持锦旗、戈、盾、刀的游行队伍簇拥着三台神舆在若宫大路上游行,绵延数百米。这三台神舆被神奈川县指定为重要物质文化遗产。16日举行骑射活动及武艺大会等活动。骑射活动时,在长约250米的场地中,每隔70米设置一块用杉木做的54.5厘米见方的靶子。身穿镰仓时代猎装的射手一边策马一边将箭射向靶子。场地边设有观众席,早在仪式开始前便已座无虚席。射手的精彩表演总会引起观众阵阵欢呼的浪潮。

◇ 箱根大名行列

"箱根大名行列"于每年"文化日"的11月3日在神奈川县箱根町汤本的温泉区举行。位于东京以西90公里的箱根是日本最具有代表性的旅游胜地之一。它背倚富士山,环拥静谧的芦之湖,山清水秀,拥有丰富的温泉资源,天晴时可以看到终年积雪的富士山,每年接待大约2000万日本国内外的游客。

江户时代德川幕府为了维护统治,于1635年制定了有关武士的各种法令,其中规定了"参勤交代"制度,以控制大名(封建领主)的势力。幕府命令各地的大名在江户购置宅院,每隔一年便需要从各自的领地上京,居住一年后才可以回到领地。往返江户与领地的路费以及购买宅院的费用由领主自己支付。当时的许多封建领主将"大名行列"作为显示自己势力的机会,十分重视。例如俸禄为24万石的土佐藩在贞享至元禄年间(17世纪后半叶至18世纪初)派出了2000人以上的随行队伍。而一些人力、物力不够充足的藩，也会在进入江户之前，在周围地区雇人以扩充"大名行列"的队伍。"参勤交代"制度削弱了各地大名的财力，但是对于日本全国交通网的建设以及各地间的文化交流起到了促进作用。历史上留下了很多以大名上京为题材的画卷。

箱根是东海道上的要塞，是沿东海道上京的大名队伍必经之地。据说当年243家大名中有146家大名需要途经东海道上京。1935年温泉博览会在箱根汤本举行之际，开始了"箱根大名行列"游行活动，以吸引游客。它真实地再现了当地元小田原藩的领主和家臣上京和返回领地时的情景。游行从上午10点前开始，延续4个半小时左右。共有170多名身着古装的当地男女参加，途经旧东海道以及箱根的温泉区，路程大约6公里。队伍中包括开道者、轿夫、挑夫、毛枪手、弓箭手、炮手、下级武士、随从、大名、管家、侍女等，相当于俸禄为11万3000石的领主规格。游行队伍模仿古法，不停发出"退下"的声音，"驱赶"路人。侍女的优雅举止、枪炮队的表演等都是游行的引人之处。现在除了当地居民以外，年龄在20~60岁的男性也可以报名参加。游行队伍有时可以达到600多人。驻日美军的军乐队甚至也跻身其中，显示了今天箱根的国际化新气象。

除了箱根以外，日本还有许多地区也举行类似的"大名行列"游行活动，例如京都府的岩泷町、冈山县的新见市、爱知县的丰桥市等。其中冈山县新见市的"大名行列"被指定为县非物质民俗文化遗产，于每年10月15日举行，其规格为俸禄1万8千石的领主。

中部地区

新潟县

◇ 天津神社舞节

每年的4月10日，在新潟县系鱼川市一之宫的天津神社举行大型祭祀活动，通过孩童的舞乐表演来祭神并祈求五谷丰登、渔业丰收。作为系鱼川－能生的舞乐，与系鱼川市能生町的能生白山神社舞乐共同被指定为国家重点保护的非物质民俗文化遗产。舞乐指的是由雅乐（宫廷古乐）作为伴奏的舞蹈。而天津舞乐是由孩童来表演的，因此也称为稚儿舞乐。

天津神社舞乐在每年4月10~11日的春季大节上，于神社内的舞乐殿表演。天津神社舞乐与同市的日吉神社舞乐以及能生白山神社舞乐都被认为是借鉴了大阪四天王寺的祭礼形式而发展起来的。天津神社是在人皇（神武天皇以后的天皇称为人皇）第12代景行天皇在位期间修建的。神社曾是人皇第36代孝德天皇祈愿的地方。神社原本建在山崎的山上，后来由于山体崩塌，迁移至现在的所在地。传说这个地方古时称作沼川乡，是奴奈川媛命曾经居住过的地方。根据记载天神和地神资料的《柏崎文库》叙述，奴奈川媛命是奴奈川彦命的女儿，成为大己贵命的妃子之后生下建御名方命。相传建御名方命沿着姬川的溪谷经过信浓路到达此地并开拓了这一地区。大己贵命、建御名方命在信越地区被人们所崇信，因此，此地区有许多祭祀他们的神社。为了祭祀奴奈川媛命女神，人们在天津神社内又修建了一座奴奈川神社。每年在神社里都举行祭神活动。到了中世（指镰仓到室町时期）以后，北陆地区的大阪四天王寺舞乐开始传入并被采用，此被认为是天津神社舞乐的起源。

天津神社是一座拥有悠久历史渊源的神社。从景行天皇建立天津神社至今已有约1900年的历史。作为系鱼川市的古老神社，它一直受到当地人们的崇信，被尊为系鱼川地区的最高级别的神社。最初的天津神社舞乐是在神社的春季大节期间进行表演。此后，舞乐不断地发展演变，外来的舞乐与当地的风俗相结合，并借鉴了日本的宫廷舞乐，形成了具有天津神社独特风格的舞乐。随着时代的发展，神社的祭祀活动中，除了舞乐表演，还增加了神舆，角力活动。押上区和寺町区的年轻人们抬着神舆，在神社内来回绕行。在社内，两队不断相撞，相遇之后互相挤动。据说取得胜利的一方在当年能够实现农业丰收，商业繁荣。双方激战的场面十分热闹，因此天津神社舞祭又被称为"一宫争斗节"。

如上所述，天津神社舞乐节包括了两个区的神舆较量部分和舞乐表演部分。10日正式举行祭礼当天的日出前，从位于神社北部的神舆堂将两台神舆请出，并安放在社内中央的舞台上。到了上午10点，负责抬神舆的寺町、押上两区的年轻人们就可以进入神社里了。紧随其后的便是舞乐表演者和排成一队的孩童们。舞乐表演队伍在绕行神苑（神社内的庭院）一周之后，孩童们登上舞台，而主持祭祀的神官登上神苑的前殿后，就预示着两区年轻人的争斗比赛即将开始。

身穿黄绿色号衣的寺町青年抬的神舆为"第一神舆"，橙红色号衣的押上区青年所抬神舆为"第二神舆"。神舆的行走路线是围着神苑和舞台而设定的。路线外的西侧是寺町的看台以及大本营，押上阵营在对角线的东侧。神舆在绕行神苑的过程中，两支队伍在看台前互相推挤，

兰陵王舞

然后继续绕行。最后举行两支队伍的竞跑比赛。两只队伍抬着神舆同时从营部向前殿进发，先到达的队获胜。通过两次比赛的结果决出胜利队伍。祭祀的争斗部分结束。

两区青年的争斗比赛结束后，舞乐表演开始。舞乐第一部分是由两名儿童表演。他们头戴天冠，手拿戈而舞，称为振鉾。接下来是安摩舞，由4~6岁的孩童表演，配乐为南方传入的林邑乐。随后是鸡冠舞，四名孩童头戴鸡冠，身背蝴蝶翅膀，手持菊花而舞，仿佛四只在花海中游玩的蝴蝶。舞乐共包括12种舞蹈以及12支伴奏曲。天津神社舞乐祭虽属于稚儿舞的一支，但祭祀中也有成人表演的舞蹈。舞乐最后即以成人表演的陵王舞结束。表演者戴上模仿中国古代兰陵王而做的面具，表现站在阵营的前头，奋勇杀敌的样子。随着舞乐表演的结束，天津神社舞乐祭结束。

◇ 村上大节

每年的7月6~7日，在村上市举行的大型祭祀游行活动。因在村上市举行而得名。村上市位于新潟县北部三面河的下流，作为封建制领主内藤的下城曾繁荣一时。大节场面十分有气势而且华丽，以荒马十四骑和儿童队列为最前列的19台彩车以及三台供奉神灵的大轿，游转整个村上市。

江户时代初期宽永十年（1633年），当时的村上藩主堀直奇侯觉得从城池里面俯视西奈弥羽黑神社是不敬的，于是在现在的神社所在地修建了西奈弥羽黑神社神殿，并且把神社从卧牛山的半山腰迁移至此。为了庆贺这次迁移，在6月7日举行了纪念活动。村上市最古老城市大町市的人们从城堡里借来了日本特有的大八车，在车上装满太鼓，在整个市里举行了纪念游行活动。游行队伍由各个町的演奏队所组成，共19队。其中包括社名旗、四神旗等。

江户时代，羽黑神社被称为西奈弥羽黑三社大神。天正十六年（1586年），村上城主本庄繁长在讨伐出羽庄内的东善寺时取得了胜利。在此之后他在当地的羽黑山祈愿，并为庆贺庄内的安定，举行过凯旋归来的仪式。仪式过程中，第一次在庄内町修建了神社，从羽黑神社迎接了神明，分祀在新建的神社里。担任大节先导的荒马14骑即是以当时的情景作为原型而衍生出来的。这一系列的祭礼活动被认为是村上大节的开始。

最初的村上大节是在农历的6月6~7日举行的。6日为举行节日前的小型庆祝活动，7日为正式祭礼。明治以后，改为公历的7月6~7日举行，并且延续至今。江户时代，彩车的排列顺序以及路线和现在不同。彩车的排列顺序被完全确定下来是在明治以后。当时，彩车首先通过饭野御门（现在村上税务所附近）进入会场内。在场内，来自各个町的演艺人在殿堂前奏出美妙的旋律。以演奏好坏来决定当年游行队伍的顺序，即从演奏最优美的町开始排序。然而，明治维新以后，这项常规被废止，于是最后那年所评定的顺序沿用至今。村上大祭中所使用的游行的彩车在村上市被称为御雑子。名字来源于歌舞伎、狂言，是伴奏音乐的意思。

如前所述，大节起源于羽黑神社的迁移纪念活动，最初参加大节的车都装满了太鼓。在此之后，各个町的彩车以及组成彩车的移动舞台，随行的队伍等，都不断发生变化，装饰得更加丰富多彩。这些彩车的形式的变化都在历史中有所记载。在变化中，逐渐出现了配有雕刻图案，或者使用了村上特有的传统雕漆艺术的彩车舞台。在享保年间，终于演变成为与现在类似的彩车，即涂有红色雕漆，黑色雕漆等，构造十分豪华的舞台。

如上所述，祭礼游行过程中，共使用19台大型彩车。这些彩车来自村上的各个町。这些并非每年新造，每年的祭礼前对旧的彩车进行修复并翻新。这些彩车有的装饰有雕刻图案，有的采用了村上市特有

村上大节祭礼队伍

的传统雕漆艺术，其中一些彩车舞台甚至是二百多年以前制作的，色彩绚烂，十分美观。制作彩车的过程中，完全不使用钉子，而是利用材料的凹凸不平来连接，使其互相咬合，固定在一起。例如长井町的彩车，由于每个部件都必须完全从头开始组装，因此彩车的装配也要花上半天的时间。在大祭中使用的这些彩车在村上被称为"屋台山车"，是大节的压轴部分。

祭礼活动的正式举行日期是7月6~7日，从6月下旬开始，村上市会开始祭礼的伴奏排练。包括钟、太鼓以及笛子等各种乐器的演奏井然有序，配合到位，旋律优美。过去曾有从京都来的贵族特意到古老的村上下城来观看祭礼，场面可媲美京都祗园祭。

正式祭礼的前夜7月6日举行小型的庆祝活动。

7月7日凌晨0点，祭礼正式开始。首先奏响太鼓，告知祭礼即将开始，各个町内开始做向羽黑神社出发的准备。早上5点天还未亮时，

19台彩车就在神社前集合，上午8点，随着焰火信号一出，载着神灵的神舆就带着队伍出发。以荒马14骑作为游行队伍的先导，随后是儿童的队列，接着是供奉着奈津比壳大神、仓稻魂大神、月夜见大神三神的三台神舆。最后便是来自19个町的彩车队伍。由于各个町的工匠不同，所以每个町的彩车的装饰等也不同。彩车的背面也有许多十分出彩的装饰。彩车队伍浩浩荡荡地前进，沿途的欢呼声此起彼伏。到晚上8点，彩车队伍返回，19台彩车都点上了提灯，迎来村上大祭的最高潮。

◇ **绫子舞节**

绫子舞

每年9月的第二个星期日，在位于新潟县柏崎市的黑姬神社举行的祭祀活动。绫子舞节因以绫子舞的表演来祭神而得名。绫子舞包括女子表演的小型歌舞以及男子表演的狂言、配乐舞。这三种舞蹈被统称为绫子舞。因其独具特色的表演以及悠久的历史，昭和五十一年（1976年）绫子舞被指定为国家重点保护的非物质民俗文化遗产。

战国时期，越后守护一职一直由上杉家族担任。明广三年（1494年），上杉房能就任越后守护，成为越后的主人。然而，与担任守护代理人的部下长尾为景因为一些利害关系而产生了矛盾。长尾因此与上杉房能反目，永正四年（1507年）8月，拥立上杉房能的养子上杉定实举兵反叛。永正六年（1509年），最终上杉房能兵败，在无路可走的情形下，在松之山的天水越自杀身亡。上杉房能死后，其妻绫子以及追随绫子的侍女们、妇人、年轻女子都成了无家可归的人。同郡加纳山的城主毛利高广同情她们，于是将她们安置在深山中，即现在的刈羽郡女谷、折居谷一带。为了安慰伤心的绫子，侍女们表演了一种非常优美的舞蹈。这种舞蹈渐渐地在村子里流传开来。因为最初这个舞蹈是为了绫子而舞，因此得名绫子舞。女谷和折居谷的名称也是来源于绫子舞的歌词中。

如上所述，最初的绫子舞是侍女们为了安慰绫子而舞的，因此，当时的绫子舞只有女子舞蹈部分。而现在的绫子舞还包括了男子表演的狂言以及配乐舞。相传，德川幕府时期，曾在皇家寺院担任武士的茂田茂狂言师夫妇二人来到女谷地区，改名高桥并居住于此。夫妇二人将狂言教与村民们，茂太夫教高原田的村民，其妻则教下野的村民。因此，高原田的舞蹈比较强劲有力，而相对的下野的舞蹈就比较柔和。此外，最初的绫子舞是没有设置表演舞台的。现存绫子舞的表演舞台与出云国（现岛根县的东部）的早期歌舞伎舞蹈所使用的舞台相同。出云国的歌舞伎舞蹈在1600年前后，曾在以京都为中心的一部分地区流行。因此有人认为绫子舞是从京都传过来的。折居谷的绫子舞在传承过程中，未能保留下来，到了明治20年就消失了。而女谷的下野以及高原田这两个村还一直将绫子舞传承至今。一直以来，绫子舞的表演都是在每年的9月15日黑姬神社的定期祭祀活动中举行。与每年的敬老日（9月15日）同时举行。根据法律对国民法定节日的改动，敬老日的日期变为不固定日期。从2004年开始，绫子舞的公开表演日期也做出修改，于每年9月的第2个星期日举行。

祭祀当日上午10点开始在黑姬神社内演出"奉纳神乐舞"，举行祭神仪式。在神社内的右手边有一棵巨大的杉木，早先绫子舞的舞台就设在此处。而现在一般都在绫子舞会馆前的广场上搭建舞台进行表演。如果是下雨天，就在旧鸧川小学的体育馆举行。

绫子舞分为三个部分。第一部分的舞蹈是由女子表演。表演的少女头戴被称为"幽来"的红色头巾，身穿长袖和服，手持扇子而舞，共有11种舞蹈。下野绫子舞是由三人来舞，高原田绫子舞是由两名舞者来表演。下野表演时所穿的和服相对随意，而高原田的和服则在颜色上有所讲究，使用红色作为表演和服的主色。舞者随着曲调，斜着身体慢慢地舞蹈。接下来便是男子部分的狂言和配乐舞。表演者随着音乐舞蹈，舞蹈中通过折断物品等动作，表现男子的力量。随着狂言表演的结束，所有绫子舞节的表演也就结束了。

◇ **岩船大节**

每年的10月19日，在位于新潟县村上市的岩船神社举行的大型祭祀活动。与西奈弥羽黑神社定期举行的大型祭祀活动村山大节（每年7月6~7日）以及西奈弥神社的濑波大节（每年9月3~4日）并称为村上三大祭祀活动。祭礼中装饰华丽的9辆彩车在笛子的伴奏中在町内游行，祈求海上的安全、商业的繁荣等，体现出独特的古代港口城市的文化特点。

岩船大节是从何时开始举行的目前仍无定论。永禄年间（1558~1570年），色部氏盘踞在平林城并且统治着岩船地区。据《色部氏每年定例活动》一书记载，平林城城主色部氏每年9月19日会参加石船神社举行的祭祀大明神的活动。这是目前为止关于岩船大节的最早的记录。岩船大节与普通的祭祀活动有所不同。一般的祭祀活动都是将神灵供奉在神舆中，作为祭礼游行的中心。而岩船大节中所使用的并非神舆，而是将船作为祭礼的先导。大化四年（648年）以前岩船地区有名的权贵物部氏一族迁移到岩船地区并且统治了这一地区，在此建立了神社，祭祀先祖饶速日命。根据《日本书纪》中的记载，饶速日命是乘着磐樟船从天上来到人间的神灵。饶速日命被认为是武神，但是因为他是乘船从天而降，人们认为他也是船神，是保障海上交通的神灵。逐渐地饶速日命就成为了人们举行祭礼祈求海上安全、渔业繁荣的神灵。祭祀饶速日命的活动被认为是岩船大节的起源。

石船神社建立之后，一直供奉的是被认为是物部氏先祖的饶速日命。大同二年（807年），秋蒣朝臣安人作为北陆道观察使来到岩船。他将京都市鞍马贵船町的贵船神社的祭神三社神请到了石船神社，并将神社改名为贵船大明神社。贵船神社里供奉的这三个神为水波女命（水神）、高笼神（晴天神）、阁笼神（祈雨神）。秋蒣朝臣将这些神供奉在石船神社是为了祈愿航海安全。当他们到达岩船时，蝦夷（北海道古称）已被平定，日本海沿岸的贸易来往以及与其他国家的经济文化交流频繁，因此人们对于海上的安全更为重视了。在此之后，石船神社在正德四年（1714年）迁移，恢复了石船大名神的称号，明治六年（1873年）再次改名为石船神社后，沿用至今。此外，岩船大节的举行日期最初为饶速日命到达人间的日子，即农历的9月19日。到了明治五年（1872年），开始采用公历。公历被广泛使用之后的一段时间岩船大祭的日期仍为9月19日。但是到了明治十一年（1878年）9月19日，这个日期与明治天皇巡游新发田的日期相冲突，加之与秋季的收割时期相冲突，祭祀改为公

"迁魂"仪式

历10月19日举行，并传承至今。

18日举行节前庆祝活动。各家各户都挂上印有家徽的门灯，撑起红白的幕布，庆祝节日的到来。下午，各个町内举行彩车游行的排练活动。人们在晚饭之后，全家人一起到石船神社参拜。人们要么身穿套装，要么身穿和服，参拜神社时着正装为岩船的一个风俗习惯。而在神社里，参拜的道路两旁挂满了各个町献纳的佛灯，前来参拜的人络绎不绝。

19日的祭礼正式开始之前，渔民们一大早便在自己的船上摆好酒席，击掌合十向神敬酒，祈求海上的安全和渔业丰收。这个祭礼被称为"迎船神"。此时，在节前庆祝活动时存放在驿站的装饰物品被再次装点在彩车上，并且安放好钲和太鼓等演奏乐器。拉车手们穿上统一的号衣及细筒短裤在驿站前集合，喝完庆祝酒之后，随着伴奏彩车向石船神社进发。而岸见寺町的彩车队伍则守候在神社前，等待年轻人们将象征岩船大节的大明神抬到车上，同时，"御神马"也被安放到横新町的彩车上。当大明神和"御神马"都被安放在神舆里之后，由主祭主持进行"迁魂"仪式。仪式结束后，从神社出发，以岸见寺的彩车为先导，祭祀游行开始。随着太鼓、笛子等乐器的伴奏，各个町各具特色的彩车组成一只庞大的队伍，在岩船整个城市内游行。游行直到晚上很晚才结束。

长野县

◇ **新野雪节**

每年的1月14日晚上到15日早上，在长野县下伊那郡阿南町新野的伊豆神社举行的祭祀活动。这个祭祀活动原称御神事——田乐节，即通过古典神乐以及田乐歌舞等民间艺术表演来祈求丰收。后因民俗学家折口信夫将其描述为一个迎接雪的到来、预示瑞雪兆丰年的雪节而被人们所熟知，于是雪节一名沿用至今。

镰仓时期（约1183~1333年），新野地区的开拓者伊东小次郎流浪到新野，此后从伊豆地区请来伊豆山神并建立了伊豆神社。为庆贺神社的建立，使该地区的人们得到庇佑，同时表示对伊豆山神的崇敬，伊东小次郎模仿奈良的春日神社的若宫御节，在该地区举行了祭祀活

新野雪节

动。室町时期，另一位外来客关氏从位于神原（现天龙村）的仁善寺请来了观世音菩萨，和伊豆山神一起供奉在伊东小次郎所建的伊豆神社里。同时，关氏还将自己的出生地伊势地区的修道会祭祀仪式引入了新野地区。关氏引入的仪式是一种以田乐歌舞为主的祭祀活动。从此，两个祭礼融合在一起，人们每年举行祭礼，祭祀土地神，请求土地神允许人们在此耕作，同时祈求来年获得丰收。原本两个祭礼并无特定的称谓，融合之后，仍无确定的名称，于是，这种无确定名称的状态一直传承到后世，直到大正十五年（1926年）因折口信夫对此祭礼做出的评价而得名雪节。

如上所述，祭礼最初是由于伊东小次郎为庆贺伊豆神社在当地的创建而举行的，此后的关氏也将观世音菩萨供奉在伊豆神社中，因此，两个祭礼渐渐融合在一起，而祭礼则一直在伊豆神社举行。到了明治时期，新野地区负责祭神的官员由原来的伊东家族改为后藤—山家族。后藤家族后来又在新野建立了诹访神社，于是，伊豆神社和诹访神社成为了举行雪节的主要场所。祭祀前，人们会用神舆将神灵从诹访神社请到伊豆神社。在从诹访神社到伊豆神社的路途中，请神的队伍会在伊东家和后藤家门前停下来演奏乐曲。

最初，雪节的负责人主要包括内轮众、上手众、平、后立和市子。内轮众原来是由一直主持祭礼的伊东氏的族人所担任，现在演变为神官或者在祭祀活动中扮演神官的人都可以担任这项工作。上手众负责整个祭祀仪式过程中的监督工作。这五个负责人的分工到现在已越来越不明显，并且祭祀过程也在不断地简略。

如上所述，祭祀前首先要把神灵从诹访神社请到伊豆神社。正式祭祀开始的前一天（即13日）的上午，人们把假面具等祭祀用具从诹访神社运往伊豆神社，为迎接神灵的仪式做准备。从诹访神社到伊豆神社的运送队伍被称为"上行"。假面具和祭祀用具都运送到伊豆神社以后，在那里举行"开面"仪式，即将所有的祭祀用假面具都并排摆放并供奉。仪式过程中，人们一直跳编木舞、顺舞等祭神舞来祭祀神灵。此后要再次修补正式祭祀演出者的妆容。接下来，13日参加祭祀的人要在瀑布下手握祭祀用具清洗身体。此仪式被称为"入瀑"。

14日的正式祭礼在伊豆神社举行。上午在神社内制作祭礼用的大火把。到了傍晚，与13日相反，上手众为先导，祭祀参加者从谘访神社向伊豆神社进发。队伍在向伊豆神社行进过程中，在伊东家、后藤家，以及原来的关卡所在的叶家的门口停留，演奏乐曲，然后队伍继续前进，到达神社前会通过"鬼道"。队伍行至"鬼道"时，在面对着神社的石梯下面，三个扮演鬼的人手举火把出来迎接队伍。

队伍到达神社后，在殿内的神乐演奏舞台进行神乐殿仪式，接着在正殿里列队进行正殿仪式。神乐殿仪式以编木舞开始，人们手拿用薄木片编成的乐器不断摆动，并随节奏而舞蹈。随后是由特别选定的两人手持扇子或者太鼓表演舞蹈，此角色的担当者必须由神官或者内轮众等少数人推选。接下来年轻的后立、市子手持扇子向天仰望并高呼："万岁乐"，随之舞蹈。

神乐殿仪式结束之后，正殿仪式开始。这是由祭司主持赐予金钱的仪式，并举行和神乐殿仪式相同的万岁乐舞蹈。随后是中启舞，每个人手持祭祀道具，相继舞蹈，每个人大约跳3~4分钟左右。正殿仪式以接下来的神灵降临舞以及顺舞的表演而宣告结束。

正殿仪式之后，人们聚集在殿内，等待在庭院举行的祭礼。到了午夜，人们在庭院内点燃火把，并在此表演各种具有浓郁的古代风格的舞蹈，直到天亮。15日早上8点人们吟诵祈求丰收的祭词，整个雪节到此结束。

◇ **御柱节**

每逢虎年或猴年，在位于长野县的诹访大社（俗称诹访明神）举行的大型祭祀活动。此祭祀活动为每7年一次，从4月上旬持续到5月中旬，场面十分隆重。祭祀名御柱节中的"柱"，即以从神山采伐的巨大的枞（日本特有的松树科植物）作为神木，然后抬到神殿并安放在殿内的四个角落的意思。

最早关于御柱节的记载出现在镰仓时代。而对此祭祀的起源，据说可以追溯到太古时代，但目前仍无定论。不过有这样的说法："没有诹访大社，就没有御柱节"，说明御柱节的起源与诹访大社有着密切的关系。诹访大社的神明从很早以前就作为十分有权威的神而被人们所崇信，以日本东部为中心，建立了许多分社。诹访神最初是人们祈求狩猎的神，随后演变为农耕的神，后来又作为武神而受到后世崇敬。于是诹访大社成了人们祈求五谷丰登、狩猎以及风调雨顺而闻名的神社。御柱节的雏形是与诹访大社的迁移仪式一起举行的祭祀活动。根据诹访大明神一画所描述的场面，第一次的御柱节为延历二十三年（804年）。大约1200年前的延历二十年，桓武天皇（781~806年在位）在征讨虾夷（北海道的古称）的途中，从东边的山路往下行进时，在诹访神社祈

渡川

求胜利。最后征讨取得了成功。为了庆贺此次胜利，于延历二十三年（804年），在信浓国（今长野县）以国家节日的形式举行了庆典活动。天皇御令当地官员，祭祀所需费用由当地人民承担。此次庆贺仪式逐渐演变成为后来的御柱节。

御柱节的仪式经历了几多变迁。祭礼由于各种原因，多次被延期。但是人们认为祭礼延期会受到神的惩罚，条件允许的情况下都会如期举行祭祀活动。昭和二十年（1945年）的御柱节出现较大的变革，具有划时代的意义。在第二次世界大战中，许多日本的年轻人战死造成男丁不足的问题。并且，战后宗教自由的观念得到广泛认同，女性地位也有所提高，有人提出女性也可以参加御柱节。于是，昭和二十年的祭礼，不分宗教，不分性别，不分出身贵贱，成为一次全民参与的大节日。

在中世纪以前，祭祀仪式中会把神殿完全重建，甚至包括殿内的鸟巢。到了江户时代以后，逐渐演变成为重建殿内的四根柱子以及交替翻盖东西宝殿的形式。直到明治维新之前，宝殿在重建后要保持6年间洁净，方能允许人们进入殿内敬拜神明和祈愿。而明治以后，改为了重建之后迁移神社的方式。现在，每次御柱节结束后，6月15日举行神社迁移仪式。

诹访大社由两个社组成，包括上社的总宫和前宫以及下社的春宫和秋宫，诹访大社为这四个神社的总称。由名字可知，御柱节的中心为"柱"，因此祭礼首先要选择好采伐的神木。为此，要举行选定神木的仪式。上社的仪式是在祭礼前一年的5月份，在八岳山山腰的神社所有的林区进行。而下社是在祭礼两年前，在雾峰山山腰的国有林区举行仪式。在被作为神木选定好的树上捆上草绳，并把镰刀嵌入树中。到了举行祭礼的当年的2月25日，在神明的面前举行抽签仪式，决定祭礼时抬神木游行的分组。2月下旬到3月中旬制作抬神木的网，网长五六十米。同时祭祀中抬神木的核心成员，即负责采伐神木的人要举行"火入"仪式,即把神斧和大锯放入用火镰所打出的火中烧烤,来获得洁净。仪式之后便是神木的采伐,上社为3月下旬,下社为祭祀前一年的5月。

到了4月初,上社举行神木的出山仪式,以本宫的御柱为先导,每根神木都由超过1000人的氏族成员抬着。成员们均穿上统一的号衣,唱着滚运木材的歌,走过数十米的御柱节通道。第二天即是落木的日子。将神木从十几米高的断崖上推落河中,使神木在宫川河里得到洁净,这一过程被称为渡川。到了5月上旬将神木抬到神社前,并在此将神木的一端削成三角锥的形状。接下来把神木固定在规定的神殿的四个角落,持续时间长达两个月的御柱节到此方告结束。

◇ 新野盂兰盆舞节

每年的8月14日到16日,长野县的下伊那郡阿南町新野地区都会举行三晚大型的盂兰盆舞祭祀活动。一般的盂兰盆舞是人们随着乐器的演奏而舞蹈,而新野的盂兰盆舞完全不使用三弦等乐器,而是在经文的伴奏下舞蹈。

室町时期的文安二年(1445年),伊势平氏一族的关氏成为了新野地区的领主。享禄二年(1529年),关氏在新野新建了瑞光院。为了庆祝瑞光院的建立,关氏特地从爱知县三州振草下田请人来寺院内跳舞以示庆贺。新野的村民们看到这一切,觉得村里也应该有这样的祭祀活动,于是决定以后每年都举行这样的舞蹈祭祀活动。现在祭祀中舞蹈时所唱的歌词中包含了三州振草下田这个地名,由此可见当初盂兰盆舞的确是从振草地区传到新野地区的。盂兰盆舞传到新野之后,关氏下令祭祀活动要在神社前面的空地进行。现在这片土地被称为古市场,有时会举行祭祀市场守护神的活动。这个市场的守护神逐渐地成为了盂兰盆舞所祭祀的神灵。实际上,在三州振草下田的盂兰盆舞传到新野之前，村里已有这样的习俗，即在人刚死之后，召集亲戚以及村民在家中的庭院里以舞蹈来祭祀亡灵、安抚亡灵。但是，盂兰盆舞祭祀活动作为一个定期举行的祭祀活动是在瑞光院的建院庆典之后。

过去举行新野盂兰盆舞节的地方不只一处。在大村的舞蹈区以及其对面的布告栏区都举行过盂兰盆舞祭祀活动。大正年间，新野盂兰盆舞已发展到12种之多，此后各个舞蹈也分别有了各自围圈而舞的形式。为了使这些舞节成为自己更喜欢的形式，年轻人甚至在舞蹈的歌曲中加入了一些近于下流的歌词使舞节更为有趣。在这过程中，由于有人缺席或者跳舞的圈子散去等原因，有时舞节成为了男女相会的活动。后来，舞节甚至被认为是非常低俗的活动，良家女子不参加此活动成为一种社会风气。于是人们有了改良这一活动的想法。恰好此时，著名的民俗学家柳田国男来到村里，在他的建议下，村民们将12种舞蹈中还留有新野盂兰盆舞特点的7种保留了下来。从那以后，新野盂兰盆舞的形式再也没改变，一直延续至今。

舞节

如上所述，新野盂兰盆舞是在8月14~16日举行，17日的拂晓祭祀结束。整个舞节持续三天三夜，由彻夜的围圈而舞以及最后一天的舞蹈游行仪式两部分组成。

舞节在新野地区的各个村落的中心举行，即东町和本町。在城市的街道两边有守护神的地方设置跳盂兰盆舞的高台，人们以高台为中心围成圈子不停地舞蹈。因此，在舞节正式开始的前一天，即13日要做好街道的布置，搭建高台等工作。在此之前首先在大村市举行市场守护神的祭祀仪式。

14日晚上8点，人们在神社前集合举行迎接神灵的祭祀仪式。9点盂兰盆舞祭祀正式开始，当地人们以及旅客们身穿夏季的单衣和服手持扇子一起舞蹈。如上所述，新野盂兰盆舞节中保留至今的舞蹈共有七种，舞节由"高山"、"十六"，"能登"等七种舞蹈组合在一起。舞节开始之后，随着深夜的来临，人们舞蹈的圈子越来越大，舞节一直持续到第二天早上。孩子们在这天也获得许可，可以在外面呆到很晚，和朋友们一起歌唱一起舞蹈，尽情欢度一年一度的舞节。

15日晚9点仍旧和14日晚上一样舞蹈，活动一直持续到16日早上。与此同时，各家各户都进行送魂仪式，祭奠亡灵。

16日晚8点，舞节现场挂上灯笼。这些灯笼并不是装饰现场用的。这些灯笼们被称为"切子灯笼"，当年有家人去世的人家会将亡灵供奉在佛坛，盂兰盆舞节的时候，这些灯笼就相当于亡灵的替身。在舞节开始之前，灯笼就被陆陆续续地送到了舞节现场挂起来。通过灯笼的数量可以知道当年有多少人离开人世。舞节从晚上10点左右开始，人们围着之前设置的高台不停地舞蹈。灯笼光下的舞蹈，寓意与亡灵一起舞蹈。舞节现场的灯笼保持整夜不灭。

17日早上6点，人们在神社前吟诵祭文，以切子灯笼为先导，鸣炮向村里的十三堂行进。在十三堂，人们将灯笼挂在一起，修行者掐诀念咒后伴着炮声送亡灵回村，将灯笼焚烧，并一边念着："不要回头！"一边返回村子。持续三晚的舞节到此结束。

◇ **远山霜月节**

每年的12月上旬到1月上旬，在长野县饭田市远山乡的上村——南信浓村所辖地区的13个神社举办的大型祭祀活动。在万物生命衰退的旧历11月，人们用大铁锅烧好洗澡水供来自日本各地的神灵使用，并围着铁锅舞蹈，祈求生命万物的重生。

远山乡自古以来即为信浓国伊那郡江仪远山的庄园。在奈良时期，这里有一名隐居在深山之中的高人，他被认为是村民的先祖。随着时光的流逝，到了镰仓时期，高人已去世，居住在此的人越来越多，村子人丁兴旺。村子的人们希望得到神灵的庇护，能够五谷丰登、丰衣足食。而当地却没有可以供人们祈福的神灵。于是，这位高人的子孙就开始想办法解决这一问题。恰逢此时，有一名外来的修行者来到了村里。高人的子孙便向修行者询问是否有解决的办法。修行者并未马上回答他们，只是说了一句："请你随我到都城一行，便可知解决之道"。于是这名高人的子孙便跟随修行者到达了京都。修行者让其观看了贺茂以及石清水的祭祀仪式，最后还让其学习了吉田神道的祭神方法。最后，高人的子孙把在宫中举行的围绕洗澡水舞蹈的仪式引入村里，并将京都南山八幡宫请回村里作为主神，同时供奉与农耕相关的水、木、金、火、土五神，远山节即由此发展而来。

　　在文治二年（1186年）的《吾妻镜》一书中关于远山节的记载如下："在南阿尔卑斯山脉，当山上白雪皑皑的时候，祭祀仪式的笛声从山谷里传过来，人们正在举行一年一度的祭神活动。这是人们期盼已久的神圣的仪式，在这天晚上，人们准备好洗澡水供来自各地的神灵沐浴。"人们通过祭神以祈求来年的丰收，并净化身心，这是远山节最初的形式。

　　远山的霜月节又被称为镇魂节。日本的战国时代，远山地区由远山氏一族所统治。当时的领主远山佐守是一个有名的暴君。百姓无法忍受其暴政，

镇魂仪式

终于奋起反抗，武装起义爆发。远山一族在从江户返回远山的途中，在大鹿村受到起义军的突袭并被杀死。被杀死的远山一族成为怨灵，给村里的人们带来许多的苦难。为了安抚在这次突袭中死去的远山一族的怨灵，人们在远山节的仪式过程中又附加了一项安魂祭礼。这种祭祀形式一直保存到现在，基本上没有改变。

江户后期的国学家、本居宣长的《玉胜间》（文化9年刊）中也出现了关于该祭祀节日的记载。关于祭祀的传入有各种各样的说法，但尚无定论。如前所述，一般研究者们认为霜月节是属于伊势神宫内宫的汤立①系统，可能是在伊势传来的神乐的基础上，加入了镇魂仪式演变而来的。不管怎样，远山的霜月节，是古风浓郁的祭祀活动，在昭和五十四年（1979年）2月3日，被指定为文化厅的重要非物质民俗文化遗产。

远山节在饭田市上村和南信浓村的各个村落里举行，如上所述，13个神社举行此祭祀活动。每个村落的时间不同，从12月上旬持续到1月上旬。

在正式祭礼开始前，举行小型的祭祀活动。此时，要在神社的主殿内修好炉灶，并在灶上安放好烧开水用的大铁锅。同时，在铁锅的正上方吊一个被称为天盖的锅盖。天盖实际为一个四方形的木框子，框的上面挂着绘有花、人物、桥等图案的纸条作为装饰。然后，在炉灶里生火、拉草绳、跳舞等，通过这样的形式来祭神。此小型祭祀活动从晚上7点持续到第二天，大约12小时。

第二天为正式的祭礼。祭祀的氏族成员坐在一起。在神社的正殿放置好烧洗澡水的大铁锅，请求神灵降临。同时举行烧水的仪式供奉神灵。烧水之前，在每个锅上添加特殊的标志，祭祀人吟诵经文，氏族成员们围炉而舞。

---

① 祭祀形式的一种，在神前烧开热水，由巫女或其他神职人员用细竹叶蘸热水撒在自己和参拜人身上，本是神前净身的一种方式，后来也用于占卜。

洗澡水烧好之后，祭祀进入第二阶段。第二阶段首先是祭祀当地的各路神灵和精灵。此仪式完毕之后，戴着面具的祭祀人开始围着炉子疯狂地舞蹈。戴面具的祭祀人被称为面役，分别代表远山氏一族的八个神社的神灵以及稻田神、山神、水王、火王、土王、木王。面役围炉舞蹈时，用手从锅中取水撒向周围。

　　祭祀最后部分是由手握弓箭的天伯（传说中驱除恶魔，呼唤新春正气的神）在炉灶前不断踏地，并向五方放箭，以祈求天下太平。祭祀即以天伯舞结束。

富山县

◇ **法福寺稚儿舞**

每年4月的第三个星期日,在位于富山县下新川郡宇奈月町明日的法福寺,会有观音会,届时能观赏到为了祭祀观世音菩萨而表演的舞蹈。也称明日稚儿舞,和射水郡下村的贺茂神社、妇负郡妇中町熊野神社的稚儿舞作为越中地区的三大稚儿舞之一而成为国家重点非物质文化遗产。

稚儿舞

日本人自古以来就认为神的样子就似孩童一般,孩子和成年人不同,他们还未被尘世所污染而保留着纯净的心,所以他们被认为是神灵的依托者或者是神灵本身,还有人认为儿童就是神灵的替身,为神灵效劳的也应当是儿童。于是,儿童就成为了信仰的对象。因此,在各地的祭神民俗表演艺术中,由儿童担任的角色就很多。在祭祀活动当天,化妆后穿上漂亮衣服的孩童们,即"稚儿",参加祭神活动,并表演舞蹈。稚儿舞与其他的表演艺术的不同在于,表演者是还未成年的少男少女，他们的年龄在五六岁到十四五岁之间。稚儿舞从平安时期就开始出现了。战国时期，法福寺因在战乱中遭受上杉军的战火之灾而被烧毁。文禄年间（1592~1595年）重修寺庙，寺庙落成之日，当时的法福寺33世秀运大和尚去到京都，观摩了稚儿舞的表演并将此引入到寺庙重建后的庆典表演中，这便是法福寺稚儿舞的起源。

法福寺稚儿舞最初是作为一种供奉观音会的舞乐而产生的。而此后，到了中世，修验道的发展与兴盛，使稚儿舞也受到影响，成为融合了与农民密切相关的祈愿丰收、驱除灾难等元素的艺术形式。法福寺稚儿舞在传承过程中，将战国时期京都传来的舞乐和中世的修验道舞乐融合在一起，并加以改良，使其具有地方特色。稚儿舞表演者由4名男童组成，其中大、小稚儿各两名。在昭和初年，稚儿的担任者只能从法福寺的施主家中选出，现在是从明日村的男孩中挑选。当地政府为了让更多的人能够观赏到法福寺稚儿舞而改变了举行日期，从2007年开始，举行时间由原来的4月18日改为4月的第三个星期日。

如上所述，稚儿舞表演是为了在4月18日的观音会上，祭祀观世音菩萨而准备的。舞蹈练习直至正式表演的前一周。而为了表示崇敬以及自身的洁净，在这一期间，表演者是不能吃鱼肉的，并且需要穿上高齿木屐，从而使身体不会接触到土地。这些都是古代稚儿舞的禁忌，至今仍保留着。

观音会当天，将在寺内搭建临时舞台供稚儿舞表演使用。表演的男童们吃完午饭之后马上到法福寺集合。装扮完毕之后到住持的住处列队，在住持的带领下到达观音堂。在观音堂的入口处，男童的亲属身着印有家徽的和服等候在那里。当男童们到达后，让男童骑在他们的脖子上，然后将男童们送到表演的舞台。在这期间，郡内的僧侣都聚集在观音堂，对着舞台的方向念经，所诵经文是大般若波罗蜜多经。经文念完之后，男童们进入后台准备表演。演出曲目共5首，包括《戈之舞》、《大平乐》、《临河舞》、"万岁乐"以及"千秋乐"。其中《戈之舞》是由两名大稚儿表演。表演从下午1点半开始，持续约两个小时。稚儿舞表演期间，真言宗僧侣们的住持会登上主佛的神坛，专心念理趣教经文，并跳着读大般若波罗蜜多经。舞蹈结束后，稚儿们坐在椅子上短暂休息。在稚儿们休息期间，住持会一直在寺庙的正殿念经等待他们的归来。当稚儿们再次骑在亲人的脖子上到达正殿时，住持停止念经，与稚儿们一道回到住持居所。稚儿们列队向住持表示敬意并告别，法福寺稚儿舞到此结束。

◇ 御车山节

每年5月1日，人们都会在位于富山县高冈市堀上町的关野神社举行传统节日活动，叫"御车山节"。御车山是对山车的尊称，山车即祭祀活动中布满各种彩饰的彩车。在活动期间，被称为御山车的七辆彩车随着伴奏行进在高冈市的古老街道，人们欢度1年1度的节日，以此祈求五谷丰登。

古时的日本人有一个风俗习惯，就是制作临时的类似假山的祭坛来祭祀神灵，祈求五谷丰登。从每年4月23日在二上射水神社举行的筑山（即假山）祭礼中就可窥见古代日本的信仰形态。御车山即是将筑山放在车上进行游行的彩车。天正十六年（1588年），御阳正天皇和正亲町上皇到达京都的聚乐第，当时的将军丰臣秀吉在恭迎他们时使用了彩车游行欢迎仪式。当时，前田利家已得到丰臣的册封，成为了加贺藩的首任藩主。前田利长受命于丰臣，举办了这次欢迎仪式。利家死后，长子前田利长成为加贺藩第2代藩主。庆长十四年（1609年），利长在高冈修建城池，在工程完成，即将向人们开放之时，也举行了类似的彩车游行庆贺活动。游行在被称为山町的高冈市城下的九个町举行，游行队伍沿着山町一直行进，町里的居民们都参加了活动。从那以后，这个活动被传承了下来，成为今天的高冈御车山祭。

高冈御车山祭在发展过程中,彩车以及祭祀仪式不断发生改变。期间,当地居民学习了京都的祇园祭的祭祀仪式,将彩车的筑山改为鉾山形式,即模仿皇宫的建筑风格制作彩车,并且在车上立上鉾(戈、矛)作为中心,因此鉾被称为心柱。初期的鉾在彩车上十分显眼,而随着时代的发展和使用过程中的不断完善,心柱成为高冈市金工、漆工手艺人的心血结晶和精美艺术品。

安永四年(1775年),津幡屋的与四兵卫发动了示威游行,抗议其他町举行和高冈相似的彩车活动,此后被捕并死在狱中。与四兵卫为了保护高冈山町这特有的传统节日而牺牲,于是人们将他作为义士祭奠。从此以后,每年4月3日,高冈关野神社内先举行与四兵卫的祭奠仪式,然后商量决定御山车节的具体事宜。而高冈御车山节当日,也必定在津幡屋与四兵卫的旧宅前,车山向着宅院的正门演奏神乐,以此纪念为高冈御车山节做出过贡献的与四兵卫。

御车山节的彩车

一年一度的御车山节正式开式之前,在各个町都会举行小型的节前庆祝活动。木舟町是4月29日下午5点开始,其他各町均在30日举行。御马町以及守山町为30日下午5点开始,坂下町、通町、小马出町、一番街通、二番町则于晚上7点开始。

节日游行所使用的彩车,平时都被保管在收藏库里的。在举行节前庆祝活动时,这些装饰得十分华丽的彩车都被运到山宿。山宿即为放置彩车的地方。在山宿,现场装饰上人偶以及幕布等,然后举行入魂仪式,即神佛附体。町内的有关人士以及观光者聚集在一起,参加这一仪式。观赏来自各个町的各式彩车成为只有在节前活动时才能体会到的乐趣。

5月1日节日当天,各个町举行御车山的修禊仪式只在各自的町内游行。游行结束后,将彩车拉到坂下町,中午11点前来自各个町的共七辆彩车在此集合。然后组成彩车队伍,游行市内并前往关野神社参拜。参拜结束后又再一次到市内游行,并在博劳町的极乐寺举行拜礼。随后在二番町举行祭奠仪式。如上文所提到的,在津幡屋与四兵卫的旧宅前奏乐,祭祀为御车山节而死的与四兵卫。下午6点,彩车到达御马出町,游行结束,彩车各自回到町内。御车山节到此结束。

◇ 城端曳山节

每年5月14、15日在位于富山县城端町的城端神明宫内举行的祭祀活动,拥有270年的悠久历史,祭祀以场面的绚烂美丽而著称。祭祀名中的"曳山"是指在大型活动中装饰得五彩缤纷的游行彩车。曳山节中,六辆载有佛像的彩车在町内游行。

享禄二年(1559年),净土真宗善德寺的僧人受当时城端城主荒木大膳的邀请,常往来于城端和福满间。此后城主在以城门为中心的地区开放了市场,随着人口的增加,纺织品等物品的生产也逐渐兴盛。战国时代末期天正二年(1574年),城端神明宫从北野村迁移到现在的所在地,从此每年都举行春秋的祭祀活动。贞享二年(1685年),重建了神明宫。当时的城端作为生产纺织品的城市,十分繁荣,和京都的文化交流十分密切,并衍生出了元禄①文化,但是,在享保年间(1716~1735年),经济进入了萧条期。那些稍微富裕的居民们开始举行祈愿活动,祈求城端的繁荣,去除灾难。在享保二年(1717

---

① 江户中期,东山天皇朝(1699~1740年)的年号。

曳山节

年），还制作了神舆供奉神灵，并且将狮子舞引入，用伞做顶来装饰山车（祭祀用的大型彩车）的方式在此时出现。到了享保四年8月15日的祭礼上，曳山开始出现。享保九年（1724年）开始即由曳山载着神舆游行，此为曳山节的最初形式。

最初的曳山节只包括狮子舞以及由伞作为车顶的小型彩车的游行。在享保九年，由曳山来供奉神舆、在町内游行的形式开始出现。当时彩车的制作还十分简单，而且能看到彩车内部的"庵屋台"。"庵屋台"，相传是模仿京都的露天小酒店而制作的。祭祀中还有伴奏队随着队伍游行。当时的祭祀队伍仍然十分简单。而后，演变成为了由狮子舞以及"剑锋"（用剑来支撑车顶的彩车）作为先导，随之是三大神舆以及八辆"伞锋"（用伞作为车顶的彩车），最后是6座"庵屋台"以及供奉有神舆的曳山队伍，由这三部分组成了曳山节的游行队伍。其中，狮子舞以前是由野下町以及林道地区来表演的，而大正时期之后由南町来担任。江户初期，在"庵屋台"的基础上又添加了唱歌，即在屋台上以歌的形式来表现市井生活。文政年间（1818~1830年），因城端的纺织品销往江户，曳山节受到江户政治文化的影响，庵屋台以及歌曲部分不断改进，演变为文雅的祭礼。在明治时期，因为社会的不安定，曳山节曾一度中止。到了明治六年（1873年），因开始使用公历计算年份，曳山节的举行日期便改为5月15日。此后，曳山以及"庵屋台"的装饰越来越华丽，传承至今。

14日即游行正式开始的前一天，会在町内举行小型的节前庆祝活动。在这一天，在城端神明宫举行请神仪式，将神灵请到御旅所，即祭祀时临时安放神舆的地方。移驾离开神社的神灵在此旅所度过一晚。藩政时期[①]城端作为特例而被允许能够在神社以外的地方修建御旅所。由野下町和新町两町轮流负责御旅所的修建工作。来自六个町的青年们跟随彩车队伍来到御旅所前参拜，各个町则表演"庵呗"（在屋台上表演的唱歌）。傍晚时分，居民们各自带着家人一起到御旅所参拜并观看各个町的彩车。这天在曳山会馆的广场前，还会有浦安舞和狮子舞的表演，以及六个町的青年们共同演出的唱歌和伴奏。之后，这些负责表演唱歌以及伴奏的青年们一边表演一边在各个町内游行。

15日下午3点祭礼开始，游行队伍到达城市北部之后又调转方向游行。伴着号子声和节拍，拉车的人们一起用力拉动彩车，当彩车转动方向时，观看的人们情不自禁地鼓掌赞叹。彩车到达出丸町之后，拉车人在此稍事休息。天渐渐黑了下来，彩车上便点亮了灯笼，称为"提灯山"。晚上7点从广小路出发，9点半到达新町。到达新町之后彩车180度大转弯，调转方向行进，称为"归山"。负责当年祭礼一切事宜的町的彩车在队伍的最前面，此时停止前进，向其他经过的各个町的彩车队伍表达谢意。曳山节也就到此结束。

[①] 即由各藩藩主治理所辖领地的时期。

◇ 秋风节

每年9月1~3日期间，在富山县妇负郡八尾町举行的祭祀活动。秋风节指的是，在立春后的第210天（公历9月1日），通过歌舞祭祀活动来镇住卷起暴风给农业带来灾难的恶鬼，以此祈求五谷丰登，驱除灾难。秋风节属于盂兰盆舞节的1支，以三弦、太鼓等乐器作为舞蹈的伴奏乐器。

八尾町的创建者米屋少兵卫，曾以承包收纳银作为职业谋生。承包收纳银即是替那些无法及时缴纳收纳金的人垫付，日后再收取一定利息的职业。但是慢慢地死账越来越多，到了第四代少兵卫的时候，这个职业变得十分难做，于是迁移到了野积的水口村。米屋少兵卫曾得到加贺藩第三代藩主前田利长（1593~1658年）的赏赐，迁移时将获赐的八尾城市建设的相关文件也带到了水口村。数10年后，八尾町的官员到了水口村的米屋，希望少兵卫将那些文件归还给八尾町。少兵卫提出，必须把借出去的贷款全都收回才会将书籍归还。见八尾町态度如此坚决，官员们只好作罢。元禄十五年（1702年）3月，八尾町的官员们以观赏樱花为由再次造访米屋。并且带去了很多艺人，借少兵卫的房子大摆宴席。事实上，官员们是想以宴席来引开人们的注意力。当人们尽情地享受酒宴的时候，在了解米屋状况的人的带领下，官员们从仓房的土墙里找出了那些文件并悄悄地带回了八尾町。数日之后，在八尾町的衙门里举行了庆祝活动，庆贺城市建设的相关文件终于回到了八尾町。3月16日就成了八尾町的节日。庆祝活动以16日为中心，持续三天三夜。除了最基本的歌舞表演以及乐器演奏，八尾町的男女老少全体出动，化装后唱着"净琉璃"[①]，伴着三弦、太鼓等

[①] 由三弦伴奏的一种说唱形式。

乐器的演奏，在町内游行。这被认为是秋风节的原型，距今已有300年左右的历史。

　　现存的秋风节被认为是融合了日本自古以来的祭奠先人的"魂节"、中国的盂兰盆会以及祈求丰收的当地习俗的产物。如上所述，最初的秋风节是为了庆祝取回八尾町的城市建设相关文件，在3月举行。当时，八尾町有在7月举行盂兰盆舞节的习俗。原本的盂兰盆舞节上表演的舞蹈为川崎舞蹈。从元禄十五年（1702年）开始，改为由化装以及乐器伴奏的游行来代替川崎舞蹈表演。最后，秋风节的举行日期变更为8月上旬。而在此之后，由于町内的人口逐渐减少，希望继续举行祭祀、期待着

秋风节舞蹈

节日来临的人也越来越少。与此同时，公历被广泛使用，于是将日期改至9月初，相当于盂兰盆舞节的农历时间。

　　秋风节的舞蹈形成之后，舞蹈的表演者确定为男子，因为女子这样抛头露面被认为是十分荒谬的事情。昭和四年（1929年），在东京三越举行的富山县物产展览会上，以医生川崎顺二为主的一行人受邀为此表演节目。表演节目即是秋风节舞蹈。表演引起了极大的轰动，受到了好评。因为当时川崎带领自己的5个女儿共同参加表演，人们便认为既然医生世家的川崎先生的女儿都可以舞蹈，那么一般人也就更没关系了。于是，秋风节舞蹈不再只是男子的舞蹈。

　　9月1日的祭礼正式开始之前，在各个町都举行节前庆祝活动。每

个町各一天，共11个町，因此节前庆祝活动从8月20日开始，至30日结束。这11天的节前庆祝活动都是从晚上8点持续到晚上10点的，这项制度从昭和57年（1982年）开始实施。节前庆祝活动包括秋风节历史展，秋风节歌舞演出会等。

如上所述，秋风节当天，人们会在町内举行化装游行。因此，当天居民们都不工作，男女老少身装随意的服装，戴上草笠，拿着布手巾聚集在町内的综合体育场。下午3点祭礼就已经开始了，各个町的人们在各自的会场舞蹈，庆祝节日。随着三弦、太鼓等乐器奏出的优美而哀伤的曲调，来此的观光客都不由自主地跟着一起舞蹈起来。伴奏乐队和舞蹈的人们成为一体，一边唱着八尾町的民谣一边舞蹈着游行。游行直到凌晨1点才结束。第二天下午3点再次开始。整个秋风节的舞蹈游行持续三天，9月4日凌晨1点结束。

石川县

◇ 御愿节

每年2月10日，在位于石川县加贺市大圣寺内的管生石部神社举行的祭祀活动。祭祀过程中使用约200支青竹，身穿白衣的青年们将青竹全部劈开，通过青竹破裂的声音和人们的叫喊声来驱除恶鬼，所以此祭祀活动又被称为破竹节。祭祀名称中的"御愿"指的是人们在这一天进行正月的祈愿活动的意思。由于加贺地区祭祀活动较少，因此御愿节占有重要地位，同时也是加贺地区的大型祭祀活动，因此被指定为石川县重点非物质民俗文化遗产。

相传，加贺地区曾出现过大蛇，祸害一方。为了驱赶大蛇，当地居民举行了祭祀活动。祭祀中使用粗绳在神社内绕行，此粗绳代表的即是大蛇。这个祭祀活动被认为是御愿节最初的起源。到了用明天皇元年（585年），当时加贺地区瘟疫流行，人民生活不安，一片混乱。为了平息瘟疫，天皇将祭祀在宫中的神明（现菅生石部神）转移到现加贺地区并供奉，祈求神明赶走瘟疫，年年五谷丰登。天武天皇白凤五年（677年），为了祈求国泰民安并告诫人们要居安思危而举行了祭祀活动。通过这个祭祀活动，告诉人们要以日本神话中山幸彦两兄弟，即炎出见尊神以及酢芹尊神之间的争斗为警戒，时刻不要忘记对武道的重视。此祭祀活动不断演变传承，成为如今加贺地区重大祭祀活动之一，至今已有1300多年的历史。

如上所述，最初的御愿节是当地居民为了驱赶大蛇而举行的祭祀活动。此后与天皇祈求国泰民安、五谷丰登的祭神活动相融合发展而来的。在其传承过程中，经历了许多变迁。御愿节的举行地菅生石部神社最初供奉菅生石部神。此后在神社中共同供奉了应神天皇，以及守护人们身体健康、顺产、学业等活动的各方神灵。中世（12世纪末镰仓时期至16世纪末室町时期）时，神社成为越前地区（现福井县东部）的第三神社，随后成为加贺地区的第二神社。直到正亲町天皇（1517~1593年）时期，每年天皇都会派遣特使参加御愿节，供奉各种祭祀物品。木曾义伸、丰臣秀吉等历代武将都对此祭祀活动非常重视与尊崇。在贞享二年（1685年），御愿节作为年初的占卜神事而举行，人们在活动中许下新年的愿望，祈求年年有余，生活幸福，由此得名"御愿节"。

正式祭祀在2月10日正式开始，而在一周前就要做祭祀的一系列准备活动。祭祀的氏子（属于祭祀同一氏族神地区的居民）来自12个町。而能够成为仪式成员的只有两个地区的居民，即以前围绕着神社的敷地和冈两个地区。准备活动首先从大蛇的制作开始。居民们在自家的仓库中，按照古老的方法依次缠绕，制作出仪式过程中象征大蛇的重达180公斤、长达20米的粗绳。参与制作的人员均为村里的男人们，而且制作大蛇的仪式中，任何一个环节都不允许女人参加。"大蛇"制作大约需半天时间，制作者激情投入，场面的热闹不亚于正式祭祀当天。

2月10日上午11点祭祀正式开始。人们将事先砍伐好的青竹系上祭祀绳，运送到神社内，以备使用。敷地、冈两区的青壮年数十人身穿白衣以及白短裤在神社外的牌坊前列队等候，迎接祭祀正式开始。11点时，祭祀神官在供奉币帛等物品的神殿内吟诵祈祷文。祈祷文吟诵过程中，神社内十分安静，不允许有任何器物的声音。仪式结束后，神社内将敲响云板。云板的敲击声传到殿外，等候已久的青壮年们一下子冲进神社内，伴随着点燃的圣火，他们拿起摆放在殿内的两米多长的青竹用力往地上打下去。

百余根青竹伴着激烈的打击声而破裂。此时，殿内乐曲响起，"大蛇"被牵进殿内。人们牵引着"大蛇"在神社内转行，随后在神社外绕行，最后从敷地村的桥上将"大蛇"投入大圣寺河中。随着人们的吆喝，"大蛇"沉入河底，御愿节落幕。人们将残留在神社内的破竹带回家放在门口或者屋顶上避邪，保佑平安。一年一度的御愿节结束。

◇ 青柏节

每年的5月3~5日，在石川县七尾市山王町的大地主神社都会举行大型祭祀活动。此祭祀活动是用青柏的树叶来盛放供神的供品，因此而得名青柏节。青柏节又名巨山节。因为在祭祀过程中使用了被称为巨山的十分豪华的彩车。

从前，在七尾的山王神社，有每年向神供奉一名美女的习俗。某一年，白羽的箭落在一家屋顶，按照当地的习俗，这意味着轮到了这家女儿成为供奉的女子。这家父亲为了解救女儿，每天冥思苦想，可是却一直未能想出一个比较好的办法，而祭祀的日子却一天天在逼近。这位父亲绞尽脑汁却最终也没有想出办法来。在一个人们都沉睡的深夜的丑时三刻，他悄悄潜入神社内。这时，他听到从神社的某处传来讲话声，到底是谁呢？这位父亲凑近仔细一听，听到有人在低语："供奉女子的祭祀之日快要来临了，但是越后（今新潟县地区）的守贤却并不知道我藏身此处，哈哈！"听到此，这位父亲急忙赶到越后，四处奔走，向人打听守贤的所在。最后终于找到了。原来守贤是一匹狼，全身的毛为纯白色。据这匹狼说，之前有三头猿从其他地方来到越后，之后在此不断作乱，很多人遇害。虽然守贤将其中两头猿咬死了，但有一头猿却逃脱了，行踪不明。人们一直以为它已潜逃至能登地区藏了起来。"那么，让我们消灭它吧！"狼让这位父亲坐在自己背上，像海上的飞鸟一样飞到了七尾。祭祀当天，狼化身为供祭祀的女子进入柜子中，被人们供奉在神前。那天晚上狂风暴雨大作，狼与猿展开了激烈的搏斗，惊动了村民。第二天，人们到神社一看，发现那头巨大的猿已经倒在血泊里，而狼也只剩下冰冷的尸骨。人们厚葬了

163

狼，却又恐猿再次作乱，于是用三辆大彩车祭祀它。从那以后，人们每年都举行这项祭祀活动，并持续至今。

这项祭祀活动由古时传承下来，直到平安时期的天元四年（981年），当时的地区统治者源顺将其定为能登地区的大型祭祀活动。从此青柏节成为当地领主每年参加的祭祀活动之一。室町时期，畠山满则担任了能登地区的守护职务。畠山满则的父亲畠山基国是室町前期有名的武将，基国从南北朝时期到室町时期担任过大名守护等重要职务，管理室町幕府。满则为基国的次子。广永十三年（1406年）基国死后，因为将军足利义满疏远兄长满家，满则成为家族继承人。而广永十五年（1408年）足利义满逝世后，满则又将家族户主的位置让予兄长满家。满则颁布一项政策，该政策规定负担祭祀所需费用的城市可获得免除营业税的特权，这项特权一直沿用到江户时期。

祭祀从5月3日正式开始。而在5月2日的傍晚，人们将用于装饰祭礼彩车用的歌舞伎人偶挂在被称为人偶驿站的市内的庆贺地点，许多游人前来观看，品味祭祀前夜的热闹气氛。人偶驿站前挂有一条长长的幕布，修有庭院，放置有盆栽等珍品，人偶的前面供有古时传下来的供饼。

5月3日，举行洗净仪式之后，装饰好的彩车从锻治町出发，这被称为宵山，宵为黄昏的意思，被称为宵山，是因为彩车向神社的进发时间为晚上9点。当宵山结束之后，人们又到府中町去抬朝山（即为早晨的彩车）。5月4日凌晨零点，在府中町的守护神印轮神社内也要先举行洗净仪式，随之气氛高涨起来。一过凌晨1点，人们开始将彩

宵山

车拉到神社前。拉车人非常多,彩车的行进速度十分快。到达大地主神社时天已发亮,已是早上7点。而另一方面,从鱼町出发的被称为本山的彩车于早上8点到达大地主神社,至此三辆彩车到齐。此后,在大地主神社前举行青柏节祭神仪式,一直持续到下午1点。仪式结束后,三个町的彩车各自回程。

5月5日,三辆彩车在食祭市场的临港路集合,在流过市中心的御枝河上的仙对桥举行祭祀附加的表演活动。在表演结束之后,彩车又各自回程。持续三天的青柏节到此结束。

◇ **能登岛火节**

每年的7月31日,在位于石川县七尾市能登岛向田町的伊夜比咩神社举行夏季祭祀活动,这就是能登岛火节。人们通过祭祀中大火把倒下的方向来进行占卜,如果火把向山的方向倒下,则当年为五谷丰登;如果火把向着海的方向倒下,当年则会渔业丰收。作为驱除灾难、平息火神的祭祀活动,祭礼又被称为"镇火节",为日本的三大火节之一。

火节

每年从7月初到9月中旬的两个月期间,能登地区的各个城市都会举行灯笼节。灯笼节为能登地区的传统节日,祭礼中人们抬着称为"切子灯笼"的巨大的御神灯以及神舆在町内彻夜游行。能登岛火节中也使用了"切子灯笼"，因此实属灯笼节的一种。之后，火把作为祭祀活动的照明用具被引入灯笼节的祭礼中，由此衍生出由神社参拜者组成火把队伍照亮参拜神社的道路，或者用易燃的木材等做成的大火把来照亮夜晚的祭祀活动，即火节。这便是能登岛火节的来历。在能登岛，人们称其为纳凉节。

最初，在夏天十分炎热的时候，当地人民来到水边清凉之地供奉神舆和奉灯，祈求夏日的凉爽，这称为夏越神事。夏越神事不断发展，开始在祭礼中使用火把。原本夏越神事与镇火节（即火节）是在一年的两个时间分别举行。之后两者相融合并发展，演变成为能登岛的夏日大节。镇火节中所使用的火把在与夏越神社的祭祀相结合过程中，火把的制作以及大小都不断改进，出现了大型火把作为祭祀的中心。能登岛火节的运作方式是典型的年龄阶梯制，规模庞大并且具有浓厚的地方特色，最终演变成为能登地区最大的火把祭祀活动。

火节中所使用的火把高达30米，重达10吨，制作十分费时。为此，在祭祀的前一天，町内的男子会全体出动参与火把的制作。火把制作过程中，首先搭建一个临时的高台，再从高台上挂上滑车，在相关负责人的指挥下逐渐将火把的顶部立起来。整个火把的制作工作到晚上才能完成。另一方面，因为害怕女子的进入会给祭礼带来不好的影响，火把制作现场禁止女子进入。

如上所述，能登岛火节是向田伊夜比咩神社的夏日祭祀活动，火节在晚上举行。祭礼正式开始之前的傍晚时分在町内的神官的主持下，在神社举行一系列的祭神仪式。此仪式最重要的部分是将神舆从神社请出，用于祭祀。仪式结束之后，由太鼓、钲等乐器作为伴奏，神舆为先导，大小共七座奉灯组成的祭祀队伍从神社出发前往火祭广场。位于火祭广场中心的是前一天刚制作好的高达30米的巨型火把。祭祀队伍到达火祭广场之后，祭祀正式开始。首先奉灯队伍以广场中央的巨型火把为中心绕行7圈，然后燃放烟花庆祝。随后，参加祭祀的青年们手持长约1.8米,周长约20厘米的小型火把,一边吆喝一边绕行中心火把来庆祝节日。随着领头人一声令下,青年们将手中火把一齐扔向中心火把。近200只的火把将中心火把点燃,慢慢燃烧,熊熊的火焰映在夜空仿佛要把天空烧焦一样。伴着深夜的来临火把渐渐燃尽,火渐渐熄灭,支撑火把中心的木头轰然倒下,人们开始争抢事先放在火把顶部的钱币。据说最先抢到钱币的人可以延年益寿、无病无灾。最后,人们还要根据火把倒下的方向来占卜当年是农业丰收还是渔业丰收。此时已到深夜,随着火把的熄灭,人们渐渐散去,火节亦随之结束。

◇ 石川奉灯节

每年8月的第一个星期六,在石川县七尾市石崎町举行的大型祭祀活动。奉灯节是为了祭祀渔业城市石崎町的保护神八幡神社而举行的一年一度的夏季祭祀活动。名称中的"奉灯",即"切子灯笼"的简称,"切子灯笼"一词来源于内能登地区,表示的是用框子做成一个立方体,并用纸或者帛等材料将四周糊上的装饰性灯笼,经常用于盂兰盆会等祭祀活动。"切子灯笼"从内能登地区传到七尾地区后,便被称为"奉灯",成为奉灯节一词的来源。奉灯节即供奉神舆举行祭礼、并用灯笼照亮神灵的路,一边守护着神灵一边乱舞的祭祀活动的意思。

在奉灯节传入七尾之前,石崎的八幡神社在夏天会举行纳凉节。然而祭祀中所使用的山车(祭祀用彩饰彩车)在祭祀过程中几次因遭遇大火而受损。明治二十二年(1889年),当时的彩车修理工前往内能登谋生并将"切子灯笼"引入七尾,此后,又将内能登的纳凉节,即以"切子灯笼"来祭神的形式引入了七尾市。从此以后,奉灯节作为七尾市的纳凉节每年夏天举行,这被认为是石崎町奉灯节的起源。

石崎奉灯节最初传入石崎时,只有一座奉灯,而现在的奉灯节按照各个区划分，共有六座奉灯。人们认为月亮的圆缺会给渔业带来影响，到了昭和年间，石崎町的祭祀活动的举行日期都采用了公历。虾夷（北海道的古称）节以及春秋的祭祀活动都选在月圆之日举行。渔夫们则把这一天作为结算的日子，结算捕鱼期的收支。船老大在这一天支付工资给水手们，有时也在这一天决定捕鱼方法的变更。在奉灯节传入石崎时，5月的传统节日结束后到盂兰盆会期间没有任何节日。于是当地人将奉灯节的举行日期定在这期间的农历6月15日。七尾市的祭祀活动都改为公历之后，奉灯节的举行日期也变更为公历的6月15日。而公历的6月15日恰逢七尾地区的梅雨季节，而且此时学校的暑假还未开始，于是奉灯节赞助会的成员在协商之后决定将祭祀的举行日期从6月15日改为8月初。随后针对居民们做的调查结果显示，人们认为为了吸引更多的游客，不应当坚持原来的日期而应该将祭祀日期改为8月初。平成八年（1996年），奉灯节的举行日期正式定为8月的第一个星期六并沿用至今。

如上所述，奉灯节的举行日期从平成八年开始定为8月的第一个星期六。由成年人抬的大奉灯游行在星期六举行。由孩子们抬的小奉灯游行在前一天即星期五举行。孩子们抬着七座奉灯排成一队在町内游行，吆喝的气势不输给大人们。小奉灯

大奉灯

游行队伍旁还跟随着一些监护孩子的大人们。星期五这一天，西一区每家各出一名男丁，早上6点在规定的地点集合，将奉灯抬到八幡神社组装。

当天下午两点，大奉灯在町内开始游行。4点，东三区、东二区、东一区、东四区以及西二区的灯笼在堂前广场排列成队，随后西一区的奉灯入场，举行祈祷渔业丰收的仪式。仪式结束后，人们开始围着神舆乱舞。六座奉灯整齐地排列在广场上，人们纷纷前来观赏，广场上人山人海，气氛高涨。祭礼一直持续到第二天凌晨一点，伴随着乱舞，从奉灯的高处像雪片一般飘下许多纸片，纸片在灯光的照射下闪烁着落下，与夜色交相辉映，观众情不自禁地鼓掌赞叹。祭祀活动达到高潮。随着黎明的临近，热闹的奉灯祭慢慢落下帷幕。

福井县

◇ **睦月神事**

每年2月14日（以前是农历正月十四），在位于福井县丹生郡清

睦月神事

睦月神事

水町大森的贺茂神社举行的四年一度的祭祀活动。此祭祀活动相传始于镰仓时期，距今大约已有800年的历史，旨在祈求国泰民安、五谷丰登。它是在手打拍子、大鼓、横笛等的伴奏下，将种稻养蚕的农业内容以田园风格的舞蹈表现出来的一种传统活动，从幼儿到青壮年都可以参加。此祭祀活动通过年初在神灵前模拟表演一年的各种农田活动，来祈祷当年的丰收和新的一年万事如意。在昭和五十三年（1978年），被指定为国家重点非物质民俗文化遗产。

关于睦月神事的祭祀，历史上并没有留下确切的文献资料，相传很久以前，由京都僧人所创，在新年伊始，向神灵祈求国泰民安、五

谷丰登。睦月神事经过漫长的岁月，舞蹈及歌曲的节奏逐渐发生演变，与过去也不尽相同了。

根据《加茂神社来历书》的记载，举办睦月神事的贺茂神社曾在元正天皇养老元年（715年）在京都贺茂两宫供奉御神玺，所以大森的贺茂神社与京都的贺茂别雷神社（上贺茂神社）和贺茂御祖神社（下鸭神社）有着很深的渊源。而贺茂神社中供奉的神灵也有贺茂别雷神社及贺茂御祖神社的祭神。在平安时代中期的延喜年间完成的《延喜式》（律令的实施细则，编于10世纪初）卷九的十神名簿中，贺茂神社被记载为"雷神社"。《延喜式》神名簿中记载的神社一般被称为"式内社"，是神社身份的一种，表示是被朝廷重视的神社。

关于祭神活动的记录，由于明治五年，贺茂神社遭受火灾毁坏，存留下来的资料极少，只能从上天下区现有的《贺茂祭备忘录》中稍微了解到一些。据此书记载，睦月神事是由贺茂神社的氏子（同祀一个氏族神的村民），每两村组合，每年轮流举办。村子的组合方法是大森与上天下、清水畑（含平尾）与山内、笹谷与本折、滝波与末（现在的福井市末町）等4组。但由于举办一次祭祀需要花费大量的费用，同时需要很多的孩子参加表演，这些因素成为障碍，不能如愿地每年顺利举行，以致各村相继退出，无力承担举办神事，后来逐渐演变成只在山内町和泷波町举行祭礼的形式。但在大森町，这个自古以来的隆重的祭祀活动虽被保持了下来，不过也只能每四年举办一次。

睦月神事的程序很多，到正式表演前需要经过反复的练习。因此，需要借居民家的大房子作为练习的场地。过去，曾经借住过旅馆。练习从当年的2月2日开始，几乎每天练习到深夜12点。

在2月14日当天，从早上开始在贺茂神社拜殿举行盛大的表演，但由于明治五年（1872年）神社拜殿烧毁，表演转移到民家（内田家和大森家），之后又由大森公民馆转移到睦月神事会馆。在举行神事的前一天，要穿上正式服装进行彩排。

整个神事按以下程序进行：

○待太鼓：敲鼓以告知全村。不管天气的好坏都要举行，所以雪多的时候一大早就要除雪。

○贺茂神社参拜：参加跳舞的身着正装的儿童、大夫、鼓手、横笛手、随从、区长、同村的人、总代表赴神社接受神职人员的祓禊净身。这时，儿童由大人背着参拜神社。之后捧持神体在大坂茂左卫门家集合、吃饭、整理服装、补妆等。

○扇本、神舆渡御：在吹奏乐器的伴奏下，狮子舞、侍从、乐队跟随神舆，一路缓缓前行，直至到达举办神事的祭祀场地（如图1）。

○参拜明神：当神体到达祭祀场地时，先将其安放在正面的祭坛上，然后以籤鼓声为号子，大家齐呼"哎咿撒呀""噢咿撒呀"。

○挤油和纸糊大道具：参拜完明神后，众人将两手放在木棍的两端，将其举至头顶，一边高呼着"哎咿撒呀""噢咿撒呀"，一边左右扭动着上身，大家逐渐围成一圈。将一个直径两米左右的纸糊球状物在年轻人头上传来传去，击打三圈半之后用棍子将其捅破。

○庆祝中：在四个米袋之上铺上约3米见方的门板搭成舞台。扮演中鸢的两名儿童和负责籤的四名儿童戴着乌纱帽逐次登上舞台，一支接一支地表演舞蹈。

○模拟：模仿正式舞蹈的四个孩子逐个登台，各自表演一支舞蹈。

○籤：负责籤的跳舞的孩子们头戴花斗笠，四人一组手中一边晃动着竹编的籤，一边跳舞。

○萨咿呀咿呀：10个舞蹈者逐次登台跳舞，一边用手和木棍打着拍子，一边唱着"萨咿呀咿呀"。

扇本：将大扇子在前面打开，立着晃动。年轻人站在大扇下一起唱诵。将大鼓立起，两个年轻人并排站着，一起用力击打，烘托热烈的气氛。祭词和歌曲相互交替如下：

士官取太夫（一番）→ 田乐 → 士官取太夫（二番）→

蚕乐 → 士官取太夫（三番）→ 福道 → 献魚 → 士官取太夫（四番）→ 拔苗 → 十二段文

最后献上祝词，鸣锣击鼓将装有神体的神舆送回贺茂神社，睦月神事至此结束。

◇ 福井宇波西节

每年的4月8日，在福井县三方上中郡若狭町气山宇波西神社都会举办用以祈求农业和渔业丰收以及国泰民安的大型祭祀活动，这就是宇波西节。作为北陆地区唯一的大神社，宇波西神社供奉着大神神武天皇之父鸬鹚草葺不合尊。相传鸬鹚草葺不合尊从遥远的日向国（今宫崎县）来到了日向湖，原本镇守在湖岸边的森林内，大同元年（806年）才迁到了子湖岸边的若狭町气山，从此有了现在的宇波西神社社殿。作为宇波西神社春季例行祭祀活动的宇波西节，通过王之舞、狮子舞、田乐等民俗艺能来祭祀神灵并祈福。这些民俗艺能均被指定为福井县重点非物质文化遗产。其中，王之舞被指定为国家重点非物质文化遗产。

以王之舞为代表的宇波西神社的春季例行祭祀活动，其起源并无明确的记载，一般认为是开始于中世纪时期的室町时代。中世纪时期的寺庙以及神社里，以祭神仪式为基础而设置了免田和神人等神职。然而，中世纪后期神佛信仰逐渐发展推进，这个基础就渐渐失去了它存在的意义，地位也随之下降。15世纪中期，寺庙、神社开始逐步向村级发展，在每个村里各自设置被称为村堂的小寺庙神社，并在村堂里举行祭神仪式。

宇波西神社的耳西乡气山的头领每年指定三人领头承担祭祀费用等开销，于是祭神仪式作为地区的人们承担的活动而被传承到了今天。关于记载着宇波西神社祭神仪式活动负责人的头文，从文明十七年（1485年）流传至今。

中世纪和江户时代宇波西神社也曾被称为濑宫、于濑宫，曾为春日大社的庄园镇守社。人们将祈祷五谷丰登和感谢神灵的心情寄托在祭神仪式上，祭祀成为人们和神灵共同欢乐的场合，在这过程中产生了一系列豪华而热闹的民俗艺能。宇波西神社中所传承下来的王之舞、狮子舞、田乐便是其代表之一。其中，王之舞为祭祀艺能的重点，在其历史发展过程中，不断地融合了念佛舞蹈、笛子伴奏等形式而形成了现存的独特的民俗艺能表演形式。而田乐的出现，则可追溯到文明十七年（1485年）的耳西乡气山的头领带头举办的祭祀。

如上所述，宇波西祭的举行日为每年4月8日，在祭祀当天，会有王之舞、狮子舞、田乐等民俗艺能的表演。因此，在3月下旬时，村子里的人都开始在家里祈祷，立起祭神祛邪幡，练习田乐，炊制祭神用的御供米等，做一系列的祭祀准备工作，等待着正式祭祀日的到来。

4月8日为正式祭祀日。祭祀当天早上，由各村落的祭祀活动参与者组成的队列沿3000米长的道路向宇波西神社进发。祭祀队伍到达宇波西神社以后，举行被称为御卖杨的仪式。祭神仪式中人们向神灵供奉准备好的祭祀物品，表达对神灵庇佑村落的感谢。从正午开始，被列为县重点非物质文化遗产的各种民俗艺能的表演开始。首先登场的是由海山、北庄、大薮、金山等四村落奉献的王之舞。王之舞融合了念佛舞蹈，配合以笛子、大鼓的伴奏，身着绯红色衣装的祭祀者登场。祭祀者面带大王的面具，凤凰的头冠，手持长矛开始舞蹈，据说表演的是驱赶地上恶魔的动作，观众瞅准空隙，将其击倒，如果舞者倒下，就表示当年五谷丰登、渔业丰收，会很吉庆。王之舞以其威武壮观而闻名。随后是由久久子、松原、乡市等三村落献上的两人表演的狮子舞。狮子舞表演者头戴武士黑纱帽，身穿武士礼服，背着小鼓表演舞蹈。最后是牧口、日向两村落献上的田乐，田乐表演由一人打

宇波西祭

鼓,四人演奏簓①,两人演奏小鼓,田乐为一种比较安静的舞蹈。所有的民俗艺能的表演结束以后,是孩童抬神舆游行的仪式。此仪式结束以后,祭祀也宣告落幕。

◇ **三国节**

三国节是指每年的5月19~21日3天在福井县坂井郡三国町三国神社举办的祭祀活动,与富山县高冈市的御车山节、石川县七尾市的青柏节并称为北陆三大节日,已被指定为福井县非物质民俗文化遗产。在为期三天的活动中,由各街道制作的彩车,装载着高约5.5米的巨大武士人偶,伴随着大鼓、笛子等的伴奏,在市内缓缓游行。彩车上装载的人偶每年都要更换,其创意与外形都是所承担的街道引以为豪的。在长约1.5公里的狭窄的道路两旁,大约450家左右的露天店铺鳞次栉比。不仅是本县人,全国各地的游客也前来观看,热闹非凡。

三国神社是记载在《延喜式》内的十神社之一,是颇有历史渊源的神社,但是由于战乱,中世(一般指从镰仓时期到室町时期)时曾一度衰落。到了江户时代,被称为山王宫。在天保年间的大饥荒时,作为救济难民的事业,三国港的富商内田惣右卫门修整了神社的院子,并且进行了改造,在天保十年(1839年)年建成了现在的社殿。关于三国节的以前的记录,由于江户时代发生过几次大火,基本上都被烧

---

① 用竹子劈成细条制成的日本民俗乐器的一种。

掉了，没有遗留下来。因此，当时的祭祀活动是何种形式不甚明确，但是，根据其中的一条老街道——大门町的记录，享保二年（1717年）所列举的大门町所有的物品中，其中有"伞矛（一种祭礼上用的装饰物，大伞的顶上装饰着矛、长刀、假花等的装饰物）一把"这样的记录，这种伞矛应该就是当时祭祀的主角。比这晚数十年的宝历三年（1753年）的祭祀的情形就稍微清楚一些了。当年供奉了十辆彩车，这个时候，基本上是一两个町共同制作伞矛或"担屋台"等，各町间相互竞技手艺。之后，在18世纪末左右，装饰人偶的形式固定了下来，与此同时，伞矛、担屋台等不但越发精巧，而且越发追求大型化，于是就演变成今天这样的形式，即在彩车上装有巨大的人偶。

迄今为止，最高的彩车是明治七年（1674年）久宝町制作的，表现筒井净妙和一濑法师在宇治桥激战的样子。高约12米左右，以至于无法进入建在神社前广小路的小屋，因此被其他町抱怨以后不能做太大的彩车。

但是，之后明治中期所做的7~10米高的彩车，即便从远处，也能

三国节彩车

看到从家家户户的屋顶露出一角的彩车,所以作为三国特有的彩车名声远扬。

元新町的记录中曾有这样一段记载着明治四十二年(1909年)的一个重大事件:"持续了几百年来的三国神社祭礼上的彩车人偶,因为架设电线的缘故,不能在町内巡游,成为了摆设。"之前的明治四十一年(1908年)11月,三国地区开始架设电话线,之后电灯线也架上了。由于电线的障碍,使得彩车的巡游变得困难,只能摆放在空地上,曾经有这样一段时期。町上的人们担心这样下去会使三国特有彩车的名声受损,祭祀也会衰落下去,于是以在大正四年(1915年)11月举行的大正天皇大典(即位仪式)时作为祝贺余兴表演的彩车为契机,把人偶小型化,再次让彩车在街上巡游。从这时开始,出现了这样的情形:彩车上站有一位身穿号衣的年轻人,用竹棍头上拴板的工具,挑起电线,让彩车通过。

三国节中,有6辆彩车在三国的街道上巡游,这是由轮流负责的各地区派出的。根据负责地区的不同,有的每三年一次,有的六年一次,有的十二年一次,时间间隔各不相同。一般在新年聚会的时候决定安排。彩车一般高约5.5米,上面载有身着华丽衣裳的勇武的武士人偶,由轮流负责的地区派出樱山车(因在彩车上装有类似樱花木的东西)。祭祀结束后,把这种树枝放到厨房,据说会防火。因为彩车的高度较高,所以三国町内的电线比其他町架设的要高,而且在祭祀前也要先确认高度。

在安政年间(1854~1860年),模仿京都新日吉社的祭礼,为庄严地举行祭礼,在金津执行所的指导下,神舆与彩车的顺序被规定了下来。市内共有18辆彩车,每年供奉六辆。三国彩车的特点是有三个车轮,这是因为道路狭窄,拉车时必须呈锐角拐弯,所以做成了三个轮子。

三国节的过程如下:

5月15日　下午5点　　　　举行开宫仪式

18日	下午1点	举行供奉彩车仪式
19日	上午10点	举办例行大节
20日	上午10点	举办中日节
	正午12点	出发仪式
	下午7点	返回仪式
21日	上午10点	后日节

　　5月20日是供奉彩车的日子，是三国节中最为正式隆重的一天。在20日的中日节中，伴随着三弦、笛子、大鼓的伴奏乐，供奉神灵的6辆彩车在三国神社前集合。所有的彩车一字排开，前来迎接的乐队与在场的乐队竞相演奏，场面非常壮观。12点开始举行神舆、彩车出发仪式，下午1点以第一辆彩车为先导，然后是二号彩车、武士队伍、两座神舆、三号彩车、四号彩车、五号彩车、六号彩车，从三国神社前出发，前呼后拥，浩浩荡荡，开始巡游。之后，在市内缓缓前行。下午4点左右以第一辆彩车为先导相继到达站前大道。在附近迎接的各区青年会的年轻人手提高挂在竹竿头上的灯笼集合。晚上6点过后，返回各区的彩车在水泄不通的人群与鳞次栉比的露天店铺中间缓缓前进，拉车人和观众融为一体，活动也迎来了它的高潮。

　　这一天全町都放假，巡行一直持续到晚上9点才结束。

◇ 福井六斋念佛节

　　每年8月的六回斋祭日（8日、14日、15日、23日、29日、30日）里，在位于福井县真野三丁目的净土宗法界寺的正殿以及县内的各个寺庙神社里举行的祭祀活动。祭祀包括盂兰盆节、送灵仪式、六地藏节等一系列的祭神仪式。六斋念佛是在钲与太鼓配合的伴奏乐中，一边念佛一边舞蹈的民俗艺术，昭和五十八年（1983年）被指定为国家重点非物质文化遗产。

如上所述，一个月之内的8、14、15、23、29以及作为每月最后一天的30日，这六被指定为斋戒谨慎、念佛修德的日子。这六天被统称为六斋日。六斋念佛被认为起源于舞蹈念佛。舞蹈念佛就是为了解救受饥饿和贫穷折磨的人们，将念佛清楚易懂地传达给民众的一种宗教传播手法。在镰仓时期，迅速传播开来的时宗就是通过这种传播方式发展起来的。而六斋念佛则起源于比时宗更早的平安时代的空也[①]念佛。因六斋念佛的祭祀过程中，空也上人手中托钵并敲打钵，口念"南无阿弥陀佛"，在祭祀中巡走的形式属于空也堂系。而六斋第一次以一个单独的词出现在日本的文献中，是在《日本书纪》中。书中记载了持统天皇五年（691年）2月，召集王公大臣们举行六斋节的事情。舞蹈念佛和六斋日结合在一起，形成了流传至今的通常称为六斋念佛的祭祀活动。而"六斋"和"念佛"第一次结合在一起被使用的记载则是在延德二年（1490年）的西福寺碑文上。

念佛

最初的六斋念佛只是普通的念佛节。在祭祀过程中，许多人聚集在一起，演奏钲和手持太鼓，摆动胳膊舞蹈，随着拍子念佛。然而，在其随后的传承过程中，六斋念佛却与驱赶恶鬼、避凶辟邪的六斋日完全无关的盂兰盆信仰结

---

① 空也（903~972年），平安中期的僧人。空也念佛的始祖。出身不详。在尾张国（现爱知县西部）分寺出家后，遍游各地，一边从事道路、桥梁、灌溉等社会事业，一边以京都为中心，不问贫富贵贱，开展口称念佛的传教活动。被称为市圣、阿弥陀圣。在京都东山建立了六波罗密寺。

下了深厚的联系。因此，现存的六斋祭团体活动中都包括了盂兰盆节这一环节。随后，六斋念佛节以念佛舞蹈为主的六斋念佛和"风流"[①]中，加入了能以及歌舞伎等表演的娱乐化的艺能六斋二大系统。上中六斋念佛节虽被称作"念佛"但属于宗教色彩残留很少的娱乐化的传统艺能。

如上所述，六斋念佛在其发展过程中由舞蹈念佛分化为了宗教色彩浓重的念佛节以及娱乐化的艺能六斋。其中，六斋念佛，又因舞蹈念佛的始祖不同而大体分为奈良的高野山系和京都的空也系以及干菜系。

因为念佛和赞文有各种各样不同的章节，由小学校的学生们来进行的孩童念佛讲中[②]很早就需要开始练习。一进入暑假的8月，孩子们便每天进行祭祀中念佛和赞文朗读的练习。

进入六斋日，一系列的祭祀活动便开始了。首先举行的是盂兰盆节和地藏节。这两项祭神仪式的祭祀者由寺庙施主的户主担任。户主们组成太鼓演奏四人，钲演奏两人的小组，进行念佛讲中仪式。太鼓的敲击方法包括"六甲"以及"押渡"等5种表演形式。施主家中的孩童们事先学习好太鼓的敲击方法，在8月14日的盂兰盆祭的夜里，由孩童以及施主户主们组成的演奏队伍，一边演奏着六斋念佛一边绕着地区内的施主家行走。

8月23日晚上7点在位于法界寺的正殿前的地藏堂和地区地藏神前，8月24日下午3点在法界寺的正殿均会开始举行念佛讲中。持续6天的六斋念佛，每天都会举行这样的念佛讲中并配合以各种民俗艺能的表演。8月最后一天，即30日的念佛讲中结束之后，一年一度的六斋念佛节也随之落幕。

---

① 延年舞节目中的一种，有大风流和小风流之分。形式为神仙及大唐的古人等登场人物交换问答、表演歌舞。
② 念佛讲中，是指念佛宗信徒的聚会，每月轮流在各家聚集念佛，并定期交纳一定的公共基金用于聚餐或支付丧葬费用等。

山梨县

◇ 天津司舞节

每年4月10日前后的星期日,在位于山梨县内甲府市小濑町的天津司神社里举行的祭神傀儡(随曲调而被操纵着舞蹈的人偶)田乐祭祀活动。天津司舞节是日本现存最古老的人偶剧,它被认为是"人偶净琉璃"的始祖。天津司舞节作为古典式的祭神艺术以及传统艺术在日本受到很高的评价。是山梨县内唯一的国家指定重点非物质民俗文化遗产。天津司舞节也称船节,而当地居民则亲切地称它"天津桑"。

关于天津司舞节的由来,史书中并无详细的记载。传说,在太古时代,如今的甲府地区还只是盆地,盆地里充满着湖水。一日,有12位神仙从天而降来到湖边游玩。其后,有两名神仙回到了天上,一名神仙则沉入了西油川的镜池(传说过去的英雄贵族对着水面照镜子时,不小心把镜子掉落进去的池子)。而留下来的九名神仙则继续奏乐并在湖面舞蹈,于是小濑这个地方形成了。之后,当地的村民按照当时的神灵的模样制作了神像并供奉在神社里。每年4月樱花开放的时节里,人们抬着九尊人偶神像巡游全村,举行祭祀活动表达人们对神灵的崇敬和感谢。祭祀过程中,人们模仿当时的神灵的舞蹈而舞

司舞节

蹈，热闹非凡。这被认为是现代天津司舞节的起源和最初形式。

如上所述，最初的天津司舞节为当地居民模仿各路神仙在湖面的舞蹈而形成的。在天津司舞节的传承过程中，不断融入各种富有民俗特色的田乐，才形成如今独具特色的天津司舞节。天津司舞节中的傀儡田乐表演即与中世的八幡系神社所流传的傀儡神乐有渊源。而原本供奉在小濑当地的土地神神庙诹访神社内的天津司舞节的九尊神像，也因为建久年间（1190~1199年）诹访神社迁移到了邻近的下锻冶屋村而迁移。诹访神社迁移到下锻冶屋村之后，人们在小濑村诹访神社旧址上修建了现在的天津司神社。此后，天津司舞节的祭礼形式改为每年神像从天津司神社出发，巡游到达下锻冶屋村的诹访神社，到达之后进行人偶剧表演。天津司舞节的举行时间，最初为农历的7月19日。明治维新以后，祭礼日一度改为11月3日。而在第二次世界大战结束以后，祭礼日改为每年4月10日前后的第一个星期日举行。

如上所述，祭祀在每年4月10日前后的星期日举行。当天下午1点，人们抬着供奉在天津司神社的九尊神像人偶从小濑村出发前往下锻冶屋村的诹访神社。随着笛子和太鼓的曲调，氏子（信奉同一氏族神的村民）们抬着神像，祭祀队伍向诹访神社行进。神像人偶的身体由木头和棍子制成，在此基础上附加头和双手，高度和真人相近。每尊神像人偶由2~3人抬着，九尊神像人偶的名字根据神像手中的乐器以及脸型分别称为"御鼓大人"、"御笛大人"、"御鬼大人"、"御姬大人"等。伴随着笛子和太鼓演奏的神乐，以主祭人为代表的天津司舞节保存会会员们举着神像沿着固定的神道（约1000米）巡行。因为神像人偶的脸就像神灵一样尊贵，所以在整个祭祀队伍行进的过程中，神像人偶都用红色的布遮盖着，而祭礼成员一律身穿白色衣装。

在游行队伍到达诹访神社之前，人们在神社的殿内搭建了一个人偶剧舞台，神像人偶到达后将在此举行人偶剧表演。人偶剧表演为天津司舞节十分重要的一部分。人偶剧舞台实际上是在殿内用青竹支撑着搭建起来的，围着幕布的圆形舞台。这个舞台也被称作"御舟"，故天津司舞节也被称作船祭。队伍到达诹访神社后，人偶剧表演立即开始。随着笛子和太鼓的演奏开始，神像人偶依次从舞台的上方登场。之前遮盖着神像人偶的布被打开，由一人拿着神像人偶的主干部分，另外两人则配合着操作使神像人偶开始舞蹈。神像人偶身体的三分之一出现在舞台上方，有时移动位置，有时动作激烈，舞台下的观众看来就像是神灵在水上舞蹈一般。

在九尊神像人偶之中，地位最高贵的是"御鹿岛大人"，因此首先登场的即是御鹿岛大人，其次是御编木大人、御太鼓大人、御姬大人等，各路神灵依次舞蹈。舞蹈表演过程中，表演者操作着神像人偶从舞台内向观众们扔出用树木制作的刀。据说得到刀的人会受到神灵的保佑，得到好处。因此观众们总是争先恐后抢着神灵所赐予的吉祥物。

九尊神像人偶的舞蹈表演结束后，人们送神像人偶回到小濑村的天津司神社，神像又将在此供奉一年，直到来年的天津司节。神像人偶送达天津司神社后，祭祀便宣告结束。

◇ **藤切节**

每年5月8日，在位于山梨县内甲州市胜沼町的大善寺举行的春季祭祀活动。在这个活动中，用印有法印的刀将大蛇形状的藤蔓根砍掉，由参拜者争抢。由于祭祀中使用大刀将藤蔓根割断，故称"藤切"，也称藤切会式或者藤切祝。祭祀参加者争抢落在地上的葡萄藤蔓，然后将得到的藤蔓拿回家供奉天神，祈求无病免灾、开运大吉。

大善寺自古来便作为修验道者的道场而著称。约1300百年前，在金峰山一带有一条大蛇危害一方，附近村民十分烦恼。修验道者们前往驱赶大蛇。然而，因为大蛇十分凶猛，使得前去的修验道者们大败而归。听到这件事的役行者①决定前往驱赶大蛇时，逃回来的修验道者们十分担心地说："那条大蛇实在是难以赶退的。"役行者回答说没关系，却仍然被修验道者们阻止。于是役行者提出通过比试法力来决定。于是，修验道者们开始在三块大石头前比试法力，最后役行者获胜。输得心服口服的修验道者们对役行者说："你既然已有此般法力，那么赶退大蛇应该没问题了。我们一起祈愿，希望你们能

"藤切"

够顺利赶退大蛇吧。"随后举行了祈愿役行者顺利赶退大蛇的护摩式仪式。此后，役行者前往赶退大蛇，并将这危害一方的大蛇制服后赶走。大蛇被赶走后，村民们终于又过上了平静的日子。这个故事在村民中广泛流传，人们自发地开始举行祭祀活动纪念役行者。人们在印有法印的神木上缠上印有法印的藤蔓象征大蛇，修验者爬上神木，祈祷之后用大刀将藤蔓切断寓意大蛇被制服。年轻人争抢落在地上的藤蔓，人们将抢到的藤蔓拿回家供奉神灵，祈求无病免灾、开运大吉。此后，藤切节一直传承至今，已有1300百多年的历史。

　　藤切节曾被称作过三枝节。现在的藤切节举行日为每年5月8日，以前是在每年的4月举行。藤切节的举行地为大善寺，以前有1名叫做三枝的人是大善寺的檀家（檀家即是将墓设在相关寺院的人）。三枝在当时是天皇的宠臣，手中权力很大。因为三枝是大善寺的檀家，所以那时的大善寺的经济能力也比现在强。当时的大善寺在经济方面比

---

① 奈良时代的山岳修行者，修验道之祖。可能是传说中的人物，据说住在大和国葛城山修行，曾开辟了吉野的金峰山和大峰等。699年遭韩国连广足的谗言所害，被流放到伊豆。谥号"神变大菩萨"，又称"役优婆塞"或"役小角"。

较宽裕，还举行三枝节以外的祭祀活动。因此，在三枝权力很强大、大善寺经济能力宽裕的时代，藤切节被称作三枝节。

如上所述，藤切节中人们努力争抢数量有限的象征繁荣的葡萄藤蔓，将夺得的葡萄藤蔓带回家中祈求一年无病无灾。在祭祀过程中，人们争抢藤蔓的场面最为热闹。祭祀中所使用的藤蔓是一周前在附近的山上采下的25米到30米左右的藤蔓根。藤蔓被缠绕19圈，因为传说制退大蛇的役行者小角劈开19座山，说服大和的豪族而拯救了村民。

在藤蔓被割下时，争抢即开始，祭祀达到高潮。而在割下藤蔓之前，要举行一系列的祭礼。早上10点开始，举行将灵魂注入由葡萄藤蔓制成的大蛇体内，并将大蛇吊在神木上的祭礼活动，称作天狗节。傍晚时分开始进行由修验道者们在稚儿堂进行的作法仪式。作法仪式包括几个部分。首先是修验道者跳手握剑斩八方的舞，随后是修验道者们交出笈（游方僧的背箱）的"笈交付仪式"，之后是向东南西北以及鬼门的方向放箭的"法弓"等一系列的作法仪式。

修验道的作法仪式结束之后，修验道者们来到寺内的正堂。堂内放置有三块石头，这三块石头象征白根三山。修验道者们无数次从这三块石头上越过，此为赶走大蛇的故事中的开始部分——越过大山，越过峡谷，前往赶退大蛇。役行者前往赶退大蛇之前举行了名为护摩式的仪式，意为威震大蛇、赶退大蛇。因此，在用神刀割下藤蔓之前同样举行护摩式仪式。护摩式仪式结束之后，役行者登上神木，割下大蛇形状的葡萄藤蔓。

葡萄藤蔓一旦被割下，在神木下的藤蔓争夺大战就开始了。争夺最为激烈的是大蛇蛇头的争抢之战。一大群人围着蛇头争抢的场面正是祭祀的看点，场面十分壮观。当有限的藤蔓都被人们抢到手之后，人们带着各自所得的藤蔓回家供奉，祭祀也在此时结束。

◇ 河口稚儿舞节

每年在位于山梨县南都留郡河口湖町河口的浅间神社（通称河口浅间神社）举行的稚儿舞乐祭祀活动，简称神乐或代代，分别包括4月25日的孙见节和7月28日的太太神乐节。其中，以7月28日的太太神乐为正式的祭礼，祭礼过程中以稚儿舞供奉神灵，故得名河口稚儿舞节。因稚儿舞乐在山梨县内保留下来的很少，所以河口稚儿舞在山梨县民俗文化传承中占有十分重要的地位。河口稚儿舞节于昭和三十五年（1960年）11月7日被指定为山梨县重点非物质文化遗产，保护团体为河口稚儿舞保存会。

距今1100多年前的人皇第56代清和天皇贞观六年（864年）5月，富士山发生了一次大的火山爆发。因为这次火山喷发，富士山北面的大湖划湖被掩埋掉了，当地的居民也受灾十分严重。当时的甲斐地方官橘之末茂公将此事上奏朝廷后，于次年（贞观七年）12月9日奉钦命在富士山举行了镇火节。镇火节为人们隆重地祭祀富士山神灵以及浅间明神（木花开耶姬命神）而举行的，由原本无官无品的直真贞公扮演郡的地方官念祭祀文，同行的大臣秋吉公担任袮宜。这次祭祀活动便成为河口浅间神社创设的开端。这次镇火节也被认为是河口稚儿舞节的起源。

在河口浅间神社创立之后，当地作为信仰富士道的信徒的城市而繁荣一时。因为属于太太神乐的稚儿舞乐是一种非常少见的祭礼形式，所以在富士讲（信仰富士山的宗教游山拜庙团体）十分盛行的江户时代，人们会先献上稚儿舞给神灵，再登上富士山以示对富士山的尊敬。过去稚儿是由神官或者御师（祈祷师）的女儿来担任的，现在的稚儿是从氏子（祭祀同一氏族神的居民）中选拔出来的。选拔条件为7~12岁的女孩，且女孩的双亲必须都要健在。随着祭祀活动的传承，祭礼中加入了"孙见节"。实为祭祀彦火火出见尊（浅间神社祭神木花开耶姬命的儿子）与丰玉姬命（海神女儿）。草葺不合尊为两神的儿子，即木花开耶姬命神的孙子。祭礼中表现的是孙子草葺不合尊看望祖母木花开耶姬命神的场面，所以俗称"孙见节"。

如上所述，河口稚儿舞乐包括4月25日的孙见节部分和7月28日的太太神乐部分。孙见节为浅间神社的定期祭祀活动之一。祭礼过程中，伴着"御币"、"扇"、"剑"、"八方"、"宫巡"五段乐曲，稚儿们踩着小碎步舞蹈供奉神灵，表现孙子与奶奶相见时的温馨感受，以此表达人们对祭神木花开耶姬命神的敬意。在孙见节当天，当地居民会制作由海菜将鱼肉包起来后用酱油炖熟的食物，称为"芽卷"。

7月28日为河口稚儿舞节的正式祭礼日。为了表示对神灵的尊敬，必须使稚儿们保持身心洁净。因此，正式祭礼开始的一周前，童女们就禁止食用常人食用的日常饭菜。祭祀当天上午，从氏族成员的女儿中选拔出来的童女们将到神社配殿等待，进行着装。童女们的服装为，上身统一披着绸缎的无袖外套，缠着红色的束衣袖带子，头戴用印有礼签礼绳的纸做成的舞璎珞。舞璎珞象征把人们的尊敬和诚意奉献给神灵。

稚儿们准备完毕后在后堂等待，由神官念祭祀文。祭祀文宣读完毕后，稚儿们登场，开始献上舞蹈。舞蹈如孙见节中的祭礼一样，共包括五种，根据表演的稚儿手持的道具来命名。首先由稚儿中年龄最大的开始舞蹈，随之参加表演的稚儿一起舞蹈。五种舞蹈的伴奏均为笛子、羯小鼓以及太鼓。首先表演的舞蹈是"币舞"，其次是"扇舞"，这两种舞均由2~3名稚儿来进行表演。每种舞蹈表演完之后，稚儿们都要行大礼一次。"扇舞"之后是午间休息，休息结束之后是"剑舞"。"剑舞"由一名稚儿单独表演，之后是由两名稚儿表演的"八方之舞"。最后由全部稚儿表演"宫巡"。"宫巡"即围着大殿的时钟巡回舞蹈的意思。"宫巡"表演结束后，河口稚儿舞也宣告结束。

◇ 吉田火节

每年8月26~27日两天,在位于山梨县富士吉田市上吉田的北口总社富士浅间神社举行的祭祀活动。也称吉田浅间节、芒节、火伏节或镇火节。吉田火节的祭礼形式是通过烧火来宴请神灵,属于源自浅间信仰以及诹访信仰的祭祀活动。作为富士山闭山祭祀活动的吉田火节,同时也是北口总社富士浅间神社以及诹访神社(位于长野县的诹访大社为总社)的秋季祭祀活动。吉田火节与静冈县的岛田腰带节以及爱知县稻泽市的国府宫裸节并称为日本三大特色祭祀。

富士山因其秀丽的山容过去为山岳信仰的对象,平安时代出现了祭祀富士山神灵的浅间神社。平安时代末期富士山作为修行的地方成为了日本九峰之一。镰仓时代以后的浅间信仰不断传播扩展到关东以及东海地区,到江户时代日本东部各地均建有浅间神社的分社。上吉田地区即是伴随着室町以及江户时代富士讲①的兴盛,成为一个因斋馆以及神官而繁华的城市。浅间神社供奉的神灵木花开耶姬命神是大山祇命神的母亲。木花开耶姬命神成为了彦火之琼琼杵命神的妃子,但是她的贞节却受到了怀疑。因此,待产以及生产时她都被关闭在1个封闭严实的屋子里,并且生产时产房点起了火。在熊熊大火之中,木花开耶姬命神平安产下了三名皇子火阑降命神、彦火出见命神、火明命神。在山梨县,就按照传说的原型把木花开耶姬命神当作顺产的神。举行祭祀活动,向木花开耶姬命神祈求顺产便逐渐成为当地的1种风俗。关于吉田火节的最早记录为宽政二年(1790年)。宽政二年,京都贺茂神社的祭祀官贺茂季鹰被任命为御师(神官),他在登富士山时所写的《富士乃日记》中有关于吉田火节的记载。另有传说吉田

---

① 富士讲指的是信仰富士山的团体。信徒夏季穿白衣,摇着铃铛,唱着六根清净登山。

火节是为了安抚担忧富士山火山喷发的人们,在公元前27年(垂仁天皇三年)由垂仁天皇颁布谕令,举行祭祀火山守护神木花开耶姬命神的祭礼而开始的。

举行吉田火节的浅间神社素来与富士山有着深厚的渊源。最初的吉田火节是为了祈求富士山火焰熄灭而举行的祭祀活动,因此举行吉田火节的浅间神社最初建在富士山上。从最初浅间神社的建成至今,神社经历过一次搬迁。大同元年(806年),按照平城天皇(806~809年)谕令,武将坂上田村麻吕在浅间神社现在的所在地修建了新的神殿,并将位于山上的神社祭坛(离现在的神灵供奉地约6000米)搬迁至现在的神社所在地。如上所述,浅间神社最初供奉祭祀的神灵为木花开耶姬命神。元和元年(1615年)神社新建大殿里,除了木花开耶姬命神以外,同时开始供奉,其丈夫彦火之琼琼命神,其子大山祇命神,至此三位神灵均成为吉田火节的祭祀对象。

如上所述,祭祀举行日为8月26~27日2天。祭祀从26日下午正式开始,在浅间神社举行大殿祭祀,在诹访神社分社举行诹访神社祭。祭祀举行完毕,浅间大社和诹访明神的大神舆和被称为御影的富士山形状的御灵代(神灵的代替)庄严地从神社出发前往御旅所(神社祭祀过程中,神舆的临时安放处)。御灵代是由红色漆制作的富士山模型,重约1吨左右。前往御旅所的路上,氏族成员前来参

吉田火节

拜，神舆在人们的欢呼声中行进。傍晚时分，神舆以及御灵代到达御旅所并供奉在所内。御旅所内备有三支大火把，而以御师（神官职位）为代表的市内各家各户均各备有一支火把，这些火把高约3米，形状貌似竹笋。当神舆以及御灵代安放完毕，御旅所内点燃大火把，随之各家各户一齐点燃火把，火光映红了天空。甚至从富士山的五合目到八合目的各个小屋前也都点燃了火把，寓意火节也是对整个一年富士山登山安全的感谢。此时，从山上到市内，整个城市成为一片火的海洋，火节达到了祭祀的最高潮，当天的狂欢一直持续到深夜。

27日下午，在御旅所举行发轿仪式后，神舆及御影从御旅所出发前往下吉田巡行。在这过程中，祭神的氏族成员们将送神舆回归神社。他们手持芒草祭神驱邪幡（因此吉田火节也称"芒草节"），升起祭祀提灯，口念祭祀文，巡游高天原的祭祀活动达到最高潮。当两台神舆均回到神社时，已是傍晚时分，持续两天的吉田火节至此结束。

静冈县

◇ 寺野的火舞

每年的1月3日，都会在静冈县引佐郡引佐町的寺野宝藏寺举行祭祀活动，几个年轻人一边激烈地晃动着手中的火把，一边唱歌跳舞，火舞由此而得名。

寺野的火舞起源于战国时代，从三河迁来寺野的人们，于元龟天正年间（1570年左右）开始，举行祈祷五谷丰收的祭祀活动，在本地也被称呼为"三日堂"、"法事"或"鬼舞"。火舞自300多年以前传承下来，成为祈愿五谷丰收、无病消灾的传统祭祀活动。在这个祭祀活动中，保留了从古代传下来的包括猿乐系、神乐系、"田游"[①]等其他艺能在内的20几种节目。其中鬼和火把一起跳舞的场面在全国也是少见的。

寺野的火把舞从前是从旧历元旦开始持续三天，跳20多支舞，而因为现在的寺野地区是不满50户的小村落，所以改为从公历1月3日下午1点左右开始，持续到7点左右，共演出十几支舞。

祭祀仪式一开始，先要向神灵献上火把，但是在火把进入大堂之前，要上演一幕年轻男子为了阻挡火把的进入而激烈地争抢火把的场面。紧接着就是在大堂内的表演了。首先在伽蓝堂前表演御神乐，然后由一名男子（迩宜）头戴纸帽、身穿白衣、手持扇子和铃铛表演"顺之舞"，这是按古代两拍所跳的舞，要按着正面—右面—后面—左面—正面等的顺序舞蹈，这种"向五个方向舞蹈"的方式基本贯穿整个火舞。接着是由三名女子演出"巫女舞"，巫女们头戴纸帽，身穿白色上衣和红色裙裤，也是手拿扇子和铃，朝正面站成一排，右手拿

---

① 预祝稻谷丰收的神事艺能。多在正月举行，由农民扮演的老夫妇、田主、插秧女等，在神社内模拟表演耕田、插秧、赶鸟、收割、收仓等活动。"游"是神乐之意。

铃，左手握扇，向五方舞蹈。然后又是由迩宜演出的"顺之舞"，不过这次是按神乐三拍跳的舞蹈。之后分别上演"片剑"、"两剑"、"火能之舞"、"矛之舞"、"粟穗之舞"、"杵之舞"、"女郎之舞"、"翁之舞"、"狮子"、"鬼之舞"、"nekozane之舞"等，表演一直持续到黄昏。舞蹈是由大鼓、笛子、钲等乐器来伴奏的。表演者在平常穿着的衣服外面从肩上斜挂一块布条，头戴饰有币帛的帽子，面带鬼面、狮子、女郎等面具，手里拿着剑、扇子、铃铛等跳舞。舞的高潮部分，是在接近尾声时跳的"鬼舞"。太郎、次郎、三郎三只鬼（红鬼、黑鬼、青鬼）随着吹打乐登场，

火舞

三只鬼都头戴面具，脚穿草鞋，而且面具不会很整齐地戴着，而是歪在头的一侧，这也是它的独特之处，也许就是为了表现那种半人半神的状态吧。太郎鬼穿红底白花的衣服，手持斧头，次郎鬼穿黑底白花的衣服，手拿铁锤，而三郎鬼身穿绿底白花的衣服，手持铁棒。三只鬼一会儿分开，一会儿又背靠背聚在一起，或跳或转，动作激烈，整个舞台被一种粗犷的气氛笼罩，然后，服侍者拿火把引太郎鬼到中央，把火把放在太郎前的地面上，太郎用斧头猛烈地敲打火把，火星四溅，火把的火苗到处飞舞。紧接着，次郎、三郎也猛敲火把，最终火把被三只鬼敲灭。

最后的压轴舞蹈是"ねこざね（nekozane）之舞"，舞者右手拿铃，左手拿洗澡桶，随着古式两拍子的乐曲舞蹈。正如它的别名"镇之舞"一样，这个舞蹈非常庄严、肃穆。随着最后一个舞蹈的表演完毕，整个火舞也宣告结束。

◇ **天宫神社舞乐**

　　每年4月的第一个周末（六、日），位于静冈县周智郡森町天宫的天宫神社都会举行盛大的舞乐祭祀活动，名为天宫节。舞乐是指伴着舞蹈所演奏的雅乐。天宫神社舞乐以及一宫小国神社和饭田山名神社的天王节舞乐被统称为远江森町舞乐。现已成为日本国家重点非物质文化遗产之一。

　　天宫神社是在钦明天皇（距今约1500年前）时，为了将九州筑紫国宗像神社中的御祭神迁移到此而建造的。现在的正殿和前殿是在元禄十年（1697年）建成的。位于天宫神社院内的神宫寺是天台宗莲寺的分寺，现在成为舞乐的练习场。据天正十八年（1590年）的史料记载，天宫神社舞乐是于庆云二年（705年），由奈良传入静冈县的。

　　舞乐的舞台设在神社拜殿前的舞乐殿，是一个独立的高台，台前台后有阶梯上下，台面以绿色的丝绸铺垫，台阶漆成黑色，栏杆和柱子则漆成红色。舞者由四名儿童、11名15岁左右的少年和大人组成，乐曲的伴奏乐器有大鼓、钲、鼓、笛子等。舞乐全部共有12个曲目，已经流传了1500年，但令人吃惊的是至今仍有60多种不同的舞蹈在上演。这些舞蹈被分成"左派"和"右派"。"左派"的舞姿柔慢舒缓，"右派"的舞姿则相对幽默活泼。

　　公元702年，日本宫廷成立了乐部，专门记录、保管和表演从亚洲大陆传来的音乐和舞蹈艺术。日本舞蹈不仅受中国和朝鲜舞蹈的影响，还受印度和东南亚舞蹈的影响。日本的舞蹈高度抽象化和形式化，几乎不含叙事和情节。舞蹈动作的编排严谨对称，通常是由两对表演者表演（在朝鲜发现了与此一模一样的舞乐形式）。

　　钦明天皇时代舞乐这一形式从中国、朝鲜传入日本，分为唐乐（左派、西域系、红色装束）和高丽乐（右派、朝鲜、蓝色装束）。在平安时代达到全盛，在各大寺院神社举行。不久之后便被编入密教寺院的佛事以及大神社的祭祀活动当中，并在地方上传播开来。小国、天宫等地的舞乐主要是儿童舞乐。

舞乐表演常用面具，这些在表演中使用的面具和许多保存在寺庙、博物馆里的面具与不丹国在宗教仪式中使用的面具十分相似。

舞乐可细分为四种类型：仪式舞乐、军事舞乐、"奔跑"舞乐以及儿童舞乐。负责照管和监护皇室的"专门机构"设立一个部门来负责舞乐的保存和表演。这类演出在一些特定的日子举行。另外，一些神庙和祠堂也把舞乐作为每年庆典和节日的保留节目。

天宫神社舞乐主要是唐乐系统的舞乐，每年4月的第一个周末举行。由周六的前日节和周日的例大节所组成。在这为期两天的祭祀活动中所敬献的舞乐被称为"十二段舞乐"，顾名思义，它是由12段舞乐所组成的。

第一段："延舞"（两名儿童）

下午4点舞乐开始，首先出场的是两个儿童，手持黑柄的长矛，舞动三次，分别祭祀天神、地神、先祖。"延舞"作为舞乐的一个重要环节，一定要最先举行，以作为舞乐的开场白。

第二段："色香"（两名大人）

带着菩萨的面具，背上分别背着代表日光菩萨和月光菩萨的太阳和月亮，手持鼓槌缓缓舞动，被称作是佛之舞。"色香"舞者的地位非常之高，只有他们才有资格加入神幸[①]的行列。

第三段："庭蝴蝶"（四名儿童）

"庭蝴蝶"所描述的是极乐净土飞舞的蝴蝶。四个孩子穿着便衣带着头饰模仿着蝴蝶翩翩飞舞的样子。破茧成蝶的整个过程都被孩子们演绎出来，以祝福生命的延续。

---

① "神幸"指的是迁移神殿或祭祀时，神位乘坐神舆或船到新殿或御旅所（临时安放神位的地方）的过程。

第四段："鸟鸣"（四名儿童）

与"庭蝴蝶"一样，也是由四个儿童表演的。舞姿和叫声都模仿频迦鸟（佛教中的极乐鸟，人头鸟身，叫声悦耳）嬉戏欢叫的样子。

第五段："太平乐"（四名"太刀"）

被称作"太刀"的四人，戴着头盔，身着武官朝服，手持鼓槌和长刀边唱边跳，以祈求天下太平、五谷丰登。最后是"太刀一人舞"，一人跳舞的场面在京都是绝对看不到的。

到这一段为止，是敬献神佛的舞蹈，从下一段的"新靺鞨"开始便是为了娱乐观众所跳的了。

第六段"新靺鞨"（四名儿童）

带着头饰、身着淡黄色的袍子、手持玉笏。笏又被称作为刮刀，所以这个舞又被称为刮刀舞。"靺鞨"是曾经建立渤海国的部落的名字。

第七段："安摩"（一名大人）

脸上贴着贝壳的安摩带着藏面（在长方形的厚纸板上贴上白布，在上面描画出怪异的五官。），右手拿着玉笏，和着太鼓的拍子，跳着海人族的精灵舞。"安摩"也含有海人、海女的意思。只有太鼓和钲伴奏，演员一边哼唱着歌词，一边舞蹈。

第八段："二之舞"（两名大人）

舞蹈所表现的是带着笑脸面具的老翁和带着肿脸面具的老妪想要模仿安摩在舞台上跳舞的样子，但总是难以模仿，反而做出一系列滑稽的动作。这便是所谓的戏舞。从这一段开始便把重复的演绎称为"演绎二之舞"。

第九段："陵王"（两名大人）

演员戴着表情狰狞的龙头面具，身穿武官的朝服，手持一尺多长的散杖，舞姿勇猛。

第十段："拔头"（一名儿童）

儿童戴着头饰，身着绫罗绸缎，手持鼓槌表演。例大节日的舞乐中，这个孩子也将担任很重要的角色。

第十一段:"纳曾利"(一名大人)

演员穿着神官服，戴着深蓝色的吊颚面具，右手拿着鼓槌手舞足蹈。"纳曾利"含有"纳苏之乡"的意思。

第十二段:"狮子"(三名大人)

俗称"制服狮子"，内容是两人扮演的凶暴的狮子怎样被人制服。制服狮子的人在休息时用来擦鼻子的纸，被看做是可以防止感冒的护身符而被人争先恐后地抢夺。

21点50分，随着"狮子"舞的结束，一年一度的天宫神社舞乐也便宣告结束。

◇ 远州大念佛

每年的7月13~14日，在静冈县的滨松、滨北等市都会举行名为"远州大念佛"的传统祭祀活动，在那些亲人刚刚过世、即将过第一个盂兰盆节(初盆)的家庭，大念佛的队伍会受邀来到家中庭院，雄壮地敲鼓、吹奏笛子并跳念佛舞，来祭奠死去的亡灵。每年盂兰盆会的夜晚，鼓乐余音不绝，连远方都能听到。也被称为远州地区(过去远江国的别称，现静冈县西部)夏天的"风景诗"。

远州大念佛，相传始于江户初期的1573年，三方原交战之后，德川家康为慰藉死者灵魂，命令和尚宗圆做佛事，并赠予他饰有德川府家纹三叶葵的袈裟。由此，远州大念佛被允许使用三叶葵的标志。现在的大念佛的旗帜、灯笼、短外罩等也依然使用象征着那个时代的德川葵的家纹，从而印证了这种说法。

江户时代大念佛最繁盛之时，远州一带大部分的村落(280~300个)都曾举行过，且有着规定严格的宗教仪式。但是，原本宗教色彩浓厚的大念佛，随着时间的推移，在各个村其娱乐性的一面日益突出，且远州大念佛各组之间，互相争夺霸权，追求服装的华丽，并且因到达初盆家庭的先后顺序，及途中相遇后互不相让等而产生一系列纠纷，这个时期的大念佛被附以别称"争吵念佛"而被一时禁止。

在明治、大正时代，真正能够传承远州大念佛含义的团体几乎绝迹，而宗教色彩完全淡化了。深感危机的有志之士，挨家挨户去说服每一个传承小组，共同创建远州大念佛团这个组织，谋求它的振兴。在他们的努力下，大念佛保留了全国独有的、大规模的组织（4市2郡70组）。战后，大念佛分别被指定为浜松市、浜北市以及静冈县的非物质文化遗产。

过去盂兰盆节时，远州大念佛的队伍组成队列，在村子里巡游，初盆的人家听到这种巡游的吹打乐后，就派引路人前去谈判。引路人就做佛事一事谈好之后，于是带一行人来到初盆之家。而现在，都是由大念佛一行的代表事先和初盆的人家商量，提前决定在哪家做佛事。参与大念佛的人，必须要在举行仪式的庭院前组织队列。如图所示，笛子、鼓、钲、歌手再加上其他诸多角色，组成了一个超过30人的团体。

现存的祭祀过程如下：

1. 入场

大念佛一行从初盆之家的门口吹打着入场，把调门提高，一边往院子里走，一边调整队列。然后，再提高1个调门，由调子更高的笛子声一响，吹打声停止，进入祭奠。

2. 供养的队列

"头先"脱了草鞋，进入房间，烧香完毕坐下来。"头"（即灯笼）放在祭坛的两侧。在靠近屋子前的院中央面对遗像左右相对地摆好双盘（一种乐器，类似锣），领唱人站在双盘之间。司鼓人摘下蔂笠，倒拿鼓槌，放好大鼓。其他人员顺次排列在双盘之后。

3. 念佛供养

双盘	旗帜	头	头先	向导
将两只钲鼓并排摆放，并用细布条捆扎成的鼓槌敲击，二者齐鸣，声音独特。	模仿武将的指挥旗做成的队伍的标志。	也叫品灯笼	身穿印有三叶葵家徽的外褂，戴着领章，引导队伍前进。	受施主委托，引导队伍上门。

押	随从人员	太鼓	擦钲	笛子
整理行进秩序	手持写有名字的灯笼	称打鼓声叫"切"	指小的钲鼓	六眼的横

　　随着"合掌"的一声号令和双盘打出的庄严的响声，场内顿时鸦雀无声。紧接着由"侧众（其他成员）"发出"arase"的号子，供养开始。配合领唱人的唱和，敲大鼓的人开始舞蹈。歌词因供养的亡人的身份（父母或是孩子、媳妇等）不同而有部分不同，鼓手的舞蹈也会不同。鼓手会展现不同的打鼓方式，或是两手拿鼓槌猛烈地敲击，或是跳着击鼓，或是身体像画圆圈似的敲击。这种时而舒缓、时而激烈的念佛舞会进行30分钟左右。

4. 出发

　　供养刚一结束，激昂的笛声会突然响起，鼓手稍微弯腰，再次拿起鼓槌，快节奏地敲起大鼓。其间，其他成员开始做出发的准备。以引路人为先导，"头先"、"头"、提灯笼的人等依次在院子里排好队，做好准备。这时施主会请大家吃点东西，于是暂时停止出发，休息片刻。休息10分钟左右后，作为回礼，会做稍短的"礼念佛"的供养。

这是大念佛最精彩之处。笛子吹奏的曲调比入场时更加有气势、更加激烈。鼓手们和着笛声，威猛地敲击大鼓，或是弯腰去敲，或是尽情地跳起来敲打，或是把蓑笠在手中飞快地转动，总之会展现自己的各种绝活。这时，会不知从哪儿冒出戴着滑稽面具的表演者，也许是为了安慰悼念亡人而心情悲痛的施主，会跳一些滑稽可笑的舞蹈（也称为"余兴"）。之后，绕着院子巡游两三周之后，做不舍离开状。

5. 终盘

大念佛的时候，来返异途很常见。告别引路人后，笛声和着吹打声的队伍会朝下一家赶去。

供养即使在雨天也要进行，到目前为止还没有听说过有被迫中止的情况。

◇ **岛田腰带节**

每年的10月13~15日的三天（中间会有一天是星期日），在静冈县岛田市大井町的大井神社举行的祭礼活动。在寅、巳、申、亥之年，每三年举行一次，是祈求平安生子的祭礼活动。与山梨县的吉田火节和爱知县稻泽的国府宫裸节并称为"日本的三大奇特节日"。

在活动中，将那些嫁至岛田的新嫁娘或者刚过成人节的女孩所穿戴的盛装的腰带，作为本人的替身，系在神舆后的侍从的太刀上作为刀缘，进行展示表演，其中包括大名队列表演、鹿岛舞、地舞、奉纳舞台表演等。

此祭祀来源于元禄八年（1695年）开始的大井神社的祭祀活动，已经有300多年的历史了。过去，在静冈县岛田市，从外地嫁过来的新娘为了向神灵报告自己成了当地的居民，同时祈求平安生子，要去大井神社参拜。参拜完之后，还要穿着盛装到大街上展示，形同卖艺。后来人们出于对新娘的同情和顾惜，逐渐就将女子的腰带作为本人的替代物系在神舆侍从的太刀上，让他们代为展示。这就是腰带节的由来。据说，由此以来，在女儿的嫁妆中，腰带会被作为重点，于是渐渐地，各种各样独特的腰带汇集到了岛田。同时，这个大节中，会表演有"元禄画卷"之称的大名队列，这是来源于江户时代参勤交代①的大名们向大井神社祈祷平安渡过大井川的故事。

这有着300余年传统的岛田大节的核心是大名队列的侍从及物具。在神社起驾时，队伍包括主君大人、木箱、日用器具、大炮，大鸟毛②和江户时代的大名队列，尾随其后的侍从队列以及鹿岛舞等携带着杨桐、旗、猿田彦③、神具、神舆等。

平成二年（1990年）该大名队列参加了东京举行的祝贺天皇陛下即位的盛大游行，在市中心表演了华丽的舞蹈。平成五年在金泽、平成六年在夏威夷、平成八年、平成九年在京都的祭祀中得到好评，在平成十三年（2001年）的大祭祀时，高原宫殿下亲临观看。平成十四年（2002年），获地区传统艺能大奖，平成十五年（2003年）年在广岛举办的全国地区传统艺能节上进行的纪念公演也广受好评。

如上所述，在10月中旬举行的每三年一次的岛田大节上，侍从们佩戴着系有华美腰带的太刀，排着长队优雅地前进。除此之外，游行中还加入了大名队列、各街道的表演彩车、鹿岛舞等，再现了元禄画卷的场面。

祭祀的前一天，市内交通一律停止，街道上身穿号衣的人来来往往，平时安静的岛田市热闹了起来。祭祀从11日开始，白天可以看到

---

① 江户时代幕府规定各诸侯的义务之一。原则上各诸侯隔年轮流率领相当于自己俸禄的人数的部下，离开自己的府第，住到江户的住处，听从将军指挥。
② 大鸟毛由大红的缨穗和黑白羽毛做成的头部组成，头部称作"矛"，表示打倒天空的恶鬼，给世间带来和平和富饶之意。用麻做成的大红的缨穗，取形于飞翔于天空的古代的鸟。
③ 读さるたひこ，在日本神话中，迩迩芸命大神（天照大神的孙子）降临时，在前面为之引路的神，之后供奉在伊势国五十铃川上。据说身形魁梧，相貌堂堂，耳长7寸，身高7尺有余。也被称为道祖神。

大名队列，他们通过街道会用一个小时的时间。到了傍晚，就是彩车的游街表演了。用橡树木做成的撬杠改变着舞台的方向，时而使其停止，时而使其前行。

祭祀队伍是以"街"为单位组成的，"一街"到"五街"是彩车表演，"六街"是鹿岛舞表演，"七街"是大名行列表演。"街"如同一个个小王国，在第一天和第二天，一个街道中只能有一个"街"，不能同时有两个"街"。例如，"六街"的鹿岛舞在三街表演时，其他"街"的彩车表演不允许进入三街。各街之间的界限是用可以称作国境线的白线划分开的。在一个"街"出去时另一个"街"会同时进入。"街"

腰带舞

的进出时间详细至几点几分，这些时间表是事先安排好的。此时为了各步骤严格按照规定时间运行，各街区的青年担任了"传令员"和"接应员"。"传令员"负责通信联络，"接应员"好比是外交官。

201

腰带舞队伍

彩车上坐的是跳舞的孩子们，他们不断更换服装进行表演，这些都是当地的孩子，为他们用三弦曲伴奏的是从东京请来的一流艺人，5~10岁的男孩女孩表演舞蹈，这也是岛田人引以为豪的。

第二天是有名的侍从队列表演，共由25人组成。身穿短褂、装扮成侍从模样的男子们右手举着蛇眼花纹伞，左右两腰间都插有太刀，上面系有华丽的女子腰带，挥舞着左手，其姿态非常奇特。侍从们太刀上所系的腰带，以前是从岛田町的女子那里收集的，最近收集这种高价的腰带已变成了一种行业。

第三天，即最后一天，队列早上7点从神社出发，他们用整整一天的时间缓缓地在街道上来回往返地巡游。侍从们为了回应观众的喝彩，会面向街道两边舞蹈。侍从被认为会带来好运，可以邀请他们到家里跳舞。而且大鸟毛会跟随舞至家中，也被认为会带来好运。

岐阜县

◇ **长泷六日节**

每年的1月6日，在岐阜县郡上市白鸟町的长泷白山神社都会举行名为"长泷六日节"的大型祭祀活动，在活动中会在神前献上"长泷延年"舞。这一祭祀活动是当地人为了祈祷当年养蚕业的丰收而举行的。

所谓"延年"，是一种舞蹈，本是祝愿"延年益寿"之意，是平安时代中期在贵族间流行的舞蹈，随着贵族势力的衰退，逐渐演变为寺院的酒宴演出，到了室町时代，主要以南都寺院为中心盛行。谈山神社所藏的室町时代的剧本《延年诸本》，作为最古老的剧本，非常有名。延年舞开始于平安时代中期，极盛于镰仓时代，而到了能乐兴盛起来的室町时代中期以后，便衰退下去了。这种艺术形式在从散乐到能乐的发展脉络中起到了很好的衔接作用，具有十分重要的意义。延年的曲目是多种多样的，各自独立，互无关联。既有宫廷贵族的雅乐，包括舞乐、神乐、催马乐、朗咏等，也包括平安时代以来的杂艺及中世（从镰仓到室町时期）流行的模仿性演出。之后，延年舞在中央和地方上都几乎绝迹。只有"长泷延年"和岩手县平泉的"毛越寺延年"还算在某种程度上比较完整地保留下来，因此二者都被指定为国家重点保护非物质民俗文化遗产。

"长泷延年"的起源并不明确，因为白山中宫长泷寺是比睿山延历寺的分寺，所以一般认为它是从镰仓时代由延历寺传来的。过去在白山中宫长泷寺中，从除夕开始举行的为期七天的修正会的最后一天，作为法会的余兴由年轻僧人和儿童表演艺能。目的是慰劳僧侣和神官，同时借新年之际，祈祷社稷平安、五谷丰登。江户时代之前的延年，主要以僧侣和神官为主体举行，明治时，实行神佛分离的政策后，主要由长泷白山神社的氏子们传承下来。现在节日的一个重点内容是由年轻人争夺挂在6米高的拜殿上的花笠，以祈求丰收和平安，所以又被称为"夺花节"。其实这个环节是近世才出现的，一般认为是1648~1786年之间出现的，与延年并无直接关系。

如前所述，长泷六日节是在1月6日举行，整个祭祀活动虽只持续一天，但其所包含的内容却是十分丰富多彩的。其中六日节的主要构成因素便是延年，它也是六日节时最具代表性的表演内容。

延年是由"酌取"、"撒果子"、"当弁"、"露拂"、"田歌"、"田打"、"大众舞"等7项舞蹈构成的。虽然过去没有像"撒果子"这一类的内容，但现今的节目流程中，却常被作为仪式的开场而举行。这个内容是把摆满在果子台上的各类果子，如干柿子串儿、炒豆子、米芭煎、核桃、栗子、香榧等统统撒给观众。因为这是吉利的东西，所以大家竞相争抢，有人现场就吃掉。

祭祀活动一般在下午1点开始，大殿内人头攒动、水泄不通。梆子一响，节目表演就开始了。但在延年舞进行的中间（在"当弁"表演途中），突然年轻人开始搭起人梯，做摘花的准备，会场顿时变得骚动起来。年轻人挤到拜殿的中央，去摘取顶棚中央悬挂的花笠。花笠是由樱花、菊花、牡丹、茶花、油菜花等五种花装饰而成，整体为2米左右，吊在高约6米的拜殿天花板上的木头上，由于悬挂得很高，即使是由三人组成的人梯也略显不够，往往是还没摘到，人梯就散作一团。一旦有人拽到花笠，花笠掉落后，人们便会涌上前去争抢花饰。带着这样的一朵花回去，用它来装饰蚕室，便可保佑蚕的丰收。也有保佑家人安全、生意兴隆的说法。所以抢到的花越大，人们也就会越开心。这便是所说的"夺花魁"。

"长泷延年"在下午3点40分左右结束。最后，散发作为象征吉利的糯米饼。于是男女老少又抢作一团。活动就这样在人们的欢呼声中宣告结束。

"长泷延年"

◇ 高山的春之节

高山节是日本岐阜县高山市每年固定举办的祭典，与京都的祇园祭和埼玉县的秩父的夜祭共同被喻为日本三大美祭，分为春、秋两季进行，分别是春天在日枝神社举行的山王节（4月14~15日），秋天在樱山八幡宫举行的八幡节（10月9~10日）。春秋两祭典的特色和行程相似，但春秋祭典各自有十几个独特的彩车。春之节每年于高山市古町南半部的日枝神社举行。因为这个神社的祭神叫"山王"，因此春之节也被称为"山王节"。此祭祀活动包括神舆、狮子舞、斗鸡乐、身穿江户时代武士礼服的护卫等多达数百人的祭祀巡游。一边表演民俗艺术，一边在市内巡游，其场面让人联想起历史画卷"节庆巡游"，让众多远道而来的游客大饱眼福。此祭祀的亮点在于那些庄严优美、绚烂华丽的彩车，其设计充分发挥了飞驒地区巧匠们的精湛技艺，可与日光东照宫的楼门（有着雕刻装饰的两层门楼）——阳明门相媲美，被喻为"流动的阳明门"，是日本传统形式美与精湛的美术工艺相结合的艺术创造，1960年被指定为国家重点保护物质文化遗产，而高山祭在1979年则被指定为日本的国家重点非物质文化遗产。

关于高山祭的春之祭的起源，相传是这样的：三佛寺城主、飞驒太守——平时辅朝臣有一天去山中打猎，发现在片野山中有吉兆出现，于是在永治元年（1141年）请来了日吉山王供奉。之后，时辅的曾孙景家占据了片野村的石光山，但在养和元年（1181年）被源义仲攻打，城池陷落，神社殿堂也遭兵火烧毁。之后，人们将神灵归位于片野之丘，把其作为片野村的守护神。天正十三年（1586年），金森长近平定了飞驒，一进城就在高山的天神山上修筑城堡，把片野村的守护神归位于现在的地方，把其作为高山城的守护神来供奉。元禄五年（1692年），飞驒成为江户幕府直辖领地之后，高山兵营的各代首领也非常敬奉山王。明治以后，日枝神社成为福井县的县社，战后，被列为金币社之一，作为高山市南半部分的守护神而受到市民的敬奉。如上所述，高山节始于天正十四年（1586年）至元禄五年（1692年）之间，即金森氏为大名的飞驒国时期。在文化文政年间（1804~1830年），在利用飞驒工匠技巧的江户风格的屋台的基础上，加入了京都风格的活动人偶，形成了富有深厚文化韵味的高山独特的彩车造形。

祭典活动从3月1日的抽签祭开始，通过抽签决定祭典当日的彩车巡行顺序。4月14日是试乐祭，在神社殿堂，举行奉告仪式、奉币仪式之后，下午举行出发仪式。出发仪式中，将神明请入神舆，一人手持杨桐木在前，然后是狮子舞、太太神乐、斗鸡乐、雅乐，头戴一字斗笠、身穿武士礼服的护卫等数百人的巡游队列跟随在后。彩车在上午已被运送至神社正面石阶下的广场的神道上，上面装载着活动人偶。傍晚，为了晚上的巡行活动，彩车被拉至指定的场所。当夜幕降临，彩车便点亮盏盏灯笼。独具匠心、手艺精巧的彩车在夜幕中显得绚丽多彩。这些彩车各有名字，分别为：神楽台（上一之町）、三番叟（上一之町）、麒麟台（上一之町）、石桥台（上二之町、神明町）、五台山（上二之町）、凤凰台（上二之町）、惠比须台（上三之町）、龙神台（上三之町）、昆岗台（片原町）、琴高台（本町一丁目）、大国台（上川原町）、青龙台（川原町）。

夜祭从傍晚6点半开始，许多旅客将宵祭视为祭典活动的高潮，如遇天气状况不佳，彩车将留在仓库内，但仓库会对游客开放，供游客参观。人们身着传统的服装，绕着古老的街道巡游，令人仿佛置身于遥远古老的时代。

15日的本乐节达到祭典的最高潮。从上午开始，巡行至指定场所的御旅所前广场的12辆彩车中，有三辆彩车会数次表演活动人偶的绝技，引来观众不住的喝彩。

正午在御旅所举行完出发仪式后巡游队伍开始出发，与头一天的巡游队伍一样，被请来的神明在当地居民的簇拥下，返回本社，即时举行还御节，紧接着在拜殿举行千秋乐（最后一天）仪式，春之节至此结束。

◇ **飞騨一宫节**

每年的5月1~2日这两天，在岐阜县的大野郡宫村的水无神社举行的大型祭祀活动，也叫"宫节"。祭祀活动包括5月1日的试乐节和5月2日的本乐节，移神驾同时表演狮子舞、神代舞和斗鸡舞。

飞騨一宫水无神社位于岐阜县大野郡宫村，是飞騨（现在岐阜县

一宫节

北部）最古老的神社，该神社的情况在《延喜式》①中已有记载。祭祀着御岁大神、天火明命、应神天皇、神武天皇等共16尊神灵，统称水无大神。自古以来，水无神社就是飞驒人寄托信仰的地方，至今保留众多历史遗产。水无神社还供奉农耕之神——御神大神。从室町时代开始，氏族神的子孙们为祈求丰收而开始进行祭祀活动。

进入江户时代，祭祀活动中逐渐出现了列队游行的形式。历史悠久的飞驒一宫节慢慢成为了人们祈求五谷丰登的重大祭祀活动。现在每年500余人参加列队游行，而且参拜者可被邀请饮浊米酒。然后表演神事歌舞节目。

如上所述，飞驒一宫节由5月1日的试乐节和5月2日的本乐节组成，历时两天。

祭祀仪式在水无神社举行，祭祀仪式十分庄严。水无神社里摆放着一尊黑马像。一般说来神社里的神马都是白马，但水无神社中的神

---

① 905年（延喜五年）由藤原时平、纪长谷雄、三善清行等奉诏撰写的继《弘仁式》、《贞观式》之后的关于律令的实施细则。藤原时平去世后，藤原忠平继承遗志，在927年（延长五年）继续撰写。是用汉文记录的关于平安初期日本皇宫中的整个一年的活动仪式、制度等内容，共50卷。967年（康保四年）实施。

马却是黑马，相传这是左甚五郎①年少时的作品。

祭事早在3月25日就已经开始准备，4月6日进行酿酒神事，4月28日大家会聚在一起。这些被称为节前活动。4月29日晚上开始举行试乐节。试乐节主要是在水无神社前表演3种艺能——狮子舞、神代舞、斗鸡舞。30日有水无神社的末社例节。而在5月1日上午8点左右，在艺能表演结束后，开始在水无神社举行本社例节的祭典活动。之后，将神灵移驾神舆，几百人将抬着神舆到御旅所（临时安放神舆的地方），同时一路伴随着乐器的演奏，这样，华丽而壮观的队列游行就展开了。队列在一定区域内巡回游行，宣扬神的威力，祈求五谷丰登、

水无神社

---

① 传说是江户时代初期的一位有名的雕刻艺人。在落语或评书中的知名人物，同时各地也有传说是左甚五郎的作品。评书中的说法是因当地木匠嫉妒他的手艺，就把他的右手砍掉了，但也有别的说法是因为他是左撇子，所以姓左。

繁荣昌盛，表示神与人同乐。祭典结束后，会再次进行艺能表演。傍晚，人们会抬神舆将神灵再送回神社，之后还有艺能表演。5月2日，同样在祭典结束后进行艺能表演。

狮子舞是飞驒一宫节必不可少的一部分，特别是大神乐的狮子戏，其种类不胜枚举。如高山节春天的山王节的狮子舞，其中的狮子被叫做德兵卫狮子，是传统的、红黄毛相间狮子形象。伴着笛声和歌声而舞动的，是一头雄狮和两头雌狮，是在信州、飞驒的其他地区都欣赏不到的一种狮子舞。依次上演"Akure狮子"、"揭幕"、"铃舞"，最后表演"取蝮"。

神代舞，古时候也被称为绫舞。几十个舞者穿着印有家徽的服装，手里拿着扇子，伴随着小曲跳舞。人们都来观看，热闹非凡。

斗鸡舞，亦被称为斗艺。该舞蹈在当地十分流传。表演者戴着用鸡尾毛装饰的草帽，一边用力敲打钲鼓或缔太鼓，一边跳舞。

飞驒一宫节历史悠久，现在，它虽然仅为大野郡宫村地区的祭祀活动，但已名闻全国。所以，每逢节日，都有很多游客前来观看，这更活跃了祭祀活动的气氛。

◇ 郡上舞节

每年的7月中旬到9月上旬，连续32个晚上，在属于白山信仰圈的岐阜县郡上八幡町、白鸟町、白川村一带的山村里，各种舞蹈轮番上演，被称为郡上舞节。郡上舞通过歌词"出郡上八幡町时，不下雨也湿衣袖"为日本民众所熟悉，它与山形县的"花笠舞"和德岛县的"阿波舞"并称全国三大民谣舞蹈。1955年2月10日成为八幡町的町重点非物质文化遗产，1958年4月23日成为岐阜县的县重点非物质文化遗产。而在1996年12月20日被指定为国家重点保护非物质民俗文化遗产。

虽然关于郡上舞的起源至今尚无定论，但据说已有400年左右的历史。传说在德川幕府的第三代将军德川家光时代，当时郡上的领主远藤左马介庆隆由于在八幡城之战以及决定其成败的关原之战[①]中立下战功，重新收回了原有的领地八幡城，成为一郡二万七千石俸禄的领主。随后，他致力于修复城堡，治理政务，并且创立了慈恩寺、爱宕神社等。后来，当战争的硝烟终于消散之后，在宽永四年（1624年），为了安抚郡内百姓的心，鼓励大家在神社、寺院内或其附近的市区跳舞并给与奖励。到了远藤氏第四代，当时的备前（旧地名，现在冈山县的东南部）守备，在宽文七年（1667年）向幕府请求改造八幡城。把城内的老街彻底整修，把愿莲寺、最胜寺从附近乡村迁来，并建立了洞泉寺，并且对积极修整市容的居民给与奖励。通过这些措施，八幡城终于成了一个初具规模的城。从这时开始，远藤才真正成为一个城主，受到了相应的礼遇。在这个终于变得井然有序的城区，为了士农工商等各行业和睦相处、人们安居乐业，于是鼓励大家跳盂兰盆舞。因此舞蹈规模变得日益盛大，逐渐成为领地居民的心灵寄托之一。

如上所述，郡上舞的兴起，与当时城主的鼓励提倡有很大关系。据天保十一年（1840年）写的《乡中盛衰记》记载，"在享年时代（1744~1747年）以前，神社的拜殿只有九头宫和祖师野两地才有，在盂兰盆节期间，同祭一个氏族神的居民在拜殿彻夜跳舞"，说明在这个时代以前，郡上舞就有彻夜举行的情形。

在1820年郡上藩厅所发的告示"城番年中行事"中，曾记录有这样的禁令："因早就禁止在盂兰盆节时，家中妻室儿女以及佣人去到跳舞场所，故须深刻领会，严禁外出。今后每年不再发同样的告示，但

[①] 关原之战：庆长五年（1600年）9月15日，在关原进行的石田三成与德川家康的东军之间争夺天下的战役，当时各地大名各自投靠一方，因此这次战役被称为决定天下的战役。结果，由于西军小早川秀秋的背叛，东军大获全胜，之后，德川家康夺取了天下，庆长八年被任命为征夷大将军。

务必不能违反。"从中可以看出，尽管当时禁止武士及其家人出去跳舞，但也有人屡屡背着藩主和官员偷偷地加入跳舞的圈子。

到了江户后期，当时城下的盂兰盆舞的举行，定在了7大吉日。也就是指7月16日的天王节（八坂神社）、8月1日的三十番神节（大乘寺）、8月7日的辨天七夕节（董泉寺）、8月14~16日的盂兰盆会以及8月24日的枡形地藏节（枡形町）。这些舞蹈由大山深处的奥美浓的纯朴的山里人传承至今。

而到了现在，人们一方面为了信仰的需要、同时也为了放松自己，在各个町村，到了节庆的吉日，都会尽情舞蹈，从7月中旬~9月上旬，会上演"郡上舞之夜"的大型活动。男女老少，有时汇成几千人的队伍，大家一起和着歌声和乐曲，尽情地舞蹈。那场面非常壮观。特别是在为期4天的彻夜舞期间，会形成七八层的跳舞的圈子，这是只有在郡上舞节时才能欣赏到的壮观场景。

如前所述，郡上舞场每年从7月中旬到9月上旬总计举行32晚。而8月13~16日，会举行从傍晚一直跳到天亮的"盂兰盆舞（也称彻夜舞）"。而且每年会场都不固定，有时是在寺院神社的院内，有时是道路或是广场。各举办日基本上都与町内各处的吉日或纪念日有关。在连续4天的彻夜舞会中，来访的舞客有时多达25万人左右。第二年的日程会在每年年底发表。

郡上舞是以演奏郡上曲的乐队所在的乐棚为中心，以顺时针方向随意地形成圆圈跳舞。会场有时会在路上，所以跳舞的队伍也不一定都是圆圈形。舞蹈随曲子不同形式也不一样。基本的舞蹈动作非常简单，初学者和游客一看就能学会。装束的标准男女一样，都是身着单层和服，脚穿木屐，但也没有严格的规定。参加舞蹈完全自愿，对于中途加入或离开没有限定。

郡上曲共有10个曲子，即"川崎"、"春驹"、"三百"、"yattiku"、"古调川崎"、"gengenbarabara"、"猫之子"、"喧闹"、"甚句子"、"松阪"。各曲所对应的舞蹈也不相同。舞曲的顺序每天都不同，但"松阪"一定是最后跳的曲目。这是因为"松阪"仅是以梆子和歌声来伴奏的曲子，结束后只要把梆子往怀里一揣就可以走人，不用费时间收拾，所以成为最后演奏的曲目。乐曲的构成为三弦、大鼓、笛子伴奏的唱歌、回应和吆喝。也有的曲子没有伴奏。演奏郡上曲的乐棚是活动的两层神社风格的木结构构造，可常年使用。每遇节日使用时就会被推到会场，放置在适当的地方。其他时间放在八幡町内的专用仓库里保管。

爱知县

◇ 爱知丰桥鬼节

每年2月10~11日这两天，在位于爱知县丰桥市中八町的安久美神户神社举行祭祀活动。它又被称为"吉田鬼节—赤节"，通过使用乐器—籔来伴奏的儿童舞蹈等形式来祈求国泰民安、五谷丰登。丰桥鬼节作为丰桥三大祭祀活动之一，在昭和五十五年（1980年）1月，就被指定为国家重点保护文化遗产。作为代表丰桥的、闻名全国的祭祀活动之一的鬼节，来源于日本古老的神话。传说，很久很久以前，神仙们都住在高天原这个地方。因为得到天照大神的恩惠，高天原的农业得以不断发展，收获的稻谷都储藏在庙里。有一天，这里出现了一位行为十分怪异、张狂的神仙，即赤鬼。赤鬼性格粗鲁，他屡次闯入庙里，乱闹一通，将人们辛辛苦苦收割储存的稻谷弄得到处都是。赤鬼一直不断搞这样的恶作剧，贻害一方。为此，天照大神十分苦恼，不知如何解决这个问题。这一切，武神（天狗）都看在眼里。武神见赤鬼一直这样下去，最后实在无法容忍他的这种行为，决定惩罚一下这个粗暴的神仙。于是武神和赤鬼在大神的面前开始了一场斗法。受到了大神的恩德指点的武神法力高强，取得了胜利。而后两神几次斗法，赤鬼都败下阵来。最后，在屡次的失败中赤鬼终于幡然悔悟，最终斗法以和解的方式结束。赤鬼用谷物面粉洗清自己的罪孽，散发化痰的糖向人们表达歉意，像一阵风似地离开了庙里。从那以后，高天原又恢复了以前的繁荣。传说吃了赤鬼留下的糖，可以去病消灾，获得健康的身体。这被认为是丰桥鬼节的最初起源。鬼节中包括祈祷五谷丰登的田乐，传承至今已有上千年的历史。

最初，鬼节是在农历的正月十三、十四，作为当地人民祈求丰收的小型祭祀活动而举行的。而在天庆三年（940年），平将门的叛乱被平定后，朝廷为了庆贺胜利并向神灵还愿，于是将饱海町一带捐献给伊势神宫，并成为三河国新神户。时任大中臣赖基一职的庶流基奉命从伊势地区来到当地，建立了安久美神户神社。此后，鬼节的举行场所固定为安久美神户神社。而随着明治时期公历的广泛使用，祭祀的举行日期也改为每年公历的2月10~11日举行。除了神话中败下阵来的赤鬼，祭祀中还有由孩童扮演的"青鬼"。祭祀当日，由"青鬼"抚摸患者，以求去除疾病。

如上所述，赤鬼的扮演者用草编物品把自己装扮成赤鬼，戴上面具出现在祭祀中。祭祀中由赤鬼撒下糖供人们食用，祈求无病无灾。草编物品在正式祭祀的前夜开始准备。在寒冷的冬天坚持作业，草编工作十分辛苦。

赤鬼

11日为正式祭祀的日子，从10点开始举行被称作"御酒开"的祭礼。参加祭祀的所有成员在中世町的市民活动馆集合，由全町的代表致辞并用神酒表示庆贺。10点半，前面由笛子伴奏，然后人们拿着祭祀物品、糖等物品按顺序排成队伍向神社进发。配合着在神社举行的祭礼，饱海町的人们扮演的黑鬼、天狗行进队伍也向神社进发。而此时在神社的正殿洁斋殿由饱海町以及中世古町的祭祀负责人举行祭祀物品的修禊仪式。随后，由黑鬼、天狗以及赤鬼的扮演者向神灵敬献玉珠，并由神官宣读祭礼贺词。由氏族成员代表为首的祭祀队伍此时到达神社外，缓缓进入殿内。同时吴服町的五十铃神乐稚儿队伍也进入神社内。赤鬼扮演者在众人的帮助下装扮完毕，戴上面具，变身"赤鬼"。黑鬼、赤鬼、天狗从祭神官的手里接过供奉的物品。此时，札木町的小鬼也进入神社进行参拜。当所有町的参加者都聚集在一起之后，祭礼的表演部分开始。代表干地、福地的两名射手射出12支箭，以此祈求当年的万事平安。此时，赤鬼出场。伴随着太鼓的演奏，赤鬼从洁斋殿一下子登上八角台，然后口念经文跪下向神祈祷。祈祷结束后，赤鬼手持庄重槌，大步向天狗所在位置走去。天狗上场，斗法开始。天狗与赤鬼大战三个回合，赤鬼败下阵来，乱舞退场并撒下糖和谷物面粉。赤鬼在众人的簇拥下，巡游丰桥的14个町。赤鬼在各个町内巡回，撒下驱邪的面粉。人们纷纷走上街头，接受着神的保护，个个都变成了白面人。14个町的巡回结束后，赤鬼再次回到神社，举行简单祭礼后，鬼节便告结束。

◇ 爱知花头节

每年5月8日，在位于爱知县名古屋市热田区新宫坂町的热田神宫举行的丰年节祭祀活动。丰年节祭祀活动旧称"花之余情"，现名花头节（"头"寓意祭祀活动的主持家庭或者主持者），俗称"试节"。在稻田乐（祈求稻谷丰收）和田地乐（祈求棉蚕丰收）的演奏声中，根据观察装饰有农民人偶的祭祀物来占卜吉凶和收成，并祈求五谷丰登。

农业耕作最大的喜悦就是收获的时节。然而，辛勤劳动耕作的农作物能否丰收会因为天气以及灾害的原因受到巨大影响。在没有天气预报的古代，人们进行农业生产时必须考虑到天气的变化。而这只能依靠长年的经验或者向神灵报告祈求得到神灵的指示。因此，便产生了作为丰年节的花头节。花头节弥补人们判断的不足，以具体的形式展示神灵给予人们的启示。人们从神灵的启示中判断来年的天气情况，以此决定农作物的种植。热田神宫作为花头节的祭礼举行地，供奉着热田大神，即为三种神器之一的草薙剑的神体—热田大神，意为受命于天照大神。相传，得到父亲景行天皇绝对信任的日本武尊在东征的归途中，前往迎接尾张国造（即现爱知县西部的地方官）的女儿宫簀媛命为妃。之后，草薙神剑被遗留在了当地。日本武尊死后，宫簀媛命秉承他的遗愿，将神剑祭祀在现在的热田神社里，至今已有1800多年的历史。

最初的花头节是在农历4月8日举行的祭祀活动，在神道教和佛教统一的时代，花头节的祭礼形式为法生会。法生会直到明治维新以后，神道教与佛教的分离才将花头节的祭礼形式改为神道教形式的祭礼。如上所述，花头节中的"头"是代表祭礼的主持家庭。最初的花头节即是由祭礼的主持家庭举行鲜花仪式，在各家各户插上空木的花。而现在的花头节是在清晨时分举行祭典，并向神灵敬献稻穗。花头节中的农民人偶的使用方法也发生了一些变化。过去的花头节是在神社的东西两殿均装饰上农民人偶，参拜者根据人偶的形状决定农作物的种植。东边的人偶决定稻谷的种植，西边的人偶决定田地作物的种植。而现存的花头节已改为将祭礼和占卜集中在一个殿内举行，通过农家的住所或者牲畜来进行占卜。

如上所述，花头节是人们为了向神灵祈求得到指示，以此决定来年的农作物种植的祭祀活动。现存的花头节中，是通过名为《热田神宫丰年祭之图》的图画上所呈现的图案制作人偶以及模型来给予人们指示。

祭礼举行日为每年的5月8日。5月8日清晨，祭祀主持者会从神官那里得到当年的丰年祭图，并制作人偶以及模型展示给前来参拜的人们。神龛里呈放着身穿红、白、蓝色衣服的神灵人偶。各路神灵的数量以及位置表现出当年一年的天气气候变化趋势。此外，农作物的模型则表现当年农作物的收成状况。穿红色衣服的神灵人偶表示天气晴朗，白色和蓝色的神灵人偶各自表示风和雨。各种人偶代表的意思是一定的，但是怎样判断以及判断的结果会因人而异。前来参加祭礼的人们，通过观察摆放在神龛里的神灵人偶以及模型，再根据自己的经验，对当年的天气状况和农作物收成情况作出解释和预测。因此，花头节也被称为"试节"。

在祭礼过程中，人们互相交流自己的

花头节

看法。"今年蔬菜会丰收哦"，"风和雨其实算不了什么的"等。同时，伴有小学生表演的巫女舞蹈祭祀神灵，以此表达人们对给予指示的神灵的尊敬和感谢。祭祀活动从早上持续到下午，直到前来参拜的人们都散场离去，祭祀才结束。

◇ 爱知花节

每年11月下旬~1月上旬，在爱知县北设乐郡一带共17个山村里举行的用以祈求五谷丰登、无病无灾的祭祀活动。此祭祀活动属于汤立神乐。汤立神乐是祭神仪式的一种，首先在神前将水烧开，随后由神官或者巫女用细竹叶蘸上水洒在自己以及参拜者的身上，通过此仪式使人获得身心的洁净。此祭祀又被称为"三河花节"、"花神乐"，其作为北设地区的民俗于昭和五十一年（1976年）被指定为国家重点非物质民俗文化遗产。

由于没有详尽的史料记载，所以关于花节是从何时开始在内三河地区（日本古国名，现爱知县东部）举行的，至今仍无定论。关于花节的最早文献记载为文禄二年（1593年）的花节节目单，因此可知至少当时这一带已经开始举行花节仪式。传说花节起源于镰仓末期到室町时期的一种祭神仪式，此仪式流传于在山野中修行的僧侣以及修验道（日本佛教的一派）的修行者之间。祭礼中包含了修行者之间流传下来的数十种祭祀舞蹈。最初，此祭礼只存在于天龙水系地区。随后修行者到达三河地区，将祭礼与当地的民俗文化相结合并传播到民间，成为了当地的祭祀活动之一。古时候，当地的人们都居住在深山里，生活条件十分艰苦。因此人们通过祭祀活动祈求得到神灵的保护，祛除灾难与疾病，并祝愿年年丰收。花节一名的最初来源便是取自祈求五谷丰登的稻谷的"花"的意思。

　　如上所述，最初的花节是从修验道的修行者之间流传到民间的。在其长久的传承过程中，祭祀过程有了许多变化。花节原来是举行时间持续七天的盛大仪式，随着时间的流逝，其中的几个环节被省略，最后演变成为持续整整一天并且彻夜举行的祭祀活动。此外，最初花节的举行是人们为了祈求无病无灾、五谷丰登的。到了战争年代，人们深受战乱之苦，祭祀活动的性质也受到影响有所变化，花节于是演变成为了人们只是祈求来生幸福的祭祀活动。而祭祀的舞蹈也带上了宗教色彩。花祭中的"花"蕴含着人们祈求来生平安、生活富足、来世生活在花的极乐世界的美好愿望。花不再象征五谷丰登，而象征着宗教的极乐世界。在花节的传承过程中，祭祀的舞蹈也不断演变，成为了融合伊势古典舞乐，以及大和古典舞乐为一体的民俗古典神乐舞蹈。

　　花节在各地举行的时间不同，由11月下旬持续到1月上旬。祭祀首先进行请神仪式。主持花节仪式的专门神官被叫做花太夫，神官的辅助者为当地长久以来担任侍奉神的家族的成员。祭礼在舞堂里举行。舞堂是一个地面为土地、四角用柱子支撑着的四方形屋子，面积大约9平方米。舞堂的选址一般是在神社的前殿，或者是被称作花宿驿的民间土房。在舞堂的中央放置一个巨大的釜用来烧水。在天井上挂有被称为"汤盖"的盖子,盖子的四方装饰着富有当地特色的剪纸。水烧开之后,举行洁净仪式。由笛子以及太鼓伴奏,花太夫及侍奉者围着釜跳洁净仪式舞,担任花太夫的神官或者巫女用细竹叶蘸开水洒向自己,使神灵得以降临到神官或者巫女的身上,并以此降下神谕。

洁净仪式结束以后,参加祭祀的村民们开始进行神乐舞蹈。随后,头戴五色彩纸装饰的斗笠的青少年们出场,他们手拿铃铛或者扇子等跳起"花之舞"、"第三舞"、"第四舞"等舞蹈。未戴面具的青少年则在舞蹈结束后,戴着鬼面、老翁面、老妇面等面具登场,表演"角色舞",舞蹈持续整整一夜。

在花节舞蹈中登场的是被称作"山见鬼"、"朝鬼"等人物。扮演者头戴巨大的鬼面,身穿红色的衣服,脚穿草鞋,手持大斧,围着釜舞蹈。舞蹈者的脚步非常重,以此来赶走恶鬼,获得平安。因为古时的人们认为,灾难的发生都是由恶鬼作乱所引起的,因此祭神活动中遗留下了这个环节。舞蹈持续过程中,花节的最高神"杨桐鬼"的出场,迎来花节的最高潮。"杨桐鬼"在保护全村平安与五谷丰登的釜前用力踏地,以震走地下的恶鬼,祛除灾难。随着祭祀的进行,观众也一起

"山见鬼"

吆喝一起舞蹈，舞蹈者、观众成为了一体，全场气氛达到高潮，一直持续到早上，所有的鬼都被驱赶走。这时，扮演狮子的角色登场围着釜再次舞蹈，拆下房间的架子，举行一系列的祭祀结束的送神仪式。送神仪式结束之后举行镇花节，随之花节结束。

◇ 参侯节

每年11月的第三个星期日，在位于爱知县北设乐郡设乐町三都桥的津岛神社举行的祭祀活动。此祭祀活动属于汤立神乐。每年11月下旬到1月上旬，在北设乐郡的各村会举行大型的冬季祭祀活动——三河花节，参侯祭即是作为花节的开端而举行的祭祀活动，被指定为县重点非物质民俗文化遗产。

11月10日的晚上被称为"稻草人搬迁日"①，人们认为这一天是田神归山的日子。传说到了春天，山神会在"事八日"②这一天来到村寨里，变成田神，守护田地保佑农业丰收。而秋收之后，田神则会回归山里重新变成山神。这个传说在全国各地都流传着。11月被称为霜降月，也称霜月。在这个月举行的祭祀活动被称为"霜月节"。在这期间，各地都会举行汤立神乐祭祀活动。其中，在内三河（日本古国名，现爱知县东部）各地举行的"花节"广为人知。而每年11月的第三个星期六，在爱知县北设乐郡町三都桥的津岛神社会举行参侯节。传说每年的这一天，观世音菩萨前去会见津岛神。参侯节是以七福神③与祢宜④的问答为中心的汤立神乐，与花节同属于霜月神乐的一支，同

---

① 日语为"案山子揚げ（かかしあげ）の日"，是农业祭祀的一种形式，是指在这一天把稻草人从田间移到院子里来祭祀的活动。
② 日语为"事八日（ことようか）"，在东日本为旧历2月8日（农活开始）和12月8日（农活结束）的统称。
③ 是指大黑天幸运神、财神爷、毗沙门天王、辨财女神、福禄寿、老寿星、布袋神七神。
④ 仅次于最高神官的神职，负责祭祀，掌管事务的人。

为内三河地区代表性的传统艺术。祭祀中,七福神依次登场,表演田乐①风格的舞蹈等。"参候"一名源于七福神与祢宜的一问一答中,祢宜询问:"拜访者何人?",依次出场的七福神均以"参候,某乃……"回答,因此祭祀得名"参候节"。据永禄年间(1558~1569年)的《折立牛头天王八王寺田乐祭》一书的记载,参候节已经约有450年的历史。

作为流传在内三河北设乐郡设乐町的七福神祭祀活动,参候节融合了汤立神乐、田乐、舞乐等多种艺术表现形式于一体,成为内三河地区独具特色的民间艺术。参候节的祭祀形式是在祭祀地的中央摆设汤鼎,众神围着汤鼎舞蹈。既有人认为参候节的起源是田乐,也有一说认为其起源于延年风流②的祭祀活动。从现存的参候节的形式上来看,参候节是在霜月神乐的基础上融合七福神信仰的独特的祭祀活动。在参候节的传承过程中,除表现形式有所变化之外,内容也有所改变。在室町时代,参候的七福神之中的辩财女神为吉祥女神所代替。而七福神乘着宝船前来的习俗是从江户时代才开始兴起的。关于参候节的历史记载与参候的七福神成员完全固定下来,两者相差约有一百年以上。因此,在最早的历史记载中所记录的参候节,其中的七福神是否与现存的祭祀相同,无从考证。

如上所述,参候节举行的日子也被认为是一年一度观世音菩萨去见津岛神的日子。因此,祭祀从观音堂开始举行。

祭祀当天下午1点,稚儿③队伍在观音堂外等候。神舆从观音堂里

---

① 日本艺术形式的一种。始于平安时代。原本为农田种植等农耕礼仪中,伴随着笛子大鼓的演奏而表演的唱歌跳舞。之后产生了专门的田乐法师。传统形式为在笛子伴奏下,一边敲击腰鼓、铜钹、簓而跳的田乐舞,和踩着高跷轮流往空中抛刀剑而不使其落地的杂技,但从镰仓时代到南北朝时期,和猿乐同样,逐渐演变成为表演能乐等歌舞剧形式的舞蹈。之后衰落,只作为寺院神社的祭祀活动流传至今。
② 日本艺术形式的一种,在东大寺、兴福寺等大寺中,在大法会举行完之后,作为余兴,由僧侣及小孩子等表演的舞蹈。包括"风流"、"连事"、"开口"、"当辨"等多个节目。在室町末期衰落,现仅在少数寺院还保留有其影子。也称"延年舞"。
③ 神社、寺院举行的祭礼,法乐活动中盛装打扮的儿童。

出发，神舆队伍前往津岛神社的仪式即为观世音菩萨与津岛神一年一次的相见。与神舆一起行进的是乘坐轿子的稚儿们。在神舆行进途中以及进入拜殿前，稚儿们都会表演稚儿舞来祭祀神灵。

神舆到达神社后，举行祭典。晚上7点开始做参侯的准备。七福神的出场为晚上8点，这时举行汤立神乐祭祀仪式。拜殿的前庭装饰有稻草绳用以区别祭祀场所和普通场所，在前庭中央放置有一口大锅，手持剑和绳子的不动明王出现在被大火把照亮的祭场内，围着锅转三圈。此时，拜殿前神座上的祢宜问到："在尊贵的神座前出现的来者，尔为何人？"不动明王答道："参侯，我乃住在瀑布的大圣不动明王。今闻此处神乐，前来赐福于氏族子民"。不动明王陈述自己出场的理由，随后围着锅的东、西、南、北以及正面五个方向舞蹈，用细竹蘸锅里的开水并将其撒向各方。随之，在头顶上方舞动手中的剑和绳子，动作激烈地在祭场巡回，驱除恶魔后退场。接下来的财神爷、毗沙门天王、大黑天幸运神、辩财女神、布袋、老寿星、福禄寿依次登场并舞蹈。祭祀过程中，还有太平乐舞蹈等各种祭祀仪式。最后，由氏子（氏族神的子孙）们进行祈求五谷丰登和福德长久的驱邪仪式以及洁净祭场的狮子舞。祭祀一直持续到深夜，第二天早上将观世音菩萨送回到观音堂。一年一度的参侯祭至此结束。

近畿地区

滋贺县

◇ 近江八幡左义长节

近江八幡左义长节于每年3月的第三个星期六和星期日举行。主要在近江八幡市八幡神社举行。

按照《信长公记》中的记载，近江八幡左义长节是织田信长每年正月在安土城下，自己穿上华丽盛装以奇异的姿态出现而举行的节日。同时在当时也被称为天下的神奇节日。织田信长死后，丰臣秀次建造了八幡山城。传说当时的人们非常崇拜可以除邪避火的神明，于是以八幡宫为中心每年举行左义长节。

左义长是节日时游街的用品。是用长木条和竹子捆绑成山形的支架，在外围围上青竹，捆结实备用。然后在上面装饰上红纸、方巾、扇子等。最重要的一个装饰物就是节日那年的干支（属相），大家要花费很大的工夫去创意干支的做法，并且每年的节日当天还要对各村

装饰好的"左义长"

镇设计的干支进行评比。左义长从外表上看像是用青青的竹子做成的大树一样，但里面捆着许多易燃烧的木头木屑、稻秆、谷皮、茅草，以便于在夜晚燃烧时，火焰冲天，烘托壮观的场面。

每年的1月中旬，各村镇就开始着手制作左义长，到了3月中旬的星期六，上午各村镇抬着自己制作的左义长汇集到日牟礼八幡宫。下午2点钟有一群被称作"舞者"的穿着女装的年轻人抬着左义长，喊着口号开始节日游行。游行结束后，左义长被抬回八幡宫，开始评比左义长上的干支装饰。第二天是星期日，各村镇的左义长再次被抬到旧街市上，抬左义长的队伍集合力量以自己的左义长为武器相互碰撞，努力推倒对方的左义长。此时年轻人的叫喊声与观众的呐喊声连成一片，气氛热烈，场面壮观。

左义长节最重要的一项活动是晚上的"火祭"。晚上8点钟，每五座左义长为一组，一齐点火，每隔20分钟依次点火，这样左义长燃烧起的熊熊烈火照亮天空，年轻人们沐浴在火光中翩翩起舞，迎接春天的到来，祈求着幸福。

近江八幡左义长节起源于去除邪恶，祈求丰收、平安。但是现在的左义长节，由于近江商业的繁荣昌盛，更大的意义则在于祈求生意兴隆买卖顺利这一点上。

◇ 长浜曳山节

日语中的"曳山"是彩车的意思。在每年长浜八幡宫举行的长浜曳山节上，"曳山"是表演的重要舞台。长浜曳山节从3月20日左右开始，一直持续到4月17日，有彩车游行，还有儿童歌舞伎表演。

长浜曳山节作为长浜八幡宫的传统节日，自古流传至今。1069年（延久元年）后三条天皇听取了源义家族的建议，将在京都石清水八幡宫供奉的神灵移至长浜供奉，并开始了祭祀活动。长浜八幡宫的"八幡"二字也是继承了石清水八幡宫的"八幡"。在长浜八幡宫开始举行长浜曳山节是从丰臣秀吉在长浜建立城池时开始的。过去曾经有过称作"太刀渡"的队列游行，表现的是源义家族在后三年的战斗中凯旋的场景。丰臣秀吉也曾经亲自到现场去观看游行队列。后来则改成了"长刀组"。

曳山中的"山"，实际上是搭造起来的用于表演日本传统戏剧狂言的舞台。它大致由"舞台"、"乐屋"、"下山"、"亭"四个部分组成，分别用于上下舞台、演奏、表演等。"乐屋"的背面用非常华丽的后幕装饰着。

在长浜曳山节上分别有13座彩车分布在城市的各处。它们的名字分别为：青海山、凤凰山、常磐山、寿山、春日山、长刀山、猩猩丸、翁山、高砂山、孔雀山、万岁楼、月宫殿。它们所建造的形状和所采用的装饰也各不相同。

曳山节从每年的3月20日左右开始，一直持续到4月17日。每天举行的活动不同。最开始是孩子们的歌舞伎练习，从3月20日到4月12日，早中晚孩子们都要参加严格的训练。4月9日~12日晚上8点，各曳山组的年轻小伙子们手持写有自己的曳山命名的灯笼，赤裸着上身，一齐喊着号子去参拜长浜八幡宫和丰国神社，为的是祈求健康和自己的曳山在抽签时能够顺利。如果在途中遇到其他曳山组的人，大家会因有紧张感而士气高涨。这项活动被称作"裸参"。4月13日上午7点，各曳山组选派一个男孩子穿上古代的狩猎装，戴上乌纱帽，去长浜八幡宫迎接装饰在曳山上的"御币"，包括长刀组在内的13座彩车都要参加，这被称为"御币迎"。上午10点珍藏在长浜八幡宫内的延宝四年（1676年）制造的"神舆"被移至举行活动的场所内，直到15日狂言表演结束后才返回八幡宫。下午1点，各曳山组从年轻男子中选出抽签代表，聚集在八幡宫在神前进行抽签，决定出当天参加狂言表演的4组曳山。下午6点，各曳山组在自己的曳山舞台上开始真正的歌舞伎表演。夜晚年轻男子们吹笛打鼓走访城内与祭礼有关的各户人家并敲门叫醒大家。在古代除了吹笛打鼓之外,还会演奏三弦琴,场面非常热闹。4月14日,为了第二天的正式祭礼,各曳山组在表演完狂言后,午后将乘坐着歌舞伎表演者的曳山按照抽签顺序推到八幡宫内。下午7点,表演歌舞伎的孩子们由年轻男子陪伴徒步从八幡宫到曳山博物馆,被称为"夕渡"。前来观看的人很多。4月15日上午8点,参加歌舞伎表演的孩子们穿着表演服装按照与前一天相反的路线从曳山博物馆方向徒步到八幡宫,被称为"朝渡"。上午9点20分,手持源义家族家传的长太刀的男孩带领武者的队伍向八幡宫行进。"御币"排在队列的最前面,大力士引导着武者前行,被称为"太刀渡"。上午10点左右,在八幡宫内按照抽签的顺序选出的四组曳山开始表狂

上:儿童歌舞伎表演
下:装饰好的曳山

言。在从八幡宫向活动举行地的移动过程中，他们将在途中6个地方进行表演，最后是在神前表演，被称为"狂言奉纳"。等狂言表演结束大约已是晚上9点左右，这时神舆被抬回八幡宫，被称为"神舆御还"。等神舆回到八幡宫后，长刀组在前，各曳山依次返回各自地区，被称为"归山"。4月16日各曳山在自己的地区庆祝活动圆满结束，祈求大家健康，最后将曳山收藏好，以备来年使用，被称为"后宴"。4月17日上午8点，各曳山组将"御币"归还八幡宫，被称为"御币还"，意味着长浜曳山节圆满结束。

◇ 花夺节

花夺节于每年的7月23~24日在甲贺郡甲贺町鸟居野的大鸟神社举行。

大鸟神社是以日本武尊为主祭神的区内最古老的神社。传说日本武尊之父在景行天皇时代（71~130年）在此祭祀"国常立命"。后来日本武尊在东征途中到访此地祈求平定东夷和部下的眼疾痊愈，结果神明显灵。当时日本武尊将自己的"十握剑"献给此神社。这把剑后来被称作"天武云剑"，作为神社的镇社之宝珍藏。据神社传说，武尊之灵化为百鸟现身，被人们称为"鸟明神"。在此神社举行的花夺节主要是为了赶走瘟神，祈求健康。

花夺节是将做好的花形装饰物"花盖"抬出后，大家互相争夺并毁坏它。因为在花夺节上的花代表着瘟疫和疾病，将它弄得越烂，说明将瘟疫驱除得越干净。也有人将这个节日称为带有破坏性的节日。

花夺节使用的"花盖"是人造花。是用染红的纸做底盘，上面粘上一层一层的花瓣做成花形，然后用细竹签做花茎串好后将其插在台子上，最后在顶上插入做好的花蕊，摆成一排。"花盖"有伞形花盖和毛戈形花盖。自古以来伞形和毛戈形的东西都被认为有神灵附在上面。这个花盖在节日当天是大家争夺的对象,在激烈的争夺过程中,有些"花盖"被撕碎,有些"花盖"被踩烂,这样的"花盖"被扔在原地,剩下的保存完整的花盖却被人们拿回家插在门口,象征着全家在这一年中将被免去灾难,健康平安。有些地区用扇子代替红花举行此项活动,本意都是为了破坏和驱赶瘟神。有时花盖上除了插上人造花以外,还会插上一个小酒樽和"金一封"(用纸包好的除邪之物),人们对它的争夺更为激烈,有时甚至会有人因此而受伤。

传说瘟疫之神通过花夺节夺花的活动被人们从一个村子赶到邻近的另外一个村子,这样从甲贺一直向伊贺方向被驱赶下去,由此在甲贺和伊贺地区之间自然地形成了一条"赶花之路"。

由于花夺节人们争夺花朵,特别是争夺到酒樽的人们可以使难病

争夺"花盖"

痊愈这种传说越来越强烈，人们为了得到它拼命争夺，场面愈演愈烈，无法控制，最后往往导致很多人因此而受伤。于是在昭和35年（1960年）将酒樽改为放入竹笼的粽子从楼门扔下去，拿到粽子的人就可以兑换到酒樽，但是夺花的形势仍然保存至今。

◇ **大津节**

大津节于每年10月10日（体育节）在大津市的天孙神社举行。自2000年开始，为了方便大家参与和观看，体育节改为每年10月的第2个星期日举行。于是大津节的举行日期也随之改为每年10月的第二个星期日。

江户时代初期，盐卖治兵卫（人名）带着狸猫的面具在天孙神社表演了舞蹈。据说是因为居住在神社古树中的狸猫死去，为了抚慰古树而表演了舞蹈。这次舞蹈表演受到了好评。于是决定每年都在此地举行一次舞蹈表演。这就是大津节的起源。

之后大津节规模不断地扩大，成为了整个地区较大的传统节日。除了表演舞蹈以外还加入了各个地区的彩车巡游。彩车在日语中被称作"曳山"（HIKIYAMA），在日本很多传统节日中都会有彩车巡游的项目。装饰好的彩车需要许多人向前拉才能移动。而且彩车装饰中古典装饰较多，上面挂着代表自己地区特色的装饰物。大津节的彩车是模仿京都祇园节（GIONMATSURI）的彩车组装的，比祇园节

三轮彩车

的彩车小一圈，但是因为只使用了三个车轮（通常是四轮），比较罕见。还有，大津节的彩车上安装有活动偶人。在活动中称作"所望"（SYOUMON）的时刻，彩车上会舞动偶人进行表演。表演需要高超的技艺，在全国也是难得一见。在大津节上共有13辆彩车参加游行，它们分别为：西行樱狸山、神功皇后山、汤立山、龙门瀑山、杀生石山、源氏山、月宫殿山、西王母山、孔明祈水山、石桥山、西宫蛭子山、猩猩山、郭巨山。

大津节虽然在10月的第二个星期日举行，但是准备工作大约要从一个月前开始。9月中旬各个地区代表进行抽签，决定游街彩车的出场顺序。9月中旬到下旬是各地区的准备时间。如乐曲的练习，人员的工作安排等。10月1日前后所有演奏人员聚在一起彩排一次，结束后一起进餐。10月的第一个星期日各个地区开始组装彩车，但是不对彩车进行装饰，也不安装活动偶人。组装好彩车后，为测试彩车的行走状况，各地区会在小范围内短时间进行彩车巡游。由于是非正式活动，这天孩子和妇女也可以拉动彩车参加巡游。

大津节之前两天会举行称作"宵宫"（YOIMIYA）的活动。活动在晚上举行，彩车摆放在街上供游人观看，到晚上9点断断续续会听到音乐演奏。这天偶人只是摆在地上供游人欣赏，所以没有偶人表演。但是彩车上挂满灯笼，灿烂耀眼，别有一番风情。此外，还有很多店铺在街上摆上摊位向游人出售具有地方特色的食品和纪念品。有些人还会在自己的家门前展示古董和家宝。

体育节这天是大津节举行的正式日子。早上9点钟，13辆彩车首先会在神社集合，然后开始游行，直到下午5点才结束。上午的游行主要是所有彩车排成一队进行。中午12点到1点所有彩车汇合在一起休息一个小时。在午休期间彩车停靠在街边，游人可以上前拍照。下午的游行分为两队，会通过狭窄的小路和胡同，如果不是对当地道路十分熟悉的人很难一一找出彩车的行踪。各个彩车上都配有乐手演奏音乐，在彩车游行过程中随处可以听到优美的古乐。下午5点以后，各个彩车返回所在地区，此时演奏的乐曲与游行时的乐曲不同，节奏较快。返回所在地之后，开始进行偶人表演。其表演生动细腻，也是大津节的一个重要看点。

在日本各地有很多与彩车游行有关的传统节日。大津节的彩车历史悠久，而且是由商人集资制造的，这一点在历史上也很少见。它充分体现了大津地区商人的经济实力与凝聚力。

据说，以前还有二十几座移动舞台用于表演。近年来由于彩车的增加和人们对于彩车游行的重视，致使这些移动舞台退出了历史的舞台。而我们现在能看到的大多为彩车的游行和偶人表演。

三重县

◇ 尾鹫呀呀节

日语中的呀呀源于古代武士在报自己的名字之前的一种惯用表达,就像"呀呀,我是……"尾鹫呀呀节于每年的2月1~5日在尾鹫市尾鹫神社举行。在这寒冷的冬季,男人们赤裸着身体集体跳入海中以祈求渔业的丰收。

尾鹫市是日本全国屈指可数的降水较多的地区之一。从遥远的平安时代开始,这里就是熊野信仰盛行之地,尾鹫神社就是具有代表性的神社之一。而且尾鹫市靠海,且海岸线较长,因此从事渔业的人也很多。

1月31日深夜12点,即2月1日0点,尾鹫神社大门打开,呀呀节

神乐表演游行

正式开始。2月1日晚上7点开始，全地区几百人聚集在一起，敲着鼓、吹着海螺在街上游行。同时还一边喊着"今天开始呀呀节啦"的号子。2月2~4日在尾鹫市的尾鹫港渔市场举行活动。先是游行活动，然后是净化身体的仪式。以前参加游行活动的男子赤裸全身只裹着兜裆布，随着社会的进步，现在参加游行的男子穿着一身白色装束。他们边喊着"TYOUSAJYA"的口号边挤在一起激烈地碰撞，用以体现往昔的魄力和热情。有关这个口号有两种解释。日语中的"TYOUSA"的发音有两个意思。一个是"超岁"，表示平安度过一年的意思。一个是"丁岁"。满15岁称丁岁，是男孩成为青年的年龄，只有满15岁才可以参加呀呀节。在这里嘴上喊着"丁岁啦"，表达自己已经成为青年的喜悦。游行活动结束后，这些男子会参加一个称作"垢离"的去邪、清垢、净化身体的仪式。男子们赤裸全身跳入冰冷的海水中，以表示自己要净化身体的坚定信念。此时会有许多当地人和游人、其中还包含年轻的女性都冲上前去为这些勇士们助威，同时也以此来净化自身。2月5日这一天主要举行射箭仪式和大名队列游行等活动。射箭仪式从镰仓时代传承下来，到了江户时代又加入了大名队列游行。因为是正月里的活动，因此也有演奏神乐、除魔仪式等活动。呀呀节最后以大名队列游行和地方民谣表演拉上帷幕。

呀呀节还有一个重要的特征就是女性可以参加到其中。因为像这样的传统节日一般是不允许女性参加的。但是呀呀节中一部分工作是允许女性参加的。如祭礼中为神奉上神饭和神酒的工作就是由女性来担任的。

◇ **大岛泼水节**

泼水节于每年农历6月1日在三重县和具大岛举行。又称作"大岛祭"。至今它已拥有770多年的历史，是历史上少有的互相泼海水的奇特的节日庆祝仪式。

和具大岛泼水节源于一个神话典故。传说海神市杵岛姬命从八云神社返回故乡大岛。为了庆祝海神回到故乡,渔女和渔夫将当天捕获的鲍鱼等水产品供奉于神前,以祈求出海安全和渔业丰收。祭神仪式结束后船与船之间和人与人之间互相泼洒海水,有时甚至将人抛入海中,用这样的方式来祛除船上和人身上的污秽和内心的丑恶部分。由于泼洒海水时动作粗野,也被称为天下少有的泼水节。

泼水节当天渔民们很早就出海打鱼,然后将捕获的水产供奉在大岛神社,祈求一年中的渔业丰收和出海安全。渔女们用清水净身之后将水产供奉于神前。这体现了从事渔业的人们的"永远纯净"的精神。接下来是所有渔民的参拜活动。参拜活动结束后"神主"和主祭乘坐"满胴船"向海上驶去。"满胴船"(MANDOUBUNE)寓意渔业的丰收。"胴"指的是船中部存放水产的地方,"满胴"就是满载而归的意思。以前的"满胴船"是选择这个地区最快的船只,请最有名的划桨名人来划。划得快的船只在海上等待慢的船只驶来之后向其喷洒海水,对方船只也不示弱,双方互相喷洒海水,寓意互相去除船上的污秽。渐

乘坐着参加泼水节的大船驶向大岛

船与船之间互相喷洒海水

渐地船只不断增多，互相喷洒海水，场面非常壮观。

◇ **上野天神节**

上野天神节于每年的10月23~25日在上野市的菅原神社举行。上野天神节已有400多年的历史，主要以神舆、彩车游行和鬼怪列队游行为主。场面壮观，是近畿地区秋天的三大节日之一，是国家指定的非物质民俗文化遗产。

上野天神节起源于12世纪末。当时藤堂高虎（人名）进城之后，将天神宫迁移至上野并建造了宫殿和钟楼。不久人们开始将天神宫作为地方守护神来敬仰。历任领主都会举行盛大的祭拜仪式。初期的仪式只是以队列游行为主，渐渐地开始加入豪华的彩车和偶人车等互相争艳。之后还出现了可以乘坐演奏乐手的彩车。从1804~1829年间，祭礼变得更加精彩，游行行列的形式也渐趋完整，基本形成了我们现在所看到的天神节的雏形。

彩车初次在天神节中出现是在元禄年间（1688~1704年），宝历八年（1758年）才确立了今天带有车轮的形态。现在的彩车，装饰豪华，用材精细，雕工细腻，内容丰富。吉祥鸟兽的雕刻和刺绣、中国故事和伟人的图案、有的甚至使用金丝银丝来刺绣。

鬼怪列队游行的起源已无法考证。据传说，在元禄年间，为了祈求藩主藤堂高虎大病痊愈，人们开始戴上表演能乐时用的面具扮成鬼怪的样子游行。"大御币"（神社中供奉的有神力的硬币状的东西）在前引导，随后是修验道的开祖，之后是大大小小的鬼怪队列，再现镇西八郎为朝（人名）讨伐鬼怪凯旋归来的英勇形象。

天神节分三天举行。10月23日称作"宵山"，各地区开始推出彩车进行装饰。24日是彩排的日子，彩车在各地区内游行，调整彩车运行状况。鬼怪列队游行在相生町和三之町之间进行。25日是称作"本祭"的正日子，活动达到高潮。

25日清晨，参加活动的市民很早就起床为一天的活动做准备。各家门前都张贴表示祝贺的"祝幕"。男子不分老幼都要出席，所以各家很早就要烧好洗澡水让家中的男子沐浴净身祈求平安。而且还要蒸红豆米饭表示祝贺。特别是负责演出和服务的家庭更是忙得不可开交。各家的女子虽然不能参加游行活动，但是后方的许多工作都由她们来承担。如给游行拉车的人准备盒饭就是一件非常辛苦的工作。由于参加的人很多，所以分配到各家的盒饭数量也很多。她们整天忙于准备盒饭几乎没有时间观看游行和演出。

25日这一天在市中心的主要街道上都可以看到游行队伍。神舆和彩车在前，豪华壮丽，气势雄伟。车上还有穿着粉色、紫色和淡蓝色和服的孩子们在不停地演奏鼓乐。鬼怪队列在后，由"大御币"引领着，大大小小300人扮成鬼怪列队游行，有戴面具手持鬼棒的、有背着大钟和斧头步履蹒跚的、还有额头点着红点的可爱的小鬼头等。赶来观看的小孩有看到就被吓哭的，还有勇敢地上前握手的。大家身在其中不亦乐乎。整个彩车游行和鬼怪游行共有约1000人参加，队伍浩浩荡荡约有两公里长，场面非常壮观。

　　游行结束后，大家又会回到这个传说中住着七福神的城市，过着平静的生活。

上：彩车游行
下：可爱的小鬼头

奈良县

◇ 江包·大西草绳节

江包·大西草绳节又称作草绳的结婚典礼，是祈求五谷丰收的与农业生产有着紧密关系的传统节日。它于每年的2月11日在江包的春日神社、大西的纲越神社和素盏鸣神社举行。现在它已被指定为奈良县文化遗产。

江包和大西两个地区分别在初濑河的南岸和北岸。据传说，很久以前初濑地区大雨导致洪水，上游的两位神明被洪水冲到了下游。大西地区的人们救了从初濑河上游顺流而下的栉稻田姬（女神名），江包地区的人们救了从初濑河上游顺流而下的素盏鸣尊（男神名），并且在正月里为他们举办了婚礼。由此，每年在这里都会用草绳来代替，为草绳举办婚礼，以纪念两位神明和祈求五谷丰收、子孙繁荣。

所谓草绳的婚礼，就会有男绳和女绳。男绳于2月9日在江包的春日神社制作，形状呈圆锥体，头部直径长2米，整体长4米，"尾巴"由长约100米的粗草绳制成，总重约1吨左右。女绳于2月10日在大西的纲越神社制作，形状呈船形，船身最宽部位有5米宽，船身长约6米，也有同男绳一样的"尾巴"，总重量约1吨左右，主要是用来装载男绳的。男绳、女绳做好后分别保存在各自的神社中。

2月11日男绳和女绳分别由各自地区的人推着向素盏鸣神社移动。男绳从春日神社出发，走访过去一年中家有喜事的每一家表示祝贺。女绳由神职人员和"媒人"引领向素盏鸣神社行进。在途中，男绳和女绳分别会被拖到田地里，用它们的"尾巴"围成相扑用的"土俵"，人们开始在土俵中表演"泥相扑"，这样一来男绳、女绳都沾满了泥土。据说"泥相扑"表演得越是激烈这一年就会有大丰收。女绳要比男绳稍早到达素盏鸣神社等待男绳的到来。等男绳到达素盏鸣神社后，大家会一边拍手一边喊着"SYAN、SYAN"举行男绳的"入船仪式"。将男绳放入女绳中后将它们牢固地固定在一起。然后把它们悬挂在神社东侧的朴树上，正好处于神社殿前牌楼的位置。最后在其东西两侧各捆上一块"御币"以示吉祥。

男绳女绳固定好以后，大西地区的人们除了"媒人"、区长和村委会的人员外，其余的人都撤离现场回家。素盏鸣神社开始祭典活动。到5月中旬为止固定好的男绳女绳会一直悬挂在外面。因为从5月下旬会进入雨季，所以中旬将其放下来收藏在神社的西侧。

婚礼之后的男绳女绳

◇ 豆比古翁舞

奈良豆比古翁舞于每年的10月8日在奈良的豆比古神社举行。它是豆比神社秋季传统节日中的一部分，也是非常有价值的艺术瑰宝。它是国家和县指定的重要非物质民俗文化遗产。

豆比古翁舞被称作是现代能乐的原始形态，起源于八世纪祭神春日王的皇子净人为了祈求父亲早日痊愈在神前表演的舞蹈。传说春日王在桓武帝时期得了麻风病隐居在平城山上。春日王有两个皇子，一个是净人王，一个是安贵王。净人王擅长

千岁与三番叟的问答

曲艺表演，为了祈求父亲痊愈，向春日明神祈愿并奉上翁舞。之后，这种表演形式保留至今。现在人们通过表演翁舞庆祝天下太平、江山稳固，同时也祈求氏子繁荣、五谷丰收。而豆比古神社中一直供奉着奈良豆比古神、志贵皇子（春日宫天皇）、春日王（志贵皇子之子）这三位神明。到明治维新为止，有很多崇仰歌舞乐曲的艺术界人士为祈求艺术修养和造诣的提高而到访这里。

在翁舞中保留的最早的表演形式就是千岁和三番叟的问答形式。三番叟对千岁说话时三番叟面对观众说话，千岁侧身。千岁对三番叟说话时千岁面对观众说话，三番叟侧身。总之，在演出中两者不会同时面向观众，也不会面对面说话。据说这种谈话方式是与神交谈时采取的方式。它作为翁舞最具特色的地方倍受关注。

◇ **春日若宫节**

春日若宫节是奈良县年内活动落幕的豪华祭礼。活动于每年7月初开始一直持续到12月17日，在春日大社举行。主要祭礼12月17日举行，以队列游行为主。头阵打着红白旗，穿着从平安时代到江户时代的服装的人们骑马游行。同时，也在神前献纳神乐、舞乐等。

春日若宫节起源于保延二年（1136年），由于洪水泛滥，饥饿与

瘟疫蔓延各地，当时的辅政大臣藤原忠通为了拯救苍生发起此祭神活动。若宫是春日大社供奉的掌管学问艺术的神明，又名"天押云根命"。最初春日若宫节是在9月17日举行，之后从室町时代改为11月27日，明治十一年（1878年）才改为现在的12月17日。春日若宫节的各种祭神仪式主要有10月1日在春日御旅所举行的"绳栋祭"、12月15日的"大宿所祭"、16日的"宵宫祭"和17日的"迁幸仪式"、"晓祭"、"御渡仪式"等。

祭神仪式开始之前要将若宫神从春日大社迁到行宫，由艺术工作者和祭礼参与者组成的优美风雅的队列在神前游行，队列中还加入了许多平安时代以后的风俗流行元素。此外，还有田乐、舞乐和猿乐的表演，具有很高的艺术价值。1979年被评为国家重要非物质文化遗产。

每年10月1日要举行"绳栋祭"，是若宫神迁出后停留的行宫（御殿）的开工仪式。清晨用52根雌松木和52寻（约19米）长的绳子组建成房屋的形状，用于将来供奉若宫神。组建完毕后在行宫前举行献币仪式。

12月初要举行"马长儿僧位僧官授予仪式"。马长儿是祭礼中为兴福寺的僧人马长服务的童子，在祭礼当日可以履行法院权大僧都的权利。在授予仪式中身着五条袈裟的童子接受寺院赐予的僧衣僧官位。除了"马长儿僧位僧官授予仪式"外，月初还有授予祭礼参加者服装的仪式等。祭礼参与者的家门前还要悬挂神木、取意吉利的稻草绳和竖立"春日若宫御祭礼致斋之事"木牌，以示与外界隔离。12月15日下午1点参拜大宿所，2点半~6点御汤立被禊仪式，在神社前烧一大缸开水，神社的女性神职人员用细竹片蘸水洒向人群中以示驱邪净身之意。下午5点开始大宿所祭礼。12月16日下午2点半左右参拜"大和士宵宫"，3点参拜"田乐座宵宫"，4点开始"宵宫"祭礼，即节日前夜祭礼。12月17日是最重要、最忙碌的一天。夜里12点举行"迁幸仪式"，将春日大社中的若宫神迁至已经搭建好的行宫。神秘仪

"御渡式"

式在寂静的深夜举行，禁止点亮灯火和摄影。1点~2点间举行"晓祭"，即拂晓的祭礼，给刚刚迁出的若宫神供奉上供品并献上神乐表演。上午9点举行"本殿祭"，祈祷节日顺利举行。正午开始举行"御渡式"，参与者从奈良县厅前广场出发步行至兴福寺南大门。正午12点50分举行"南大门交名仪式"，参加祭礼的人更名为祭礼用名，如马长儿更名为僧位僧官等。下午1点举行"松下式"，在神社内"影向松"前献上神乐、田乐和猿乐等古典艺术表演。下午2点是赛马表演，2点半是童子的骑射比武表演。同时2点半左右开始举行"御旅所祭"，千余人组成的大名队列在古都大路游行，队列游行保持着最古老的形式。晚上11点举行"还幸仪式"，将若宫神从行宫送回若宫神社。12月18日的主要活动是下午1点的相扑表演和2点的"后宴"能乐表演，之后春日若宫节落下帷幕。

京都府

◇ 葵节

葵节又被称作为贺茂节,与祇园节和时代节一同被称为京都三大祭。它于每年5月15日在京都御所、下鸭神社、上贺茂神社举行。在日本古老的神话中,为了感谢日神的恩惠,人们把葵树枝系在牛车上,到神殿去参拜。葵节的名字是由此而来。现今,每逢葵节,祭祀的人们穿着华丽而高雅的服装,装扮成王朝的文武百官,巡行街头。观众从中可以体会到京都古老的历史和悠久的文化。

葵节最初称为贺茂节,是上贺茂和下鸭两社的传统祭礼,当时它同石清水节和春日节一同被称为日本三大敕祭。由于当时石清水节又称作"南祭",于是葵节也就自然被称为"北祭"了。直到江户时代的元禄时期(1688~1704年)才改名为葵节。

葵节起源于7世纪末期钦明天皇时代(约1400年前)。当时,人们深信农作物不丰收是加茂神在降灾。为了避免灾难,求得丰收,人们在马的脖子上系铃铛,让马奔跑,来祭祀加茂神。当时的祭礼与

斋王

"斋王"队列

现在的形式有着很大的区别，并且表现粗野。据奈良时代（710~784年）的记载，经常会出现许多人互相殴打的场面，因此甚至曾一度被国家禁止举行。此外，它原本是贺茂地区居民的传统节日，之后邻乡的人马也开始聚集到这里一起庆祝，规模开始不断地扩大。最初的祭礼内容主要以骑马射箭为主。将野猪赶到圈好的围场后，涉猎野猪，围观的人看到野猪被射中后兴奋不已，最终克制不住兴奋的人们开始相互殴打对方。如此壮勇的祭礼到今天却演变成了非常文雅的表现形式。到了平安时代初期嵯峨天皇（786~842年）时期，许多民间的传统祭礼转化成为国家经营的祭礼，贺茂节也被列入了国家级别的祭礼。因此参加祭礼的人员也发生了改变，由原来的老百姓变成了斋院的斋王等。"斋王"是指天皇即位时被派遣到伊势神宫和贺茂神社去代替天皇修行的未婚王族或女王。他们穿着华丽的衣装，将葵树枝插在头上作为头花，乘坐着豪华的车辆在古都大道上盛装游行。之后游行队伍越来越豪华，并且曾经由于过度奢华而被一度中断过。而观众席上也曾经因为争夺好位置而发生过冲突现象。这些场面在名著《源氏物语》和《枕草子》中也曾有所记载。进入中世即镰仓、室町时代（1185~1573年），由于葵科植物数量减少，贺茂节的豪华程度也有所下降。再加上15世纪后期出现的应仁之乱，社会动荡不安，贺茂节就此终止。直到200年后的元禄七年（1694年）才得以恢复，并改名为葵节。葵叶花纹同时也成为了德川家族的家徽，葵节再度兴盛起来。

明治之后，葵节在形式上稍稍变化之后传承至今。现今的葵节主要是由展示皇室风范的游行构成。参加游行的人约有400人，牛马约40头，队列长约1公里。队伍从京都御所出发，按照第一列检非违使、山城使；第二列御币柜、马寮使、牛车；第三列舞人、近卫使；第四列陪从、内藏；斋王列斋王、女人的顺序游行。斋王列是最重要的看点，扮演斋王的人选是从市民中经过严格筛选决定的。游行队伍上午10点出发，先到达下鸭神社举行祭礼，之后午休。下午从下鸭神社出发到上贺茂神社，同样举行祭礼，祭礼结束宣布葵节结束。观众在浩浩荡荡的游行队伍中再一次重温历史，感受王室风范，意义深远。

◇ 祇园节

祇园节是京都最大的传统节日，与东京的神田节、大阪的天神节一并称为日本三大传统节日，并被列为国家重要民俗文化遗产。每年从7月1~30日历时一个月，以八坂神社为中心，以7月17日的彩车游行为重点，举行各种祭祀活动。

祇园节最初称为"祇园御灵会"，御灵与怨灵同义，是冤魂的意思。它起源于奈良时代（710~784年）的怨灵思想，即死于非命的冤魂会聚集在一起向人间传播疫病的思想。因此在民间很早就开始举行"御灵会"，到了平安时代（794~1185年）的初期，这种风俗已经遍布京都各地。但是根据祇园社（现八坂神社）的记载，贞观十一年（869年），日本到处流行瘟疫，为了祈求瘟疫散去，在京都的神泉苑竖起66根长戈举行了"御灵会"，此次"御灵会"就是祇园节的起源。当时除了祇园社以外京都很多神社也都举行"御灵会"，只是祇园社的"御灵会"比较有名，并且到了十世纪中期被列为朝廷的官祭得以重视。到了10世纪末期，祇园节规模不断扩大，开始出现了现在的彩车游行。11世纪前后京都地区出现了"氏子圈"，祇园节的组织者参加者也逐渐集中到了这个区域。并且祭礼中开始加入音乐元素，以与农业有着密切关系的"田乐"为主。进入中世（1185~1573年），祇园节发生了很大的变化。特别引人注目的是称作"鉾"的彩车，最初只是几根长戈而已，之后演变成人力抬着的五六米高的彩车。而到了14世纪则变成了装饰华丽的巨大彩车。到了15世纪，彩车的数量增加到60台，参加的区域也扩大了许多，彩车的种类也有所增加。

如此奢华的祇园节在应仁之乱时期也曾经一度中断。直到20年后

乘坐在长刀鉾上的"稚儿"用刀砍断"注连绳"

天下统一,祇园节才得以恢复,重新绽放异彩。到了江户时代,彩车的装饰不光限于日本古典的装饰,还加入了很多外国装饰品,如欧洲、亚洲各国的装饰品等。并且各个彩车之间也竞相争艳,豪华程度达到了极点。同时,祇园节的具体日程安排也不断系统化,并且将活动日程安排固定了下来。

现在的祇园节的主要活动日程和仪式如下:

7月1日　吉符入仪式。意味着祇园节的开始,各地区组织者开碰头会。开始练习乐曲演奏。

7月2日　抽签仪式。在京都市役所举行,各地区代表抽签决定彩车游行的出场顺序。

7月2日　神体能面亮相。在船鉾町举行。

7月10日　洗神舆。在鸭川(河)清洗17日彩车游行时使用的神舆。

7月10~12日　组装彩车。各地区开始组装彩车。

7月13日　"稚儿"社参。在游行队列最前面的彩车固定为长刀鉾,彩车上乘坐由10岁左右男孩扮成的"稚儿",游行当天由"稚儿"在长刀鉾上斩断"御绳"宣布游行开始。为此"稚儿"要在7月13日参拜八坂神社接受"五位少将"的头衔。

7月17日山鉾巡行,即彩车游行。清晨开始准备,彩车在固定路线游行,这也是祇园节最重要的组成部分。山鉾巡行是祇园节的最大看点,最初分为前祭和后祭两部分进行游行,且路线各不相同。战后将前祭后祭统一成了同一路线。只在四条大街、河原町大街、御池大街游行。上午9点,以长刀鉾为首的彩车队开始游行。在四条大街为了再次确认游行的顺序,京都市长会亲自主持确认会。之后在四条夫屋町,乘坐在长刀鉾上的"稚儿"用刀砍断"注连绳"宣告游行开始。重约12吨的彩车开始缓缓行进,并且在四条大街向河原町大街转弯处和河原町大街向御池街转弯处向观众展示壮观的转弯仪式。由于彩车的车轮都是木制的,所以在转弯时要借助许多人力和技巧才能完成。先是在车轮底下垫上竹条,然后洒上水增加车轮的润滑,最后拉车的人喊着号子拉车转弯,观众也在旁边一同呐喊助威,场面壮观。参加游行的彩车又被称作"可以移动的文化遗产"、"可以移动的博物馆",从车身的装饰雕刻到锦缎挂图无不为世人所惊叹。

上午彩车游行结束后到傍晚时刻是神舆的游行。由"久世驹形稚儿"在前引领,收藏在八坂神社的三座神舆开始在氏子町内游行。游行结束暂存于四条大街的御旅所,24日归还八坂神社。

7月24日 花伞巡行。女性头戴伞状装饰有鲜花的帽子游行,是祇园节的最后一项游行。

7月28日 洗神舆。

7月29日 神事济奉告祭。召开神事结束总结会,宣告祇园节结束。

祇园节无论是在历史、艺术、规模还是在文化上都是日本屈指可数的文化瑰宝。

◇ 时代节

时代节与葵节和祇园节一同被称为京都三大祭。时代节是平安神宫的祭礼，于每年的10月22日举行。它将京都成为首都后1000多年来的风俗习惯按各个不同时代的风貌列队展现，就像一幅美丽的画卷，使观众再一次重温历史，一睹当年的风采。

时代节起源于明治28年（1895年），在京都召开了第四届国内劝业博览会，同时还召开了京都平安建都1100年纪念会。在博览会上展出了由东京大学建筑史教授伊藤忠太制作的平安宫太极殿模型。虽说是模型，但也有实物的五分之三大。为了保存它，最后决定按照模型的样子修建一座神社，并命名为平安神宫。神宫建好肯定要举行祭礼，于是最终决定等神宫建好后于每年的10月22日举行时代节。将迁都东京之前京都的风俗按照时代顺序通过队列游行的形式展现出来。时代节的组织者——平安讲社由市民代表组成，通过商议决定祭礼具体内容。

创立之初，队列游行以平安时代到明治维新为范围，由六组队列构成。最初的顺序是从平安时代开始以维新勤王队结束。随着时代的发展队列逐渐复杂化，参加的人数也有了很大的增加。特别是在游行队列的顺序上有了很大改变。由最初的前后顺序改为后前顺序，即从明治维新起到平安时代止的顺序。现在的游行队列由表现7个时代的18队列组成，分别为明治维新、江户时代、安土桃山时代、室町时代、镰仓时代、藤原时代、延历时代。队列按顺序为名誉奉行列、维新勤王队列、幕末志士列、德川城使上洛列、江户时代妇人列、丰公参朝列、织田公上洛列、楠公上洛列、中世妇人列、城南流镝马列、藤原公卿参朝列、平安时代妇人列、延历武官行进列、延历文官参朝列、神馔讲社列、前列、神幸列、白川女献花列、弓箭组列。参加人数多达2000人，队列总长2公里，游行历时3小时。京都府知事和京都市市长被列为时代节的名誉奉行人，时代队列的最后面有原本是祭礼主角的"神幸列"。所谓"神幸"是祭礼时将神的牌位或神降临的物体迁至他处的意思。

10月22日上午举行"神幸祭"，即迁出神位的仪式。之后神幸列从平安神宫出发到京都御苑举行"安在所祭"仪式。正午时分，游行队列随着排头的维新勤王队的鼓乐声响起开始游行。参加游行的队列和牛、马、车等从御所的建礼门前出发，穿过堺町御门，经过乌丸大街、御池街、川端街、三条街、神宫路到达平安神宫，步行距离为4.5公里。游行队列浩浩荡荡，场面壮观，观众为之赞叹不已。

由于国家以及地区对时代节的重视，近年来还在不断加入新的队列，服装也在不断更新。不久的将来我们将看到一个具有新的时代元素的时代节。

游行队列—皇女和宫

大阪府

◇ **四天王寺DOYADOYA祭**

　　DOYADOYA是大阪方言，是"怎么样？怎么样？这样还不认输吗！"的意思。DOYADOYA节于每年1月14日在大阪府的四天王寺举行。它是日本三大奇祭、三大裸祭之一，闻名天下。

　　四天王寺是日本最早的官用寺庙，号荒陵山，又称荒陵寺和天王寺。每年从元旦开始寺内要举行"修正会"。所谓修正会就是正月里举行的祈求天下太平、五谷丰登的法事。在最后一天"结愿日"要举行一个称为"法要"的活动。法要就是大家分成红白两组互相争夺印刷有辟邪用的牛王宝印的纸符，它实际上是一项很单纯的活动。这项活动827年起源于京都，之后向各地传播。而四天王寺的DOYADOYA节至今已有1000多年的历史。参加仪式的白组最早是由东边生野地区的百姓组成，红组是由西边阿倍野的渔夫们组成的。现在主要是由四天王寺学园和清风学园的初中学生和高中学生组成。幼儿园的男孩女孩也会来参加活动，但是由于争夺纸符时动作过于激烈危险，他们只能在一旁加油助威。

　　1月14日参加活动的男子头上系着红色或白色布条，赤裸全身，只裹着一条兜裆布，分别从东西两个方向向六时堂前聚拢。双方各派四名代表背对背站好，其余的人使劲地向对方方向推，直到把一方推出场外取得胜利为止。1月的大阪最高气温只有摄氏七八度，而且空气干燥。大家赤裸着身体相互拥挤很容易擦伤皮肤，为了防止过多的人受伤，工作人员会不停地向人群中洒水以减少干燥环境下皮肤摩擦造成的伤害。活动结束后会马上在六时堂前燃起篝火让大家取暖。胜利的一方尽情地炫耀自己的胜利。之后会有数百枝挂在柳树枝上的印有牛王宝印的护身符从六时堂的大梁上抛到人群中，为了能拿到护

红白两组激烈地争夺牛王宝印符

身符，大家又会拼命争夺，会场再次沸腾起来。据说如果将柳枝护身符插在水田里，田里就不会生害虫，庄稼一定会丰收。由此我们可以看出 DOYADOYA 节是农家祈求丰收的活动。同时大家在争夺护身符时会喊着"DOYADOYA？ DOYADOYA？"的口号，意思是在问对方"怎么样？怎么样？还不认输啊！"。这可能就是命名为 DOYADOYA 的缘由吧。

活动结束后，寺院里的和尚会用像木鱼锤子样的东西轻轻敲一下所有来参拜的人，帮其祛邪。

在寒冷的冬季，赤裸着身体，时刻会被浇上冷水，这是对年轻人意志的一种考验。体现了大阪人坚强的意志和奋发向上的精神。

由于此项活动比较激烈且伴随危险，因此，现在的 DOYADOYA 节在时间上做了一些调整。原本在晚上 8 点举行的争夺柳枝护身符的活动，由于天黑之后更加危险，所以现在改在下午 2 点进行了。

大阪四天王寺的 DOYADOYA 节历史悠久，且是日本裸文化的独特体现，不仅受到日本国内的关注，同时也吸引了许多国外游客前来观看。

◇ **大阪天神节**

大阪天神节于每年的7月24~25日两天在大阪天满宫举行。大阪天神节已有一千多年的历史，是日本屈指可数的传统祭典。

天历五年（951年），从天满宫前的河边顺水放流一支神矛，神矛顺水漂流最后停留在岸边，神职人员在神矛靠岸的地方设置斋坛并举行了祭祀仪式。当地居民和崇敬者制造漂亮的船只来恭迎神矛。这就是天神节的起源。之后船只的数量不断增加，到了丰臣秀吉建造大阪城的时候，已经形成了现在的"船渡御"的雏形。所谓"船渡御"就是许多船一起横渡大河。到了天禄时代（17世纪后半期），天神节达到了鼎盛时期。享保年间（18世纪前半期），一个称作"讲"的负责天神节的组织成立，而且还增加了恭迎用的偶人，此时天神节的豪华程度闻名全国。幕府统治的末期，政变多发，天神节也因此曾一度终止。还有两次世界大战期间也曾经中断过一段时间。昭和二十四年（1949年）再次恢复"船渡御"。由于地壳下降的影响，昭和二十八年（1953年）"船渡御"改成了现在的在大河上溯流航行的形式。

船御渡

天神节于7月24日早晨开始。7点45分在大殿举行宵宫祭。8点半过后，"神童"手持白木制作的神矛，和随从人员约200人的队列从天满宫的正门出发向旧若松町岸边的斋坛行进。8点50分举行放流神矛的仪式，宣告天神节开幕。8点50分左右，首先给神矛举行一个祓除的仪式，然后神童乘坐斋船到堂岛河的中央，在龙笛的伴奏下，神童将神矛放流，祈求天神节顺利举行。"神童"的人选一般是从当地的小学生中选拔。

7月25日将举行两项活动。一项是"陆渡御"，一项是"船渡御"。"陆渡御"就是在陆地上徒步行进的意思。首先是"陆渡御"。大约有3000人从天满宫出发排成队列徒步到"船渡御"的乘船地点。然后是"船渡御"。在大河上约漂浮着100艘船只，它们准备去迎接学问之神菅原道真公的神灵。此时天神节达到高潮。"船渡御"结束后，晚上将会举行天神节焰火大会，届时会有4000发礼花照亮美丽的夜空，给天神节拉下绚丽的帷幕。

大阪天神节场面宏伟壮观，3000人参加的"陆渡御"和100艘大船组成的"船渡御"是天神节的魅力之所在。此外还有恭迎偶人和头戴红色帽子的信徒们的大鼓表演也独具特色。

◇ 岸和田彩车节

彩车节于每年的9月16~17日在岸和田市举行。大阪岸和田的彩车节不同于其他地区的彩车节，其他地区彩车节的主要看点在于彩车的装饰雕刻和游行时场面的壮观。而岸和田彩车节的主要看点是在彩车游行时重约4吨的彩车以飞快的速度行驶，并且在拐弯时也会以几乎相同的速度前行。这需要推车人和拉车人百分之百的默契和超群的技艺。说它是"危险游戏"也一点都不为过。游行结束，我们会在很多地方发现彩车撞击建筑物留下的痕迹，这也是"危险游戏"的充分见证。

岸和田彩车节已经拥有300多年的历史。早在元禄十六年（1703年），当时的岸和田藩主冈部长泰将京都伏见稻荷神请至城内的三之丸神社，为祈求五谷丰登举行了稻荷节。此时的稻荷节就是彩车节的起源。当时的祭礼上还有狂言等文艺表演，据说之后冈部长泰还去参拜了三之丸神社和岸城神社。

说起彩车，日本全国与彩车有关的传统节日数不胜数。最主要的看点之一就是高大的彩车在行进过程中遇到拐角时是如何转动方向的。例如京都的祇园节是在巨大的车轮下面垫上用竹子做的垫子，让车轮在垫子上滑动着转弯。飞驒高山节上的彩车是通过加装第五个车轮构成可以转换方向的三轮来转弯。而大阪彩车节则不使用任何辅助工具，全部靠人力和技巧快速地转弯，而且转的还都是难度极大的直角弯。在节日进行的两天当中，彩车要按照规定的路线快速游行很多圈，并且只要遇到拐角就会表演快速直角拐弯。无论是魄力还是速度都是无可比拟的。

向前拉动彩车的青年团体、负责转换方向的前杠手、负责掌舵的后杠手、还有站在车顶向后杠发出指令的"大工方"，他们的配合要达到百分之百的默契，甚至连呼吸都要保持一致。这体现了最高境界的集体主义精神。这也是岸和田彩车节的一个重要特征。

在岸和田一年中分两次举行彩车节。一次是九月在岸和田地区和春木地区，一次是在旭·太田地区、修齐地区、南扫守地区、八木地区、山直地区和山瀑地区。持有彩车的所有地区从老到少各个年龄段的人都有不同的分工，都要为彩车节服务。这样最大范围地参与和有秩序地管理也成了岸和田彩车节的另一个重要特征。

岸和田彩车节整体的运营由一个称作"年番"的管理组织负责，其中最高权力拥有者是"年番长"。"年番"组织由各地区推选的人选构成，主要负责决定游行时间和路线、与警察等政府部门的协调、事故和突发事件的应急处理等方面的工作。说起"年番"，岸和田彩车节还有一个独特之处。那就是整个活动都是自主管理。从活动的运营到维持现场秩序、再到规章制度的制定，都是由活动委员会独立负责，不借助任何政府和警察的力量。这是一般的传统节日很难做到的。它充分体现了大阪人对于这项活动的重视和大阪人的凝聚力。

有关"年番"的人数,据大正八年(1919年)记载,三个地区各分派两名,共计6名。直到昭和四十一年(1966年),9月15日被定为敬老日成为国家公休日,所以前来观看彩车表演的人增加了许多,有必要加强现场的警备。于是将原来的6人制改为23人制。之后平成六年(1994年)改为26人制,平成十七年(2005年)改为28人制。而且为了活动更加顺利地进行,各地区代表又组成了祭礼町会联合会、若头联络协会等后援组织。

彩车节当天,除了推动彩车快速前行和快速拐弯之外,还有一项必不可少的就是音乐伴奏。乐器主要由大小鼓、笛子和钲构成,演奏者5个人都是从青年团中选拔的。此外,彩车上的雕刻精美细致,有人物、花鸟、古典故事等,很是值得一看。

彩车快速拐弯

和歌山县

◇ **灯火节**

灯火节实际上是火节，于每年的2月6日夜晚在神仓神社举行。熊野地区有著名的三大神社，分别是熊野速玉大社、熊野那智大社和熊野本宫大社。神仓神社是熊野速玉大社的分社，据《日本书纪》记载，神社中有一块称作"天之磐盾"的大岩石，是自然崇拜的根源，被称为是熊野三山各路神明降临的灵山。以此为舞台，这里每年都会举行火节，再现熊野之神的降临，祈祷一年平安。

据熊野年代记的记载，敏达天皇三年（574年）正月二日在神仓山上曾举行过放火的仪式，第二年的正月六日夜晚被定为神仓火节的开始日期。距今已有1400多年的历史，参加者达到2000多人，场面非常壮观，被指定为县非物质文化遗产，并同时被列为世界文化遗产。

灯火节从头至尾只允许男子参加，上至七八十岁的老人下至三四岁的孩子都可以参加。因此当日做饭穿衣也都由男子亲自准备。并且节日当天还禁止女子进入神社。这并不是对女子的歧视，而是熊野祖先为了保存这种特殊的祭神仪式将男女进行了不同分工。男子带着全家人的心愿参加灯火节，女子闭居家中祈求男子的平安归来和等待神火的到来。

节日期间对于男子要求非常严格，据说从节日之前一个星期开始，只能吃白色食物。如白米饭、豆腐、白萝卜等。到了2月8日清晨，参加活动的男子还要去海边参加祓禊仪式，祛邪净身。之后回家等待傍晚的来临。下午两三点开始准备工作。首先要换好参加灯火节的白色服装，腰上胳膊上还要缠上很多圈粗草绳，圈数以3、5、7等奇数为准，最后打一个"男人结"。然后准备灯火节用的火炬。火炬在日语中称作"松明"，由5块柏树木板组成，在木板的每一面上写上自己的姓名、心愿等，在灯火节中随着火把的燃烧自己的心愿也会得以实现。一切准备就绪，出发之前，男子们会喝酒吃些饭团等使节日气氛更加高涨。下午4点30分左右，大家开始陆续向市内的神社汇合。首先会到达阿须贺神社，在这里祈求灯火节顺利举行。接着到速玉大社和神仓山脚下的"尼寺迹"进行参拜。参拜结束后就直接进入山中。到山上的神仓神社要途经538级高低不一的台阶，这里就是灯火节的重要舞台。大约7点左右大家陆续到达神仓神社，等待"神火"点燃。8点钟神社牌楼的大门关闭，社内开始举行点燃"神火"的仪式，然后用神火点神社的大火炬。人们用神火点燃自己的火炬，后面的人借前面的人的神火点燃自己的火炬，这样火炬一个接着一个地燃烧起来。待火炬全部点燃后，带头人会发出下山的指令，神社大门敞开，此时2000多只火炬以飞快的速度沿着538级台阶向山下跑去，远处看去这条长长的台阶就像一条火龙在奔腾飞舞，场面壮观振奋人心。此时山下已经挤满了等候的人群，其中百分之九十都是女性。她们有的是在等待自己的家人，有的是在等待自己的恋人。男子下山后径直把神火带回家中，女子用神火点燃家灯，迎接熊野神的到来。并且摆设酒宴庆祝，全家人共同分享节日的喜悦。

神火下山宛如一条火龙

由于灯火节参加者人数多，且使用明火，难免会发生碰撞和烧破衣服的情况，因此每年灯火节政府都会派用大量的警力来维护现场的秩序和及时处理突发事件。

◇ 熊野本宫大社例大祭

熊野本宫大社例大祭于每年4月13~15日在熊野本宫大社举行。是县指定的非物质文化遗产。

4月13日主要举行称作"汤登神事"的祭神仪式。这一天从熊野本宫大社出发登上汤之峰温泉·大日山，在山上的月见丘神社稍作停留之后再下山。上山队伍中神职人员走在最前面，修行者吹着海螺紧跟其后，最后是肩上扛着男孩子的父亲们的队列和随从人员。这些孩子被称作"稚儿"，大都在2~3岁之间，在整个熊野本宫大社例大祭起着非常重要的作用。传说神会降临到这些孩子们的身上，除了"八拨神事"之外，他们会一直骑在父亲的肩上。背着孩子的父亲们跋山涉水累得大汗淋漓，而孩子们也不愿一直待在父亲的肩膀上，有哭闹的还有睡觉的，弄得父亲们也是哭笑不得。孩子们的额头都写有一个红色的"大"字，寓意孩子们的健康成长。"汤登神事"的最后要举行"八拨神事"，此时将孩子们放到地面，让他们逆时针转三圈再顺时针转三圈，转圈的同时还要敲响胸前挂的小鼓。可是由于孩子们年龄太小，几乎都是在一旁的父亲们帮他们完成转圈的任务，敲鼓则更是困难了。但是他们天真可爱的样子会赢得观众的阵阵掌声。此外，这天女孩子们也会穿上漂亮的和服由家人带着参加到游

射箭仪式

行的队列中，为游行增添绚烂的色彩。

从傍晚开始要举行"宫渡神事"，就是从熊野本宫大社出发到旧社址，然后到真名井社。在三个地方分别举行"八拨神事"。最后，在返回熊野本宫大社解散。

4月14日主要举行"船玉大祭"和"前夜祭"。

4月15日上午8点开始"本殿祭"，下午1点开始"渡御祭"（游行），下午4点开始举行"还御祭"（返回出发地）。"渡御祭"是熊野本宫大社例大祭中最重要的活动之一。在13日的游行队列中加入天狗、旗子、挑花、神舆等，组成有100多人的游行队伍。具体顺序为神职人员、氏子总代会、天狗（猿田彦）、修行者、神舆、稚子、伶人（伴奏）、表演舞蹈的中学生、大鼓等。队伍从熊野本宫大社出发途经真名井社向旧社址行进。到达旧社址之后会有祭神仪式、舞蹈和大护摩奉纳舞表演。在舞蹈表演的同时也会献歌，歌名为"有马窟歌"和"花窟歌"。到达真名井社的牌楼前，抬神舆的人会抬着神舆在牌楼前旋转几圈，然后进入神社举行祭神仪式。到达旧社址后，再次举行"八拨神事"，之后在旧社址熊野川附近举行修行者的问答会、射箭、焚烧护符木等仪式，除灾去邪祈祷平安。在修行者的问答会之后，修行者会向四方射箭，拾到箭的人这一年会有好收获。射箭仪式之后还有撒年糕仪式，见到红色年糕的人可以得到一种称作"挑花"的假花，寓意今年会有好收获。所有仪式结束后，队伍会通过称作"御幸道"的吉祥之路返回熊野本宫大社，宣告这一年的熊野本宫大社例大祭结束。

◇ **河内节**

河内节又称作"御舟祭"，于每年的7月24~25日在古座川（河名）举行。节日当天，三艘装饰华丽的"御舟"以及其他船只在河上航行，船上有古乐演奏和古典舞蹈表演，共同祈祷熊野的渔业丰收、和农业丰收。居住在古座川上游的百姓主要以林业为生，中游的百姓主要以农业为生，下游的百姓主要以渔业为生，河内节将海、山、水三者的祭神仪式合为一体，象征着海、山、水三者的紧密关系，是日本少有的节日表现形式，1999年被指定为国家级重要非物质民俗文化遗产。

有关河内节的起源有诸多说法，比较集中的是，古座在古代是熊野水军的据点，源平之战中熊野水军取得了胜利，为了纪念此次胜利，再现熊野水军凯旋归来的壮观场面，每年开始举行庆祝活动。到了江户时代纪州藩在古座设立了直辖的捕鲸官署，之后每年举行的河内节又增添了一个新的意义，就是为捕鲸失去生命的渔夫安魂。

7月24日清晨就开始装饰节日用的"御舟"、"当舟"、"狮子传马"等。在日语中"传马"是小渔船的意思。这些船只都是木制的日式船只，年代久远。其中"御舟"是由全长10.3米的捕鲸船装饰而成，船上挂上"河内大明神"的匾额进行一番精心的装饰后就摇身变成了"御舟"。下午在古座神社举行"御迁座"仪式，在上、中、下三艘"御舟"上挂上"河内大明神"的匾额，祈祷"御舟"的安全。然后三艘"御舟"一度驶向海上汲取海水，之后向上游两公里处的清暑岛河内神社逆流航行，这称作"入舟式"。清暑岛又称作"河内样"，是古座川河中央的小岛。夜晚，清暑岛上通宵斋戒祈祷。"御舟"按逆时针方向绕清暑岛徐徐航行三周，在黑暗中船上挂满灯笼，不时传来庄严的"御舟"歌声，营造出一种神秘的安魂气氛。

7月25日上午7点在古座神社举行"奉告祭"，之后称作"上﨟"的两名男童和一名女童被背出神社乘坐"御舟"等待祭典开始。上午10点，随着神社最高神官"宫司"的鼓声响起，祭典开始。在祭典期间，"御舟"按逆时针方向绕清暑岛徐徐航行三周，"狮子传马"、"櫂传马"还有观光用的"屋形船"紧跟其后。祭典结束后，"御舟"靠岸，将汲取的海水、"河内大明神"匾和"御神酒"敬献于神前。同时在河对岸的"狮子传马"也会到达岸边,并且在祭坛前献舞。下午1点,举行赛船比赛。共有上、中、下三艘"櫂传马"参加,由中学生划桨。船按逆时针方向绕清暑岛航行两周,三局比赛决定胜负。下午2点30分"御舟"、"当舟"、"屋形船"、"传马船"按顺序返回出发地。夜晚,"御舟"会一直在河口航行。同时还会举行盛大的"水军绘卷焰火大会"。美丽的焰火照亮夜空,航行在河口的"御舟"在绚丽夜空的陪衬下独放异彩。

　　如此独具风采的河内节近年来也面临着一些困难。一是能够修缮"御舟"的能工巧匠随着年龄的增长面临后继无人的危机。二是参加赛船比赛的中学生越来越少,面临人手不足的危机。但是,生长在这片土地上的人们会将河内节传承下去。

兵库县

◇ **北条节句节**

　　北条节句节于每年4月的第一个星期六和星期日在住吉神社举行，是播州三大节日之一。它拥有800多年的历史，是播州最大的迎春节日。

　　传说早在养老元年（717年），有一对老翁老妇神仙陪伴五王子来到镰仓山（河内町），随从的佐保神劝他们向北条方向前进，并在途中盗窃了神宝逃向川东。之后就有了祭祀这位佐保神的神社。佐保神逃跑以后，老翁老妇陪着王子来到北条，在一个为神酿酒的人家投宿。酒家门前有六町步（面积单位）的田地。酒家热情地招待了他们之后要求他们拿出证明自己是神的证据。到了第二天的早晨，酒家门前的田地变成了非常平整的土地，并且树苗也变成了挺拔的大松树。于是酒家在这里建造了神殿用来祭祀他们。当时神社的名称是酒见神社，明治时期改为住吉神社。每逢春季樱花开放的时节，这里都会举行优美壮观的北条节句节。

　　北条节句节中以东乡、西乡两座神舆的游行为主，同时还有14台称作"屋台"的彩车参加游行活动。此外，还有古老的斗鸡神事和龙王舞表演。活动以东、西乡两个分区为主，各氏族子孙按照顺序每年会由一个或几个氏族担任活动的服务工作。由于参加服务工作的氏族无法参加当年的活动，因此14台"屋台"彩车很少同时出现在北条节句节上。负责抬轿的人有32人，称作"驾与丁"（KAYOTYOU）。西乡的"驾与丁"和东乡的"驾与丁"各自身着代表自己地区标志的服装抬着神舆走在游行队伍的前边。除了"驾与丁"以外，每座神舆前后还配有两名称作"本驾与丁"的指挥人员，他们都身着印有凤蝶花纹的服装。据传说凤蝶花纹是姬路城城主池田辉政家族的家徽。他曾

向住吉神社行进的神舆

经在住吉神社祭典废止期间派自己的4名重臣身着印有家徽的服装去抬神舆。为了纪念此事,在祭典恢复后仍然使用池田家的家徽。

在节日开始的前1天,装饰好的彩车会放在各区域的街道上展出。为了保证第二天的游行顺利进行,还会在小范围内推车行进,用以调整彩车的状态。这在日语中称作"ONARASHI",意思是为了让大家适应彩车而做准备。据说以前还有一部分区域会在这一天召集抬轿人饮酒畅谈。而现在举行"ONARASHI"的区域大大减少,东乡有御旅町、本町、栗田、横尾、古坂,西乡只有笠屋还保留此项活动。

在活动进行的两天内,神舆和"屋台"要举行四次入宫仪式,此时演奏乐曲的曲调是祇园调子,此曲调也是北条节句节的主要曲调之一。担任伴奏的人有小学二年级到初中三年级的儿童,也有15~25岁的青年，还有其他各个年龄层的人们参与到其中。

入宫仪式在住吉神社举行，神舆通过神社牌坊后会在神社中央的敕使墓前停留，举行祭典仪式。之后停放在殿前举行祭典仪式。祭典仪式结束后，东乡神舆向右旋转三四周，西乡神舆向左旋转三四周，最后奉于神前。

龙王舞会在神舆从大岁神社出发前和到达住吉神社后进行表演。斗鸡神事会在整个节句节的所有祭典仪式结束后举行。斗鸡神事结束后神舆和彩车将一个一个地返回各自的所在地区保存起来以待来年使用。

现今的北条节句节历时2天，主要是为了祈祷氏族的繁荣昌盛，并以此来激发人们的爱乡之情。

◇ **滩之节**

滩之节又称"松原八幡神社秋季例大祭"，于每年10月14~15日在松原八幡神社举行。它的主要表现形式就是将三顶自古流传下来的神舆激烈地进行碰撞，是全日本少有的传统节日表现形式。因此，它还有"滩之打架节"、"夫鹿之打架节"等名称。

滩之节起源于神功皇后出兵归来的典故，神舆相撞得越是激烈就越能完成神意。三顶神舆互相缠绕在一起时，会有六台（14日七台）称作"屋台"的彩车上前融合在一起，同时还会

碰撞表演中缠绕在一起的彩车

有狮子舞的表演，一片热闹景象。特别是15日国道两旁的梯田成为天然的大看台，场面更是壮观。

参加滩之节的地区主要是兵库县姬路市的东南部海岸地区，具体包括东山（旧东山村）、八家（旧八家村）、木场（旧木场村）、白滨町（旧宇佐崎村·旧中村·旧松原村）、饰磨区妻鹿（旧妻鹿村）等地区。

滩之节需要很长的准备时间，经常有人会说今年的滩之节结束的时刻就是明年滩之节开始的时刻。特别是进入10月份之后各家各户就会更加紧张起来。因此10月也称作"祭月"。在这个月里，负责这一年祭礼活动的地区会将神舆抬出来放在八幡宫的大殿内展示。八幡宫所在地（东山地区）的人们在神舆的四周装饰上灯笼等装饰品。此时会有很多人到神社来参拜，祈求滩之节的顺利进行。各地区也会在自己的区域内搭建神社牌坊供人们前来参拜。7年才能轮到一次的主祭地区还会在最显眼的地方插上代表神舆的旗帜。此外各彩车所在地区也会在此期间装饰彩车和练习演奏。节日十天前各地区开始彩车游行练习，在街上经常可以看到肩扛彩车的勇士们。

节日当天，各家很早起床，沐浴净身，品尝美酒佳肴。饭后换上滩之节的服装，准备出发。东山等排在前头的地区早上9点左右出发，肩扛神舆环绕各地区一周。神舆大旗排在最前面，东山、松原、妻鹿等表演狮子舞的地区，在大旗后跟着狮子"屋台"，然后是"屋台"、伴奏等，排成一行向八幡宫行进。途中遇到其他地区的彩车，大家会相互问候。到了八幡宫，东山的狮子在最前面，按照木场、松原、八家、妻鹿、宇佐崎、中村的顺序依次进入八幡宫。各村都举着写有自己村名的大旗，有狮子"屋台"的地区由孩子们拉车进入。大家还齐声喊着口号向楼门前挤过去，一年未见的"屋台"之间和气地进行问候和表演，引来观众的阵阵掌声。之后一同向大殿行进。在殿前接受了神官的驱邪仪式之后神舆彩车各就各位。在神宫西侧的舞台上松原地区和妻鹿地区表演狮子舞。等所有彩车到齐后,再次扛起神舆彩车举行出宫仪式和碰撞表演。神宫内和楼门外各举行一次,彩车之间激烈地碰撞,前来后往,左摇右晃。每当三四台彩车碰撞在一起时观众席中就会响起热烈的掌声。近年来甚至还有六七台彩车撞在一起的壮观场面。天黑后,神宫楼门会点亮灯笼。与此同时,东山、八家、宇佐崎三个地区的彩车上装有的电灯笼也会点亮,为夜晚增添了许多绚烂的色彩。随着夜色渐渐变深,各地区神舆彩车开始踏上归途。从第二天起又要开始下一年滩之节的准备了。

中国地区

岛根县

◇ 青柴垣神事

日语中的"青柴垣"是绿色篱笆的意思。青柴垣神事是根据神话而举行的祭神仪式。在岛根县的松江市美保神社每年4月7日都举行这个祭神仪式。

青柴垣神事源于事代主神接到大国主命神交出国家的命令后，自己在海中搭起绿色的篱笆并隐身于其中的典故。仪式以事代主神之死和再生为主题，再现大国主命神的使节逼迫事代主神让出国家的那一幕，并与每年12月举行的诸手船神事相呼应。

为了祭神仪式，之前要进行很多准备工作。首先要决定一年中作为主祭的人选。主祭于仪式的前一天在神社的隐殿中斋戒沐浴，完全以一种神的状态等待仪式开始。祭神仪式当天，主祭夫妇由称作"氏子（UJIKO）"的同祀一个氏族神的人们抬上装饰有绿色篱笆的"神船"上，同时"神船"上还装饰有表示渔业丰收的大渔旗和"神树"（SAKAKI）。船的正中央是祭神仪式举行的地方，四周围有幕帘，外面的人看不到祭神仪式的具体过程，这大大增加了仪式的神秘色彩。

在整个祭神仪式过程中，"神船"上的乐手一直在演奏神乐，"神船"也在海湾内不停地巡游。等仪式结束后，"神船"靠岸，主祭从船上下来，向神殿行进。到达神殿后举行参拜仪式并且在神前献币。

据传说，事代主神在交出自己的国家后，从出云（地名）搬到了伊豆（地名），在伊豆诸岛出现之后在三宅岛的三岛神社安身。在历史上有四个神社被称为是事代主神的四大据点。它们是奈良县御所市的下鸭神社（诞生之地）、大阪府高槻市的三岛神社（结婚之地）、岛根县松江市的美保神社、伊豆的三岛神社。

事代主神很久以前就作为皇室的祖先神之一被供奉于宫中三殿的

神殿中。现今几乎在日本全国的惠比寿神社（惠比寿神是我们通常所说的财神）都可以看到事代主神的牌位。

◇ 岛根神乐

神乐日语的读音是（KAGURA），是日本祭神仪式中具有代表性的古典舞乐表演。在岛根县，自古至今保留着许多神乐，可以称之为神乐的宝库。

有关神乐的起源，据日本古籍《古事记》和《日本书纪》的记载，太阳之神（天照大神）由于其弟弟须佐之男命作恶多端，他感到无比气愤，于是就隐居于石洞之中。因此太阳的力量也大大地减弱。为了祈求石洞门开再度阳光普照大地，宇津女命（神名）在石洞前表演神乐，祈求太阳复活。此外，远古时代的人类总是认为人的生命力之所以会衰竭是因为灵魂会离开肉体的缘故。一旦灵魂出窍就要通过招魂、镇魂等形式的巫术来招回魂魄，于是作为祭神仪式之一的神乐也就随之产生了。

在皇宫中举行的神乐称作"御神乐"，农历的11月举行。传说农历11月是冬天来临的时期，是一年中太阳的力量最微弱的时期，并且这个时期也是人类的魂魄失去活力的时期。于是在宫中每年都会举行镇魂的仪式。民间举行的神乐称作"里神乐"。与宫中的神乐不同，它分为很多流派。如"巫女神乐"、"出云流神乐"、"伊势流神乐"、"狮子流神乐"等。此外，"御神乐"与"里神乐"在表演形式和内容上也存在一定的差异。

现今，岛根的神乐主要分为出云神乐、隐岐神乐、石见神乐三种。总体特征比较相似，但是各有特色。

出云神乐起源于庆长十三年（1608年），当年佐太神社的主祭宫川兵部少辅秀行赴京（京都）学习神能乐，之后他参考神能乐开始表

出云神乐——击退大蛇传说

演出云神话。到了大正十五年（1926年），出云神乐参加了第二届日本全国乡土舞蹈民谣大会，被命名为"佐陀神能"。现在"七座神事"、"式三番"、"神能"总称为"出云佐陀神能"。昭和五十一年（1976年）5月它被指定为国家重要非物质文化遗产。出云神乐主要以诸多神话故事为依据进行创作，曲目清晰，表演优雅。

隐岐神乐主要是用来祈祷渔业丰收、庄稼丰收、疾病痊愈的舞乐表演。它的传承要求严格，专门由称作"社家"的专业神乐师来传承。整个神乐中演剧、艺术表演所占比重很小，主要是由神社的女性神职人员的舞蹈来构成，且舞蹈风格全部是古典风格。

石见神乐部分地继承了出云神乐，在"七座神事"、"神能"上没有出云神乐曲目清晰。其特色是大部分为演剧风格，且服装鲜艳华丽，常戴上可怕的面具进行表演，伴奏也为"八调子"的快节奏。在众多剧目中，以《古事记》和《日本书纪》中的神话传说为题材创作的《八岐大蛇》和《天之岩户》尤为著名。

　　随着时代的发展和社会的进步，神乐也在不断地发生着变化。为了顺应时代要求，表演的内容、形式、乐曲的选择等也在不断地更新。如最近新创作的《益田越中守》和《柿本人磨》就很受欢迎。且近年来表演的目的也在发生着变化。如石见神乐于昭和四十五年（1970年）参加了日本万国博览会之后，为了更加便于外国游客理解，加入了许多视觉听觉的要素。石见神乐也渐渐地由祭神仪式向艺术演出方向转变。

冈山县

◇ **西大寺会阳节**

西大寺会阳节于每年2月的第三个星期六在冈山市金陵山西大寺观音院举行。它是日本少有的"裸祭"之一。1959年被指定为县重要非物质民俗文化遗产。

西大寺会阳节起源于约1200多年前的宝龟年间，当时由奈良东大寺的良辩大师的高徒实忠上人主持了修正会。这就是西大寺会阳节的雏形。修正会是正月里进行修行的法会，十几位高僧用14天时间诵经祈祷天下太平，五谷丰登，子孙繁荣。在祈福的最后一天，高僧们将称作"牛玉"的护身符授予信徒中的年长者。得到护身符的人家这一年将会农业丰收，遇难呈祥。为了得到"牛玉"护身符，人们展开激烈的争夺大战。纸制的"牛玉"护身符禁不起几个回合就被撕成了碎片。于是在大约500年前，当时西大寺的住持忠阿上人大师决定将"牛玉"符缠绕在称作"宝木"的木板上，这样可以保证"牛玉"符的完整。也就是从这个时候起，这项祈福活动开始命名为"会阳"。"阳"代表春天，"会阳"即迎春之意。西大寺会阳节也就成为了冈山县早春的一项重要传统节日。

会阳节准备活动大约在一个月前开始。1月下旬要举行"会阳神式始"仪式。主要包括擦洗制作"宝木"的工具，召开修正会、祈祷会阳节圆满成功的法会等。在会阳节开始17天前要举行"取宝木"仪式。由于制作"宝木"的原木存放在芥子山中部的广谷山如法寺无量寿院，所以每年都要先上山取回原木之后才能开始制作"宝木"。仪式在午夜零时进行，西大寺派出"使者"带上存放原木的箱子，从观音院出发徒步到广谷山，之后将箱子交与无量寿院住持。无量寿院住持拿着箱子到大殿举行祈福仪式，之后将原木放入箱子交与观音院

"使者"。使者在等待期间，无量院还会为他们提供拌菠菜、煮黑豆、日本酒等食物。使者提着装有原木的箱子按原路返回西大寺，将其供奉于主佛前的须弥坛上。

在取来原木的第二天举行"削宝木"仪式。此仪式为了不暴露原木的形状和保留"宝木"制作过程的神秘色彩，一切活动都在密室中进行，至今仍未对外公开。

2月上旬召开修正会，是观音寺的重要法会。高僧们聚集在一起诵经祈福。法会的第14天即会阳节当天是最热闹的一天，特别是授予"牛玉"护身符的时刻是整个会阳节达到最高潮的时刻。几千名"勇士"赤裸全身只裹着一条兜裆布在寒冷的冬季争夺高僧抛出的"牛玉"护身符，场面热烈壮观，观众无不为之所感动。抢到护身符的人将其带回家，挂在屋中以示吉祥。

从会阳的第二天开始还会陆续举行一些小活动，如自由市场、盆景展、瓷器展等，大约持续两周左右。在会阳节后第一周的星期日还

争夺"牛玉"护身符

会举行童男童女祖先供养仪式。以3~8岁的少年为主，少女也可以参加但是得身着男装。孩子们排成一排环绕本堂转三周以示对祖先的崇敬。

会阳节的最后一项活动是"柴灯护摩"。在寺内地面上搭建一个火炉，里面放满柴火，将其点燃同时祈祷交通安全、伤病痊愈、生意兴隆、消除灾难等。

由于西大寺会阳节远近闻名，所以每年有很多游客慕名而来。为了推动旅游业的发展和方便游客，渐渐地在时间安排和活动内容上做了一些小的调整，但是会阳节的魅力依然让大家流连忘返，回味无穷。

◇ 冈山桃太郎节

每年盛夏7月末8月初的第一个星期五、六、日连续三天都会举行冈山县内最大规模的节日庆祝活动——冈山桃太郎节。冈山桃太郎节不同于其他传统节日，是一个具有现代气息的节日。三天中有舞蹈表演、节日游行、烟火大会等活动。

传说冈山县是桃太郎的故乡，当地的桃太郎故事与儿童读物的桃太郎故事有很大不同。桃太郎的真名为吉备津彦命，是日本历史上的一位将军，他曾带兵击败来自朝鲜半岛的温罗军，立下赫赫战功。此次战役称为温罗大战。冈山桃太郎节就是以这一历史事件为背景举行的大型庆祝活动。

星期五晚上7点半~9点半举行烟火大会，大会以"桃太郎与精彩的世界"为主题，绚烂的烟火照亮夜空，构成一道美丽的风景，为人们驱散炎热，带来夏日的清凉。

星期六、日两天，以市政府大道为主会场举行各种各样的节日游行和舞蹈表演。星期六以乐队游行、桃太郎舞蹈游行为主，星期日以"温罗舞"游行为主。"温罗舞"是描写桃太郎（吉备津彦命）与

URAJA大战传说的舞蹈，同时加入了本地的历史、文化、自然等主题，是一种充满活力的现代舞蹈形式。参加者都是自发组织的舞蹈团体，他们有的是公司职员组成的团体，有的是社区团体，有的是舞蹈爱好者组成的团体。进入夏季，这些团体的代表召开会议决定游行和表演的日程安排，然后各个团体开始准备工作。

桃太郎游行

除了游行、表演和焰火大会以外，星期六、日从上午10点到下午5点在冈山"DOME"室内还会举办面向小朋友的舞台演出和自由市场。室外有政府的宣传活动和特产展销市场。

◇ 加茂大节

加茂大节于每年的10月的第三个星期日在加茂总社宫举行。祭礼历史悠久，形式独特，周边八社聚集于此举行盛大仪式。它与吉备津神社的"七十五膳祭"和吉川八幡宫的"当番祭"一同被称为冈山县三大祭。

据加茂总社宫记载，加茂大节起源于天喜年间（1053~1058年），距今已有950年的历史。当时由于此地区瘟疫蔓延，为了驱除瘟疫开始举行加茂大节。战乱年代曾经中断过200年左右，之后一直延续至今。

祭礼的形式独特，又称作"寄宫祭"。祭礼当天町内的鸭神社、化气神社、松尾神社、日吉神社、SUSANOU神社、八幡宫、天计神社、三所神社共计八座神社排着整齐的队伍汇集到加茂总社，然后九个神社共同举行传统的大祭礼。祭礼规定严格，一切活动都要遵循规定来进行。如在向加茂总社移动的途中遇到其他神社的寒暄用语、各社进出总社的顺序以及参观者要遵守的规定等都一一做出了详细的规定。每年的9月29日，九个神社的负责人召开会议，在总结前一年度的经验教训的基础之上制定本年度的新规定。同时于当日在总社的社殿举行本年度的祭礼奉告仪式，向神明汇报本年度祭礼的具体内容。然后各社将新规定带回所在地区召开地区会议将新规定传达给各家各户。各地区开始祭礼的准备工作。

　　祭礼的前一天到祭礼当天拂晓，各社都举行每年的定期祭礼，如神明的迁出仪式等。祭礼当日，由于各神社与总社的距离不同，出发时间也有所不同，主要集中在凌晨2~7点之间。各社的神舆和其他祭礼用具由汽车运到总社。途中遇到其他神社还会举行使者交涉、互相迎酒等仪式。上午7点举行"入御"仪式，即各社按照事先定好的顺序进入总社。各社"入御"的方式有所不同，约有80人参加。基本顺序为社名旗、长幡、戈、枪、箭、长枪、棍、长刀、伞、鸟毛、大鸟毛、狮子、笛子、大鼓、手拍子、大伞、立伞、神木、高挂灯笼、大神木、奉币、宫司（神社最高神职）、神舆等。"入御"时各社还要奏乐，表演棍法和狮子舞等。在其他各社"入御"的过程中，总社的宫司会亲自去迎接其他社的宫司，以表敬意。神舆最后由众人抬着进入

神舆"入御"

棍法表演

总社，停放在称作"长床"的存放神舆的房间。整个"入御"过程的秩序由各社代表和警备员共同维护。

八顶神舆"入御"完毕后，开始神舆的参拜仪式。神社内挤满了前来一睹神舆风采的观众。之后祭礼参与者和观众都会领到特色盒饭，在总社前面的宇甘河边品尝美味佳肴。短暂的午休结束后，在烟火信号的提示下，在东西"长床"前开始举行祭神仪式。各社按顺序有卷起衣袖表演长刀的，有挥舞大刀的，有表演狮子舞的，还有表演长棍的，好一片热闹景象。之后举行的"御神幸"是加茂大祭的高潮部分，各社抬起神舆倾斜轿身缓缓向随神门前行进，途中伴奏的乐声响彻整个神社。八座神舆到齐后，各社抬轿人喊着号子努力向上高举神舆，一比高低。观众也身临其境高声欢呼为抬轿人加油，整个祭礼达到最高潮。

作为加茂大祭的最后一项活动就是"还御"仪式，即神舆按照定好的顺序返还各社宣告加茂大祭结束。在"还御"途中，道路两旁摆满了露天小店，在这里可以买到本地区的特产和纪念品。观众在这一天不光大饱眼福口福，还能买到称心的特产和纪念品满载而归。

鸟取县

◇ **大山夏日开山节**

　　6月的日本已经进入夏季,为了祈祷大山地区夏季的安全,每年6月的第一个星期六、日两天在大山町的国立公园大山都会举行夏日开山节。它是将人与自然完美结合的庄严的祭神仪式,也是大山地区

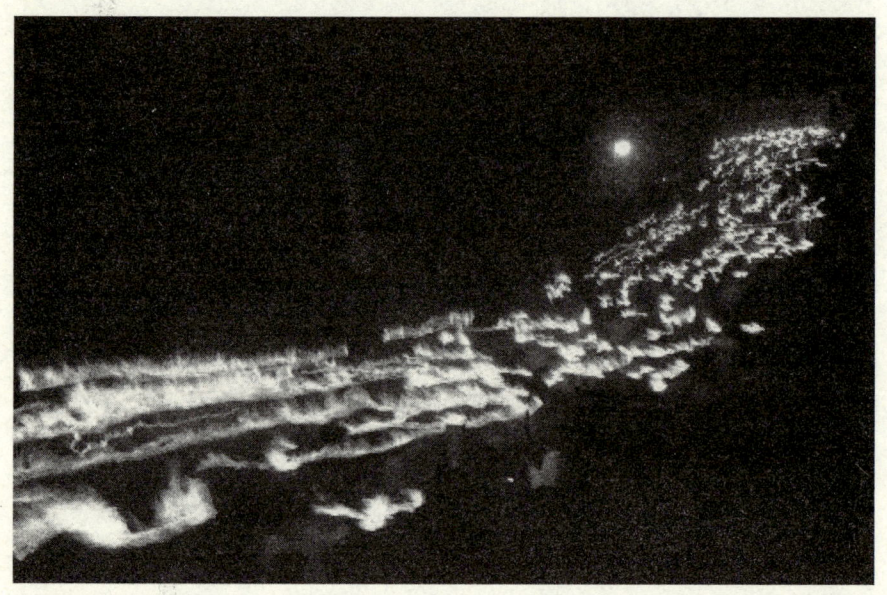

"前夜祭"

最大的传统节日。在星期六晚上举行的"前夜祭"中,2000多人手持火炬从大神山神社的奥宫出发步行到博劳座(地名),绵延的山路被2000多支火炬照亮,远处看去宛如一条火龙在缓缓舞动。

　　星期六下午4点半开始,在博劳座停车场举办大山山麓特产展销会,会上有11个市町的特产汇集于此。手工艺品、地方啤酒、山货、海产品等,种类繁多,品种齐全,价钱便宜。傍晚时分无论晴天雨天大家都会聚集在大神山神社参加祭神仪式。6点半左右奥宫开始举行祭神仪式。之后神职人员点燃神火,人们用神火点燃自己的火炬,7

点半从神社出发按照张、神官、天狗、僧兵、一般参加者的顺序步行到博劳座。大家手持火炬途经被称为日本第一长的石阶。行进途中扮演成天狗的两个人会突然抱住前来观看的女子，传说有幸被拥抱的女性会成为终生幸福的人。此项活动不论是当地人还是游客都可以参加，火炬在大山寺旅馆街等旅游纪念品店可以买到。8点在博劳座停车场有大山僧兵大鼓演奏表演。8点半左右开始还有森林音乐会。

星期日主要举行"山顶祭"。上午10点在大山的山顶举行祭神仪式，祈祷登山者的安全。之后在博劳座特设的广场举办大山自由市场，有观赏植物、蔬菜、服饰、游戏、摄影等100多家店铺参加。同时在博劳座停车场还会继续前一天的特产展销会和森林音乐会。

◇ **蛸舞式神事**

日语中的"蛸"是章鱼的意思。在鸟取县的伯耆町沟口至今仍然流传着日本最古老的鬼怪传说。在一个称作福冈神社的小神社中供奉着传说中日本的造物神伊邪那歧命神之子速玉男命神，此神被当地人奉为"蛸大明神"。每年10月的第三个星期日在福冈神社都会举行蛸舞式神事来祭祀此神。蛸舞式神事形式独特，被列为日本三大奇祭之一，闻名全国。1986年被列为县级非物质民俗文化遗产。

传说在远古速玉男命神曾经在和歌山县的熊野滩遭遇过劫难，当时被一只大章鱼救助才得以安全抵达吉备国。当地老百姓为了表达心中的谢意和喜悦之情，开始举行祭神仪式，这也就是蛸舞式神事的起源。之所以被称为"奇祭"，是因为它的表现形式比较独特。神社内设有舞堂，当地的男子身裹兜裆布在神乐的伴奏下手持稻草编制的章鱼不停地向上举起以示对"蛸大明神"的敬意。此舞蹈表演结束后，男子中派出一名代表担任主角，爬上舞堂的大梁，在下面人的帮助下，绕大梁翻转多圈，并模仿章鱼吸附物体爬行的动作。

祭礼当天，下午1点左右在神社的大殿举行速玉男命神的"入灵"仪式。通过法式将速玉男命神之灵引入"大注连"（祭祀用的粗稻草绳）之中。之后当地的男子们身穿礼服，脚穿草鞋，手托供品和"御币"，走下台阶到舞堂。到达舞堂之后要举行神圣的"大注连神事"。面向摆满神酒、"御币"、神木的祭坛，宫司（神社中最高的神职人员）献上祝辞，然后神官在神乐的伴奏下上下挥动附有神灵的"大注连"，表演神舞。舞蹈动作缓慢，每一个动作都表现着对"蛸大明神"的崇敬。

"大注连神事"结束后，下午3点钟左右开始举行"蛸舞式神事"。舞堂气氛顿时由静转为动。参加"大注连神事"的男子们脱掉外衣，只穿一条兜裆布，开始表演较为激烈的舞蹈。首先12名男子围坐在地板上，手持"大注连"的主角站在中央，在神圣的神乐伴奏中，12名

章鱼转圈

男子抱住主角的腿让他以直立的状态将其托起数次，并且用"大注连"撞击屋顶8次代表章鱼的8条腿。每次撞击屋顶之后"大注连"都会像海中的章鱼一样激烈地摆动。最后是高潮部分。一名男子扮演章鱼爬上舞堂的大梁，其余8名扮演章鱼的8条腿帮助章鱼绕大梁转圈。在神乐的伴奏下，"章鱼"要一口气连续转8圈，并且在观众的喝彩声中不知要重复多少个回合。这就是"奇祭"之奇特之处。绕梁转圈是为了表现章鱼在船头看到船只平安航行之喜悦。

　　神事结束后，每年都会选出这一年的"福男"。同时神官还会将供奉于神坛的神酒分发给大家品尝并赠送护身符等。

广岛县

◇ 新庄的"歌舞田"

新庄位于广岛县山县郡北广岛町。北广岛町是"歌舞田"（插秧歌舞）十分兴盛的地区，表演主要集中在五六月。新庄的"歌舞田"又被称为"田歌舞"、"花田植"，于每年5月的第二个星期日举行，是这一地区每年最早举行的插秧歌舞表演，被指定为国家重要非物质文化遗产。除了在本地的演出外，新庄的"歌舞田"每年还会在广岛市内的微型景观园上演。

"歌舞田"起源于农民为了祈祷丰收在每年正月时举行的神事活动。出云、播磨、丹波、伊予等地的历史悠久的神社所举行的插秧节，大部分都在每年1月份举行。"歌舞田"不仅提高了插秧的效率，而且向民众宣扬了田神的系谱（据说田神以天神为父、以水神为母）和法力。后来插秧活动的艺术色彩逐渐增加，发展成田乐，又进而发展成"歌舞田"。

新庄的"歌舞田"不在神社的神田或是院内举行，而是在田间举

装饰华丽的耕牛耕地

三拜、插秧女和田乐伴奏队的表演

行。这种形式的"歌舞田"近代以前曾流行于日本各地，现在仅存于中国地方和四国的部分地区。而在中国地方，"歌舞田"主要流传于广岛县北部、山口县东部、岛根县南部、冈山县西部等地，其中以广岛县的最为兴盛。

新庄"歌舞田"的会场设在距岛根县很近的鸣泷溪谷。在举行"歌舞田"之前，当地举办表演活动，以扩大"歌舞田"的社会影响力。舞台设在鸣泷露天温泉地区，上演的节目包括广岛县内的知名观光活动介绍，当地大冢小学学生们表演的"大冢少年太鼓"，新庄乡土艺术保存会表演的"南条舞"，枝宫神乐团表演的神乐等。

"歌舞田"开始的时候，首先举行请神降临的仪式。随后五头装饰华丽的耕牛在头牛的带领下，进入水田，围着水田绕场一周。据说这样做是让耕牛知道水田中水的深度，以适应场地。牛耕过地之后，人们用木耙将垄推平，平整土地。接着，在手持籤的指挥者"三拜"的带领下，负责伴奏的田乐团和插秧姑娘顺次进入稻田。据说"三拜"手握的籤中藏着田神，另有一种说法是"三拜"就是田神。"三拜"在"歌舞田"中扮演的角色很重要，不仅是田乐活动的指挥者，而且也起着祭拜田神的祭司的作用。

在"三拜"的领唱下，身穿飞白花纹劳作衣的插秧姑娘站成一排，一边对歌一边插秧。插秧姑娘的后面是伴奏队，演奏大鼓、小鼓、笛子和钲。新庄"歌舞田"的特征是歌曲的节奏快，"三拜"的服装、歌词、曲调保留了传统样式。新庄地区流传着中世纪时用过的插秧歌本，今天上演的"歌舞田"很多来自于插秧歌本。

现在随着农业机械化的发展，"歌舞田"成为纯粹的歌舞表演，其在春播插秧活动中所起的实际作用已经消失，整个活动规模也比以前大为缩小。过去，"歌舞田"与插秧劳动紧密相连，会按照插秧劳动的进展情况，唱不同的歌。例如：在"歌舞田"开始的时候，首先唱请神歌；一边插秧一边唱赞美神的法力的歌；中午吃饭的时候唱炊事姑娘歌（在广岛、岛根地区，炊事姑娘不仅是为插秧者准备饭的人，而且也是为田神"三拜"献膳的巫女）；到了傍晚插秧活动结束的时候，唱送田神歌等。

◇ **原田的"歌舞田"**

原田的"歌舞田"是流传于广岛县北部的安艺高田市宫町原田的传统活动，每年5月的最后一个星期日举行。1997年12月15日，原田的"歌舞田"与山县郡大朝町的新庄"歌舞田"一起被统称为"安艺的歌舞田"（安艺是这一地区古代的称呼），并被指定为国家的重要非物质民俗文化遗产。原田以及新庄的"歌舞田"是研究田乐艺术发展过程的重要实例，其节奏等艺术表现特点使原田的"歌舞田"吸引了许多学者的关注，其中包括本田安次、牛尾三千夫等。原田"歌舞田"的独特艺术文化价值是其被指定为国家重要非物质民俗文化遗产的主要原因之一。前往原田的公共交通不太方便，需要从广岛站乘坐长途汽车，宫高站下车后再走4公里才可以达到。

原田的"歌舞田"是中国地方仅存的几个有代表性的与插秧活动紧密有关的艺能活动，其特点是保留了很多神事活动，插秧歌曲的种类丰富。原田地区的土壤由于黏性大、泥层厚，原本并不适合水稻耕作。为了祈求丰收，每年春耕开始前，拜祭太阳神、土地神、水神的活动十分重要。正因为此，原田的"歌舞田"的神事活动色彩浓厚。由于泥层厚，有的水田中的泥甚至深及腰部，因此原田"歌舞田"的节奏悠缓。

据说原田的"歌舞田"已经有450多年的历史，与中世纪时代的田乐活动有着密切的关系。江户时代末期"歌舞田"在中国地区盛行，但是在第二次世界大战期间，很多地方的活动被迫停止并随之消失。而在原田地区，由于一些年轻人的积极推动而得以重新恢复。所幸的

田乐团的表演

是当地许多熟知"歌舞田"的前辈健在,而且有保存完整的插秧歌谱以及道具,所以20世纪50年代中期原田的"歌舞田"得到了比较完整的恢复。1957年,当地将鼓手、插秧姑娘、赶牛的把式等召集起来,成立了"原田田乐团",开始应邀前往其他地区演出。这些演出促进了原田当地"歌舞田"的继承。每年在正式的"歌舞田"结束以后,当地的中小学生们还会表演模拟插秧活动。可见这一活动在当地至今仍然深入人心。

"歌舞田"的第一部是神事活动,接着是插秧姑娘的游行。插秧姑娘们身穿飞白花纹的蓝布衣服,并用红色的带子将袖子束起来。插秧开始时,首先是装饰华丽的耕牛犁地。接着将被认为是田神附体的三把秧苗分给插秧姑娘,在领唱的号令下,一边插秧一边对歌。在大鼓、钲等的伴奏下,领唱根据插秧劳动的进展情况唱出相应的歌。插秧歌部分包括《晨歌》、《午歌》、《夕歌》。《晨歌》包括《请神歌》、《犁地歌》;《午歌》包括《田神缘起》、《花歌》、《笠歌》、《西行者》等;《夕歌》包括《日暮之歌》、《三拜歌》、《送神歌》等。

据说过去举行此活动时，站在田埂上的男性会向插秧女讲许多"黄色"笑话。这种做法可以说是日本传统的"言灵信仰"的表现，即相信语言的威力，认为与性有关的"黄色"笑话意味着孕育，而孕育又与稻谷丰收直接联系。

◇ **壬生的插秧歌舞**

壬生的插秧歌舞又被称为"歌舞田"或"田歌舞"，于每年6月的第一个星期日在广岛县山县郡北广岛町千代田举行。壬生的插秧歌舞意味着北广岛町夏天的到来，每年都吸引很多游客前往观看。壬生的插秧歌舞于1976年在广岛县内第一个被指定为国家重要非物质民俗文化遗产。举行插秧歌舞的目的是为了迎请田神，祈祷丰收与祛病消灾。

插秧歌舞广泛流传于北广岛地区，大部分于5月初的长假时举行。插秧歌舞使得繁重单调的插秧劳作变得生动活泼、轻松愉快，可以说是对农忙时节辛勤劳作的犒劳。广岛所处的中国地区的山地部分，历史上由于铁矿经营积累了一定的财富，为田乐活动奠定了经济基础。江户时代许多大地主争相请人到自家的田间表演插秧歌舞，并相互比试谁家的耕牛装扮得最华丽。壬生插秧歌舞再现了幕府时代末年至明治初年的耕作方法，即：在田地的两侧用绳子做出记号，按照这些记号一边后退一边插秧。

表演当天的上午9点，田乐团的负责人首先在壬生神社举行祈祷表演活动顺利进行的仪式。10点钟，歌舞表演中所用的十几头黑毛和牛被送到壬生神社，人们随即开始在壬生神社的广场装扮耕牛。首先在牛颈处系上被称为"花玉"的粗红布绳，在牛背上放上模仿龙或者头盔形状等的装饰华丽的"花鞍"。11点钟表演队伍浩浩荡荡地从壬生神社出发,举行游行活动。小学生的田乐团和铜管乐队在前面开路,紧随其后的是当地花笠舞表演的队伍和田乐团。当地的花笠舞被指定为广岛县的非物质民俗文化遗产,现在与壬生插秧歌舞在同一天举行联合表演。花笠舞又被称为"驱虫活动",装扮成女性的男性表演者手持大朵的白花翩翩起舞,舞姿优雅。中午12点半过后,装扮华丽的耕牛也从壬生神社出发,前往举行歌舞表演的会场。

壬生插秧歌舞的表演会场设在壬生商业街附近的一块面积约12公亩的水田中。首先是是耕牛排列成一行进入水田耕作。据说调教一匹耕牛需要半年的时间。由于耕牛的寿命较短,必须连续不断地调教新的耕牛。在农业耕作全部实现了机械化的今天,当地调教耕牛的目的不再是为了耕种,而是为了插秧歌舞表演。为了保证演出时使用的耕牛,当地的人们花了很多的人力、物力。

耕牛犁地

参加壬生插秧歌舞表演的有100人左右,包括三拜、赶牛者、插秧姑娘、鼓乐及笛子演奏者等。耕牛耕地之后,指挥者"三拜"、田乐团、插秧姑娘顺次进入田中。指挥者用簓敲出节奏,并唱着预祝丰收的歌曲。头戴蓑笠、手戴手背套的插秧姑娘一边唱歌回应一边插秧。站在插秧姑娘后边的是田乐团的伴奏者。伴奏者包括大鼓、小鼓、钲、笛子等。肩上挂着大鼓的男鼓手们扭动身体、舞动胳膊用力地敲出鼓点,有时还会做出抛接鼓槌的技巧表演。手持簓敲击节奏的指挥者被称为"三拜"。在当地"三拜"既指田神,也指歌舞表演的指挥者。

下午3点左右插秧歌舞表演结束。人们将木锹倒着插在田头,上面供上三束秧苗。夏至过后的第11天被称为"半夏日",据说这一天田神会沿着木锹由田间回到山里。

壬生的插秧歌舞,不论是参加表演的人数还是表演中所使用的耕牛的数量、耕牛装饰的华丽程度,都在北广岛地区首屈一指。而且当地插秧歌曲的种类也十分丰富。现在壬生和川东两地的田乐团继承了插秧歌舞表演。团员们都是兼职演员,其中包括当地中学的学生。两个田乐团本来是分开进行表演的,现在改为两团联合表演。两团的舞蹈和伴奏基本统一,只是在服装上略有区别。田乐团的表演在当地很受欢迎,有很多团体邀请他们表演。

◇ **比婆荒神神乐**

比婆荒神神乐流传于广岛县庄原市东城町,每年11月上旬至12月底之间举行,时间不确定,是日本国家指定的重要非物质民俗文化遗产。比婆荒神神乐现在由西城町神乐爱好会演奏。

比婆荒神神乐是奉献给本山三宝荒神的神乐,其主题之一是安魂;神灵附体以及宣布神谕是其重要部分。本山三宝荒神是当地被称为"名"的地域社会组织的信仰的中心,是"名"的祖神和土地神,因此当地人十分重视比婆荒神神乐的演出。有关比婆荒神神乐的起源尚不明了，距今最为古老的神乐能本（能本：神乐脚本的古时的称呼）写于庆安四年（1651年）。

每年奉献给本山三宝荒神的神乐称为"小神乐"，连续上演两天，以折子戏居多。每隔7年、9年、13年、17年、33年在荒神社上演的神乐称为"大神乐"或"式年神乐"，连续上演4天，包括"岩户开能"、"让国能"、"八重垣能"等。"大神乐"演出完整的剧目，有的剧目甚至持续几个小时。神乐上演前首先举行神事活动，为会场驱邪，迎请荒神。"大神乐"的内容包括"汤立神事"、荒神迎请仪式、七座神事、能乐、灶神游戏等，以及神灵附体、宣布神谕等神事活动。"小神乐"主要为能乐舞蹈表演，能乐舞蹈主要取材于《古事记》和《日本书纪》，以灶神游戏、狂言风格的作品为主。

比婆荒神神乐表演

山口县

◇ **耕种节**

山口县下关市一宫町住吉神社的"耕种节"于每年5月的第三个星期日在住吉神社的神田中举行。根据《日本书纪》的记载，住吉神社的建立以及耕种节的起源都与神功皇后有着密切的关系。公元200年，"三韩（古代朝鲜的三国）征讨"之际，神功皇后为了感谢住吉大神的庇护，下令修建了住吉神社。住吉神社被称为长门国（古代国名，位于现在山口县的西半部）的一宫，明治四年（1871年）被定为官币中社（神社的规格之一，新年祭以及新尝祭的时候，宫内省进献供品的神社）。住吉神社的建筑物历史悠久，其正殿于1370年重建，属于镰仓时代的代表性建筑，偏殿建于1539年。正殿和偏殿都被指定为国家重要文化遗产。

据说神功皇后为了每天向住吉神社供奉稻米，特别开垦苗圃用于耕种，并且举行耕种节，祈祷五谷丰登。耕种节一直作为住吉神社的神事活动延续至今。为了振兴下关市的农业生产活动，耕种节于1952年被定为"下关市农业节"，吸引了许多观众。每年有两万多人观看这一有着1000年以上历史的传统活动。现在这一活动由住吉神社和耕种节赞助会举办。

耕种节当天下午1点先在住吉神社的大殿举行仪式，下午两点钟开始插秧活动。为了扩大这项活动的影响力，在举行耕种节的活动之前，又在上午增加了武术比赛。举行插秧活动时，首先由一头耕牛进入神田犁地，然后是当地滕山中学的八位女学生身穿和服裙裤，头戴斗笠，装扮成插秧姑娘的模样，在田埂上按照神乐的节奏跳"插秧姑娘舞"、"瑞穗舞"。随后8位插秧姑娘进入由竹子和草绳圈起来的神田中，开始插秧。在水田边搭建的舞台上，还会表演"弓神事舞"、"耕种舞"等。

◇ **久贺寺的驱虫舞**

山口县大岛郡周防大岛町大字久贺地区流传着"驱虫舞"。其中久贺寺（中国地方第14所地藏尊灵场）的"驱虫舞"原定于春播结束后"半夏"（7月2~3日左右）的次日举行，后来改为每年6月的最后一个星期六举行。1976年这项活动被山口县指定为非物质民俗文化遗产。

"驱虫舞"属于"风流舞"的一个分支。山口县以及广岛县是"风流舞"广泛流传的地区。"风流舞"分为有歌词的和无歌词的两种。很多祈雨的"风流舞"有歌词，而驱虫的"风流舞"很多是没有歌词的。久贺寺的"驱虫舞"便仅有乐器伴奏而没有歌词。

"驱虫舞"用钲、大鼓的铿锵有力的伴奏声来驱赶害虫、邪灵，祈祷五谷丰登、阖家平安、生意兴隆。据说久贺寺"驱虫舞"的创始人是当地神屋寺的第七代住持大本祐厚大和尚，距今已经有170多年的历史。"驱虫舞"在江户时代作为增加农业产量的活动而得到政府的资助。当时邻近地区屋代的"驱虫舞"的规模比久贺寺的要大。幕府政权被推翻以后，政府不再负担"驱虫舞"的费用，而改为全部由各个地区自己承担。屋代当地由于无法承担，被迫中断了"驱虫舞"。而久贺寺的"驱虫舞"由于规模较小、经济负担也较小，而且作为春播结束后的娱乐活动已经在当地深入人心，所以得以延续下来。

举行"驱虫舞"的当天早上6点，所有参加者聚集在久屋寺举行木偶（"驱虫舞"中使用）的"入魂式"。随后表演者（大部分是当地小学1年级至中学3年级的少年）烧香念经，从住持手中接过驱虫符。仪式结束后，在久屋寺院内举行"初舞"，舞蹈包括"一庭舞"、"二庭舞"、"三庭舞"3种。"一庭舞"、"二庭舞"结束后，分别举行棒术

少年们表演"驱虫舞"的场景

和咏诵表演。"三庭舞"结束后,一同前往八田八幡宫参拜。在八田八幡宫,表演者再次接受神官为他们驱邪,并再次举行木偶的"入魂式"。之所以在久屋寺和八田八幡宫两地举行仪式,很可能与江户时代推行的"神佛习和"有关。八田八幡宫的仪式结束后,表演者们从町内的地势高处出发,一边引出藏身的稻虫,一边按照顺序在町内的17个地方表演。表演大约持续4个多小时。

"驱虫舞"的表演结束后,一行队伍来到追原海岸,举行"流灌顶"仪式,祭奠亡灵。众人们在追原海岸搭建"亡灵棚",将木偶放在棚前,在棚下放上一桶活鱼。诵经烧香之后,将用稻草做的"万灯船"放入海水中,船上摆放着木偶、贡品、旗子等,并将活鱼放进海水中放生。4个年轻人坐上小船,引导"万灯船"漂向大海。整个"驱虫舞"活动落下帷幕。

近年来"驱虫舞"的表演规模不断缩小，表演场地由原来的17处，逐渐缩小为9处、4处。2007年起久贺寺的"驱虫舞"由于多种原因停止了演出。

◇ 汤本南条舞

汤本南条舞是山口县长门市深川汤本流传的舞蹈。1968年被指定为山口县的非物质民俗文化遗产，后来又被国家选定为需要记录的非物质民俗文化遗产。汤本南条舞于每年9月9日在大宁寺和汤本住吉神社表演，9月10日在赤崎神社的庆典活动中表演。

相传汤本南条舞的起源与天正五年（1577年）至天正十年（1582年）间，伯耆国（现在的鸟取县）的羽衣石城主南条元续与毛利家臣吉川元春之间发生的战争有关。当时，吉川元春派数十名精兵假扮跳舞艺人潜入敌方的城池并一举攻取，当时跳的舞便是汤本南条舞。其实，吉川元春驻守艺州（现在的广岛县）时便已经有了汤本南条舞，后来，吉川驻守岩国（现在的山口县东部）时，这一舞蹈又被作为岩国藩的"吉利舞"得以继承。后来长门俵山村的藩士来岛（一说为木岛）等人，居住于岩国时，得到吉川家的许可，学习了这一舞蹈，并且重新进行了改编，将其传授与本村村民。延宝二年（1674年），汤本村的村长平川恳请俵山村将这一舞蹈传授给他们，并且约定概不外传。此后，汤本南条舞成为汤本村村民在赤崎神社的祭礼活动中敬奉神明的舞蹈，一直流传至今。

表演汤本南条舞时，约有40名舞蹈者围成一圈，圈内是太鼓、簸、钲等演奏者，舞者们随着音乐的伴奏起舞，舞姿刚劲有力。舞者手中挥舞的"吹贯"（装饰了许多布条的圆形轮。古代常用于军队列阵），更增添了舞蹈的气势。

汤本南条舞

　　汤本南条舞属于风流艺能的一种。它的舞蹈表演形式与岩国的南条舞有所不同，而且歌词内容更加丰富。这项艺能原本由汤本、门前、三之濑三个部落表演，现在成立了汤本南条舞保存会，担负起该项艺能的继承。

　　1966年汤本南条舞应邀参加了在东京"日本青年馆"举行的"全国民俗艺能大会"，这使其影响力扩大到山口县外。它是山口县内第一个应邀参加该项演出的民间艺能。汤本南条舞保存会的原田胜敏会长还曾经作为地域文化功劳者获得了文部科学大臣奖。

◇ **三作神乐**

　　山口县周南市北部和田三作地区河内社的三作神乐每逢卯年和酉年（中间相隔7年）的11月中旬的周日上演。由于是林、原赤、中村三个自治会表演神乐，因此被称为"三作"。1987年三作神乐被指定为山口县的非物质民俗文化遗产，2000年又被指定为国家重要非物质民俗文化遗产。

　　有关三作神乐的起源，至今尚无定论。根据三作神乐保存会使用的歌谱——《神乐台本》中的记载以及其他传说，三作神乐始于大宝年间（公元八世纪初）。当时这一地区发生了严重的饥馑，疫病流行，夺去了很多村民的性命。为了摆脱苦难，村民们向神明祈祷五谷丰登、祛除疫病。第二年如愿以偿，不仅获得了丰收，而且疫病也得以消除。村民们为了感谢神明，当地的三个部落齐心协力，表演神乐，奉献给神明。之后，三作神乐每隔7年上演一次。

　　有关三作神乐起源的另一种说法是：大约300年前，在仁保津（位于现在的周南市）的栗木捕获了一条大鳗鱼，鳗鱼肉分给了仁保津、赤山、巢山、升谷、三作（均位于现在的周南市）以及鲭河内、上角（位于今山口市德地）七个地区。但是没想到神灵作祟，使当地疫病蔓延。这七个地区的居民为了祛除灾病，决定每隔7年上演神乐。

　　神乐表演一周前的星期六所有的氏子都汇集到河内社举行仪式。正式表演的前一天早上8点钟开始装饰神殿，并举行请神仪式，迎请三作等七个神社供奉的神明。随后分别于11点和下午3点表演两次神乐。表演的曲目包括《除秽舞》、《惠美须之舞》、《柴鬼神之舞》。正式表演时，会在三个自治会分别表演神乐。神乐表演结束后的星期一举行送神仪式并拆除神殿内的装饰。

三作神乐包括《除秽舞》、《荒神舞》、《河内社神乐》、《二刀舞》、《神案舞》、《长刀舞》、《花祭舞》等23个曲目，很好地保留了传统神乐特色。其中大部分曲目由两个人表演，《大人神乐》和《长刀舞》需要一名表演者，《四大刀舞》、《四弓舞》等需要四名表演者，《神明舞》需要六名表演者，需要表演者最多的是《王子舞》，共需要7名表演者。

为了更好地传承神乐，1970年当地成立了三作神乐保存会，会员来自林、原赤、中村三个自治会。保存会的第一位会长是山县修马，在其领导下，保存会奠定了坚实的基础，明确了神乐表演的动作程式。第二代会长伊藤祯亮很好地继承了前任指挥者的工作。除了会长以外，保存会内的很多人也起着重要的作用，如长老广野忠男、藤永一志、擅长《柴鬼神舞》的山本民弘、擅长《花祭舞》的古川义夫和金子昭、兼任经理的神官友田光等。

为了继承和保护三作神乐，当地政府也做出了很大努力。20世纪80年代担任市社会教育主任的河村弘士（后担任当地的健康福祉部长），会同科长吉村德昌（后担任市长）于1987年拿出很大的财政支出特别请中国地方的神乐研究权威岩田胜、宗教艺能研究家武井正弘、早稻田大学戏剧博物馆的渡边伸夫前往当地考察，三作神乐得到了专家们的高度评价。

1988年在渡边伸夫的斡旋下，三作神乐参加了为纪念早稻田大学戏剧博物馆建立70周年而举行的"周防三作神乐之夜"的演出。当时担任市长的藤本博吉十分重视此次活动，特意前往东京观看演出，三作神乐也因此名声远扬，其表演风格也更加古朴凝重。

1993年市财政拨出500万日元经费，修建了神乐传承馆，三作神乐的练习以及道具的存放场所得到保障。当地各界也更加明确了让三作神乐成为国家认定的重要非物质文化遗产的奋斗目标。1993年，被称为日本民俗艺能研究之神的本田安次、专门调查员后藤淑（昭和女子大学教授）、国学院大学的仓林正次等专家学者受政府委派汇集到三作。当地民众在神乐传承馆的东侧开阔地设立神殿，迎请七社神之后，表演了从《除秽舞》到《花祭舞》的全部23个曲目，历时十余小时。本田安次在其撰写的《神乐歌秘录》一书中，记述了他采访过的11处神乐，其中便包括三作神乐。

四国地区

爱媛县

◇ 大山祇神社的一人相扑

大山祇神社位于濑户内海地区爱媛县今治市大三岛町的宫浦境内,供奉山神"大山积神"(又名"大山祇神"),是日本全国山祇神社和三岛神社的总本社。每年春季农历5月5日和秋季农历9月9日都会在这里举行祭神活动,以求神灵保佑当年春季秧苗茁壮成长,秋季水稻喜获丰收,即当地的"插秧节"和"丰收节"。其中最有特色的就是"插秧节"的祭神仪式之前和"丰收节"的祭神仪式之后,在大山祇神社的御浅敷殿和神馔田之间搭设的相扑台举行的与水稻神灵的相扑比赛。因为神灵是无形无影的,所以实际上我们看到的就是1个力士在相扑台上独自表演,即"一人相扑"。

据史书《三岛文书大祝日誌》中记载,早在贞治三年(1364年)就已经出现了以相扑来祭神的形式。保永四年(1707年)5月5日和9月9日将相扑比赛引入每年农耕祭祀的春季"插秧节"和秋季"丰收节"中,成为祭祀活动的重要形式之一。享保二十年(1735年)的端午祭神仪式中正式出现了"一人相扑"的形式。

比赛在非常庄严肃穆的气氛中进行。台场正面整齐地摆放着三台神舆,左右有神官、奏乐队、女官、插秧女等相伴。待一段"浦安舞"(一种祭神舞蹈)结束后,一位头戴黑官帽、身着礼服的裁判手持指挥扇来到场地,向稻神行过礼之后,便会发出指令招呼"稻

稻神获胜

神"、"大力士"上场。紧接着上场的力士就会按照裁判的示意,和无形的稻神扭在一起进行比赛,比赛期间力士不断改变相扑的姿势,表演惟妙惟肖。赛事最初只进行一场定输赢,明治之后改为现在的三局两胜制。不过,无论力士在台上表现的多么勇猛、多么辛苦,比赛最后的结果当然无可非议肯定是稻神以2:1获胜。一来显示了无形稻神的威力,二来也借此向稻神祈祷春季保佑当年的风调雨顺、粮食丰收,秋季则感谢稻神带来的好收成。

1964年被指定为爱媛县非物质文化遗产,1977年改为非物质民俗文化遗产。但是,由于力士后继问题于1984年开始中断过一段时间,后来在当时大三岛中学教导主任越智秀雄的努力下,于1990年率领学生在爱媛县地区文化研究发表会上进行了表演,此后三年连续在该校的传承文化表演会上展示。1994~1998年期间该校的学生会会长、副会长还担当了当年的"一人力士"并实际参加了"插秧节"和"丰收节"的祭神仪式。1999年,因为"岛波海道"的开通,缩短了四国和本州的距离,文化的交流得到了迅速的提高,有更多的人开始知晓和了解了"一人力士",传统的文化得到了更好的重视。现在,爱媛县当地培养了专职的"一人力士"和裁判员,从此,恢复了最初由成人担当"一人力士"的传统,使得传统文化得到了保护和继承。

◇ 和灵节和宇和岛牛鬼节

和灵大祭是每年7月22~24日宇和岛市的和灵神社宗本山举办的夏季传统节日。与天神节和祇园节类似,都是为了祭奠含恨而死的冤魂,是一种崇尚"御灵信仰",即"和灵信仰"的夏季祭祀活动。

所谓"和灵信仰",是指以和灵神社为中心,在濑户内海沿岸各地流行的一种"御灵信仰",即"和灵信仰"。传说,江户时代初期曾是武将伊达政宗家臣的宇和岛藩士山家清兵卫(原名山家公赖,

1579~1620，通称"清兵卫"）来到宇和岛辅佐伊达政宗的长子秀宗处理藩政，身担要职，却遭到反山家派的阴谋陷害，于1620年6月30日被暗杀，享年42岁。然而，山家清兵卫去世后，其冤魂不散，经常来人间作祟，而当年暗杀他的人也纷纷不明原因地死去，当地为了镇定其冤魂，特意修建了山赖和灵神社，并于每年的7月22~24日期间在神社内举行各种形式的祭祀活动，从此"和灵信仰"开始在濑户沿岸各地兴起、流行。其中的"宇和岛牛鬼祭"就是其中最具代表性的活动之一。因此，"宇和岛牛鬼祭"可以说就是"和灵大祭"的代名词，现如今"宇和岛牛鬼祭"的名声要比"和灵大祭"更要响亮。

  自古就传说"牛鬼"是神灵的先驱，能够降妖除怪，扫除道上的鬼怪，因此被爱媛县南予地区宇和岛一带奉为守护鬼，并作为象征被制成祭祀用的彩车。另外，据日本江户后期著名的汉学家赖山阳（1780~1832年）的著书《日本外史》中记载，1592年在丰臣秀吉派武将加藤清正出征朝鲜的文禄之役中，加藤清正创造了龟甲车，即用硬板制成箱子，上面裹上坚硬的牛皮，再用长枪挑个真正的牛头插于箱体的头部，士兵则藏在箱中躲避敌方的射箭。据说由于有了牛头龟甲车做武器，加藤连连取胜。而这次战争中使用过的牛头龟甲车也就成了最早的牛鬼彩车的原形。

  7月22日举行的"前夜祭"拉开了整个活动的序幕。这一天，数十位血气方刚的年轻人抬着用大约6米长的红布包裹着的"牛鬼"彩车和同样大小被厚厚的棕榈叶盖满全身的"牛鬼"彩车沿街游行，队伍前方的孩子们则用一种特殊的竹管吹出"卟、卟"，引导"牛鬼"彩车前进。所到之处，牛鬼都会伸着长长的脖子驱邪除恶。彩车形象怪异，硕大的胴体，长长的牛脖顶上长着令人恐怖的、被称之为妖怪的"鬼"头，尾巴像一把长剑，还挂着一条白色神符，取驱邪之意。次日23日，还将举行"儿童牛鬼游"、"宇和岛之舞"、"海上焰火大会"等诸项活动。

牛鬼相遇（爱媛县和灵节）

日本的祭礼·四国地区

　　最大的看点是在节日的最后一天，即24日夜晚举行的名为"疾行"的抬神舆活动。年轻人只凭借火炬的指引，在黑暗的河流中，肩扛从宇和岛港口用船运至须贺川河口的三座神舆奋力前行。到达和灵神社后，他们一边抬着神舆，一边围着河中竖立的神圣之竹跳起群舞。接着，青年们开始竞相攀上竹竿，夺取挂在上面的护符。隆隆作响的大鼓声、年轻人们的热情、和着游客们的兴奋，逐渐把场面推向高潮。节日期间还可以到宇和岛市经营的斗牛场，观看巨牛争斗的斗牛场面。作为整个节庆活动中心场地的和灵神社，其入口处竖立着用石头搭建的"鸟居（神社入口的门）"，它是日本最大的石造牌楼。

◇ 西条节

西条节是对在西条市内4个神社各自举行的秋季祭祀活动的总称。2004年由于日本全国进行了"市町村合并"的改革,"西条节"也正式成为了固定的节日名称。然而,祭祀活动本身并没有改变,所以节日期间使用的祭祀彩车也形态各异、各有特色。例如,伊曾乃神社和石冈神社使用的是被称为"だんじり"的彩车,而饭积神社则是"太鼓台"彩车。其中伊曾乃神社祭礼始于10月15日上午两点左右开始的御宫出(彩车出游),结束于10月16日下午4时左右的御宫入(彩车回宫),历时两天,是西条市规模最大的祭礼。使用的彩车、神舆共有80余台,数量之多可谓日本第一,场面蔚为壮观,豪华至极。

据江户时代宝历十一年(1761年)的文献《西条花见日记》中记载,当时西条藩主松平在和仙台藩主伊达探讨祭祀节日时,赠送了一份绘有伊曾乃神社祭礼活动的画卷,《西条花见日记》中还记述当时这种祭祀活动已有近百年的历史,由此推算,距今已经有300多年。

在祯瑞地区举行的嘉母神社祭礼是西条节的前奏。供台上有儿童太鼓台6座,仪式首日在市内街区进行巡游,第二日前往朝嘉母神社,6台太鼓台彩车一齐参加出宫仪式。然后,在指定的5个地方举行比试,傍晚时分,再回到神社举行入宫比赛。祭礼开始后,整个西条市就完全沉浸在节日的气氛中。

冰见・橘区举办的石冈神社祭礼,参加彩车达29台,神舆2顶。首日9点,所有彩车在神社大殿前集中,然后分别在市内街区进行巡游。次日清晨,装饰着数百余个灯笼的彩车、神舆聚集在神社内的樱之马场举行出宫仪式。然后,护着神舆经"御旅所"(临时停放神舆处),整齐地穿越市内街区进行巡游。至傍晚时分,再次回到樱之马场举行壮观而勇猛的竞赛,活动进入"入宫"阶段。在这里,可以看到其他地方较难见到的彩车与神舆同时游行的情景。

伊曽乃神社祭礼始于10月15日凌晨两点左右，供奉的彩车聚集在伊曽乃神社内，迎接神舆。彩车上点亮百余只灯笼，15到20个强壮的猛士抬着神舆，登上石阶。10月16日凌晨两点左右，供奉的80余台彩车集合于一处，由此开始一天的统一行动。次第而入的彩车气势磅礴地展开游行，相互较量。上午7点左右开始，清晨从御旅所出发的彩车在西条高中正门前（原西条藩兵营旧址）集合。在这里，各个彩车都显示出了与点着灯笼时别样的风采，它们的身影映在沟渠的水面，精美的雕刻和美丽的身姿一览无余。下午3点左右，屋台集中在加茂川的河堤上，祭礼进入了尾声。前来为即将过河到伊曽乃神社行

神舆回宫

入宫仪式的神舆送别的彩车沐浴着夕阳，排成整齐的队列，气势十分壮观。而在河中，来自神户地区的彩车似乎故意阻止着神舆的前行，仿佛因舍不得祭礼就此结束，而要尽量地拖延时间。待神舆渡过加茂川后，祭礼亦告结束。

西条节最后的活动是饭积神社祭礼，将有10台装饰着金丝和银丝的豪华"太鼓台"参加祭祀活动。首日白天将在玉津桥迎接伊曾乃神社屋台，入夜则有数台进行比赛。次日清晨的出宫仪式之后，在指定的4个地方举行比赛，傍晚在神社前的河滩举行入宫比赛。17日傍晚在饭积神社前的河滩，将有10台太鼓台和神舆的比赛活动。

太鼓台之间的比试是其他地区看不到的，10台太鼓台排成一横排，抬夫们合着掀天的鼓声，一起将彩车高高举过头顶，并表演各自的彩车技巧，其声势浩大，场面壮观，实为难见。

◇ 新居浜太鼓节

每年10月16~18日在四国爱媛县新居浜举行的新居浜太鼓节是四国三大节日之一，也是闻名整个日本的三大"撞架节"之一。是由100~150人抬着重达2.5吨、高5.5米、长10多米被称为"太鼓台"的彩车在街市游走，进行才艺表演以及各种形式的彩车表演的一种节日形式。

"太鼓台"的起源据说最早在平安时代或镰仓时代，但是都没有详细的记载。现有文献中比较确实的记载表明是在江户时代后期文政年间（1818~1830年），距今已有近300年的历史。当时还不叫"太鼓台"，因为传承了京都祇园节的"抬山"形式，并主要用于祭神仪式，所以被命名为"神舆太鼓"，流行于在濑户内海沿岸地区。然而随着时代的变迁以及明治初期"别子（地名，现爱媛县内）铜矿"的开发，地方经济、文化得到了迅猛发展，为了显示当地经济的实力以及居民生活的富裕程度，地方太鼓台的经营者们不断提高技术，改变车体规模和外观的装饰，在农业丰年的秋季祭神感恩仪式当中相互攀比、进行财力和体力的较量。彩车的规模和外形也因此逐渐趋于庞大、奢华，最终太鼓于明治时代中期成为了祭祀活动的真正主角。不过，像新居浜地区那样车体硕大沉重、外观饰以立体金铜丝刺绣、装饰华丽绚烂的彩车则是日本国内较为罕见的艺术珍品。也正因为其影响力的巨大，近年来新居浜的近邻地区也纷纷仿效，更加扩大了这种彩车制作工艺的知名度和影响力。据说，一台彩车的制作费用在数千万日元左右，而且均是地方民间团体自发捐款、集资制作而成。

作为地方性的祭神仪式，形成之初无论是举办的时间、彩车规模，还是具体形式都因为各自的地方特点而相对分散、零乱，直到1965年才统一称为"新居浜太鼓节"，并作为新居浜的传统文化节日固定在每年10月16~18日举行。现在爱媛县新居浜市川西地区·川东地区·川东西部地区·上部地区·大生院地区等五个区共有太鼓台50辆，1970年曾应邀在大阪"日本世界博览会"开幕仪式上进行了精彩表演。近年来与其比邻的德岛县"阿波舞节"和高知县"夜来节"并称为"四国三大节"。

太鼓台的主要操作人员有：总指挥：站在太鼓台的最前头，指挥太鼓台的行进方向。

◆ 指　挥：负责指挥太鼓台的各种表演。一般前后各两人，站在彩车台架之上挥动手中的指挥旗，配合口中的哨子，指挥抬夫的各种表演动作。

◆ 太鼓手：由两人组成，在指挥的指示下相对击鼓，并配合抬夫的呼吸改变击鼓方式。

◆ 排障手：通常前后各两人，站在太鼓台的最顶端，负责排除彩车行进当中遇到的高空障碍物，确保彩车的安全行进。

◆ 抬　夫：最为重要和辛苦的角色，负责抬、举太鼓台，并按指挥进行彩车表演。人数最多可达150人。

◆ 行进手：排除路面障碍，确保太鼓台的安全行进。

◆ 车　夫：负责太鼓台的起降时的底座车台。

活动的最大看点就是太鼓台比试和太鼓台撞架。

所谓比试指的是参加节日的每辆太鼓台，分别由各自的抬夫们高高举过头顶，一来为众人展示自己彩车的豪华、绚丽、精美，二来竞赛各自能够坚持的时间，坚持时间越长获得的掌声越多，比试的成绩越优秀。

太鼓台撞架，其最初的发端是古时候渔夫们为争夺渔场而进行的争吵。即两台比邻的华贵绚烂的太鼓台彩车相互撞击。其激烈程度和危险性可想而知，不过也因此将男人的英勇和豪情尽显无遗，而且，活动的参与者均为男性，因此，新居浜太鼓节又被称为"男人节"。可是，由于激烈的彩车碰撞中，每年都会出现伤亡事故，近年来要求取缔该活动的呼声越来越高。不过，与此相对，每年前来参观的游客却逐渐在增加，看来目前"赞否两论"还将继续相持下去。

太鼓台比试

德岛县

◇ 超大型人偶节

人偶节,又称"女儿节"。每年3月3日在日本各地举行,是历史悠久的传统节日。据日本史料记载,在八世纪的平安时代,京城京都的上流宫廷贵族女子间已经盛行在人偶身上换穿衣服的游戏,后来又出现了向河水中投放人偶以求吉祥的习俗。到了江户时期,幕府正式将每年的3月3日定为女儿节,每到这一天,日本民间都会举行盛大的庆典,祈愿女孩们健康成长。每逢此时,有女孩的人家都会摆出做工精湛、造型华美的宫装人偶来祝福女孩幸福平安,健康成长。

2007年千叶县胜浦市远见岬神社摆放的人偶

摆放人偶是人偶节的最大特征,这些身穿锦衣的宫装人偶以精美华丽和做工细腻著称。人偶的摆放非常讲究,在特制的供坛上,一般为3层、5层和7层等奇数排列。一个标准的人偶供坛的顶层为"天子与太后",以下各层可根据需要配以三女官、负责奏乐的五幼童、侍从以及听差等。人偶一般在3月3日之前数日开始摆放，结束后则要及时收藏起来留待来年再用。据说，一旦人偶摆放时间过长，将会影响女儿的婚嫁。

从女儿节的人偶规格往往可以判断出某个家庭的富庶程度和社会地位，同时它也是日本经济发展的真实反映。20世纪七八十年代，日本经济高速发展时期，人偶的摆放数量和奢华程度都达到顶峰。如果祖先是声名显赫的世家，家中摆放的人偶甚至有几百年的历史。

而每年2月下旬~3月上旬在德岛县胜浦町举行的"超大型人偶节"则完全不同于此，可以说是在传统的基础上，近年来新兴起来的文化节日。是在原有祝福女孩幸福平安，健康成长的基础上，增添了更广泛的意义。所谓"超大型"并非指人偶本身的尺寸大小，而是相对整个人偶节期间陈列、摆设的人偶数量之多、规模之大而言。节日期间，在供台上陈列的人偶多达数万个之多。

该活动开始于1989年，至今已经举办了20届，在日本已经是家喻户晓、声名远扬。最早是当地的一些有志之士为激发胜浦町地方的活力，扩大当地的知名度，搞活当地经济、文化而策划、发起的义举。他们将家庭中废弃或搁置不用的人偶搜集到一处，在女儿节这天对当地的居民们开放，供以参观。之后，由当地的NPO组织（非营利民间组织）"胜浦井户端塾"接管至今。第20届人偶节上，竟然从全国各地收集到了大大小小3万多个人偶，摆满了会场400多层供台，仅中间有100层供台的金字塔形的主供台就集中了1.5万个人偶。每年节日期间都会吸引众多的游客前去参观。

在德岛县胜浦町发起的超大型人偶节的影响下，其姐妹城市千叶县胜浦市也于2001年的女儿节开始举办同样的活动，借此配合德岛县和烘托这种特殊人偶节的气氛，从而扩大其知名度，让更多的游客可以欣赏到这气势宏伟的人偶展。

◇ **阿波舞节**

阿波舞节是日本四国地区德岛县最大的节庆活动,距今已有400年的历史,与里约热内卢的狂欢节并列为热情奔放的世界性舞蹈。阿波,原是古代一个诸侯国的名称,在今天德岛和淡路岛一带。

在盛夏时节举行的"阿波舞"起源有三种说法。其一,起源于日本各地的盂兰盆舞;其二,阿波舞有被称为"连"的组合舞的特征,据认为这是受到了能乐的源流、宽文三年(1663年)在胜瑞城举行的风流舞"风流"的影响。其三,起源于天正十五年(1587年),人们为了庆祝由阿波藩主蜂须贺家政建成德岛城而在城下举行的不分身分高低、不拘礼节的自由舞蹈。

昭和初期,这种舞蹈发展成为表演形式的阿波舞。每年8月德岛各地都举行这种舞蹈活动。特别是在8月12~15日德岛市举行阿波舞时,约有130万人前来参加,整个德岛市沉浸在一片欢乐的舞蹈气氛中。主会场有设于市中心公园和街道的8处表演舞场、4处舞蹈广场、2处舞蹈大道、6处街角广场。除德岛市外,阿波舞还在鸣门市池田町,吉野川市鸭岛町,剑町贞光等县内各地举行,夏天的德岛县因阿波舞而全县沸腾。其规模之宏大,已成为四国地区屈指可数的大型节庆活动之一,与爱媛县的"新居浜太鼓节"和高知县的"夜来节"并称"四国三大节"。

阿波舞的特点是随意性强,没有固定的模式,而且节奏欢快激昂。跳舞的人合着大鼓、钲(念佛或祭祀时用的钟)、三味线(有三根弦的日本弦乐器)、笛子的节拍,男女分别组成方阵,沿街游行。跳舞的诀窍是踏着两拍的节奏,右手和右脚、左手和左脚一起交互向前。同时口中还要喊着"跳的傻,看的傻,反正都是傻,不跳更是傻"。白天的看点是有名的"连(由数十人组成的团体)"在舞台上表演的"精选阿波舞"。到了晚上6点以后，街上更加热闹，以市中心的公园、可以在近处观看舞蹈的"表演舞场"、游客可以参与的"舞蹈广场"、连接不同舞场的"舞蹈大道"以及町内会（相当于镇居委会）和商业街主办的"街角广场"等各会场为中心，节日气氛逐步达到高潮，并一直持续到晚上10点半左右。

德岛县阿波舞节

阿波舞虽然只在夏季举行，但在德岛市中心的阿波舞会馆一年四季都可以体验到阿波舞的乐趣。会馆中有可以了解阿波舞历史的"阿波舞博物馆"；也有可以观摩或亲身体验阿波舞的"阿波舞大厅"。该馆的5层是通向德岛市的象征——眉山山顶的缆车山麓站。从山顶一眼望去，近处是德岛市街，天气晴朗时淡路岛、纪伊半岛也可尽收眼底。

◇ **阿波狸节**

德岛县自古就有"狸之国"之称。古时候，德岛县所在的地区名叫"阿波"。从眉山到城山·冲洲一带，因为河流广布、多湿地、茅草丛生，非常适合狸的繁殖和生长。由此，也流传出许多与狸有关的民间神话故事。其中"阿波狸合战"流传最广。故事的发生就在狸之国胜浦川的河床附近。传说当年以四国总大将自负的"六卫门狸"和女儿"鹿之子"、儿子"千住太郎"生活在德岛市津田町津田山的洞穴里。原本已颇有名气住在附近小松岛的"金长狸",为了让自己更加强大,前来向"六卫门狸"拜师学艺,经过一段艰苦的修炼,"金长狸"终于修成正果。"六卫门狸"也看中了他的才能,欲将他接纳为自己女儿的养子,然而想不到却遭到了"金长狸"的拒绝,其理由是绀屋大和屋茂右卫门对自己恩重如山,不能再接受"六卫门狸"的寄养。金长狸因此得罪了"六卫门狸"。而"六卫门狸"则以"金长狸"欲反叛的罪名挑起了战争。战争发生的地方是古代诸侯国阿波国的所在地,因此,也被称为"阿波狸合战"。

大战双方投入了大量的狸兵,战争异常的艰苦和激烈,并且持续了3天3夜。胜浦川的两岸堆满了狸尸,最后强壮的"六卫门狸"也倒在了河床上,战争终于结束,最终"金长狸"取得了胜利,成为四国地区英勇的狸王。后来,在其死后,当地的人们将他供为"金长大明神"祭拜,现在整个德岛市就有50多个祭狸的神社。

借用家喻户晓的神话传说开展宣传活动,以此扩大当地的知名度和影响力,继而带动当地经济、旅游、文化的发展不失为一个很好的方法。1978年11月德岛市政府召开了第1届"阿波狸节",至今已有整整30年的历史了。节日期间的游客逐年增加,据报道2006年的游客竟然超过了德岛市全市总人口(26万),达到了27万人次。

节日期间,以蓝场浜公园为主会场,举办各种表演活动,此间还可以欣赏到德岛传统的"阿波舞"、"人形净琉璃"等艺能表演。当然,节日的主角"狸"(由工作人员装扮)还会给孩子们带来更多意想不到的节目和礼物。

高知县

◇ 小鱼节

小鱼节的雏形原本只是一次乡谣的发表会。1958年高知县香美郡赤冈町募集当地的民谣作为当地的代表乡谣,因为当地盛产"小鱼",而且因其味美名声远扬,最后名为"小鱼"的歌当选。发表会期间,大家载歌载舞,品尝特产"小鱼",并举行各种娱乐活动,其中当地名酒"丰能梅"的老板高木久吉兴致大发,主动请众人喝酒助兴。1959年11月15日正式召开了第一届"小鱼节。"到了1961年,有人逗趣开始比赛一口气喝光一升酒,由此,当地开始了斗酒活动。斗酒正式作为赛事是在次年1962年11月的活动中出现,并一直延续下去。然而,有一年11月海上突起大风,将赛事用的台子都给刮飞了,于是,在1968年改在4月举行,并一直沿用至今。不过当时的比赛不分男女,大家一视同仁统一以一升酒为准,比试谁能在最短的时间内滴酒不漏地将大碗中的一升酒喝干,即"大碗干饮大会"。到了第26届才重新修改了规则,男女分组进行,即男子组继续保持一升酒的较量,而女子组则减半,即改为半升酒进行比赛。赛前选手们要经过医生的严格检查,在确定身体健康的情况下方可参加比赛,有意思的是,如果取得了三年连胜,还会获得主办单位给予的"酒豪博士"荣誉称号。

高知县香美郡赤冈町出产名酒"丰能梅",可以说这种"大碗干饮大会"也代表了当地人的豪爽个性和饮酒风格。节日期间,"大碗干饮大会"已经成了真正的主角之一。

小鱼节上吃的小鱼,其实并非单纯的一种,而是特指沙丁鱼类的小型鱼。新鲜的小鱼被打捞上来后,做成生鱼片,沾着当地独特风味的拌料,据说是只有在节日期间才可品味的绝美佳肴。至今为止,节日已有整整50年的历史,其间不但没有中断过,而且还曾经因为参加

美味佳肴——小鱼

的人数过多，而不得不一年举办过两次，所以，至2008年已经是第52届，而非第50届"小鱼节"。背靠广阔的太平洋，在飒爽的海风中豪饮美味佳酿、饕餮极品的小鱼，欣赏着海上节日游船的表演，合着欢快的"小鱼"民谣载歌载舞，如果感兴趣，还可参加河边的拔河比赛，更可挑战豪爽的斗酒大赛。春季的赤冈町呈现出一派幸福、和谐的节日气氛。

◇ 夜来节

"夜来节"日语叫"よさこい祭"。"よさこい"是由日语古语"夜さり来い（夜にいらっしゃい）"演变过来的。"夜さり"意为夜晚、今夜，9世纪末开始使用，至今日本一些地方作为方言还在继续使用。到1707年左右在"人形净琉璃"表演中出现了"夜さ"的用法，现高知方言（高知县的古称为"土佐"，因此又叫土佐方言）中的"よさこい"就起源于此。每年8月9~12日，高知县都会举办非常隆重的夜来节。所谓"夜来节"顾名思义，就是指天黑以后进行的舞蹈表演活动。就是人们手持"鸣子"竹板，合着"よさこい節"的民谣节拍，载歌载舞，跳着欢快的"夜来舞"，游行于城市的繁华街巷。9日晚上进行"前夜祭"，即热身和准备活动，为节日的到来作好铺垫。10~11

日是正式的节日庆典表演，参加舞蹈展示和表演的队伍多达150多支，1万5千多人的舞蹈大队，浩浩荡荡、威风凛凛，将整个高知市中心装点得绚丽多彩、妙不可言。12日举办全国性的"夜来舞大赛"、"后夜祭"以及纳凉焰火大会。节日长达4日之久，吸引了日本乃至世界各地的观光客前来参加和观赏，现在已与德岛县的"阿波舞节"和爱媛县的"新居浜太鼓节"并称为四国地区最负盛名的"三大节"。

开始企划"よさこい祭"，即"夜来节"是在1953年。当时正是日本战后经济开始复苏时期，为了振兴高知县的经济发展，振兴工商业、祈祷庆祝农渔业丰收，祈福市民健康和社会繁荣昌盛，县政府策划一个可以赶超近邻德岛县的"阿波舞节"规模的大型节庆活动。而此前，1950年在"南国高知产业博览会"上首次亮相的"夜来舞"成为了"よさこい祭"，"夜来节"的开端。不过，为了不同于德岛县的"阿波舞"，高知县在确定了舞曲、舞蹈动作之后，又增加了特有的"鸣子"竹板。在欢快的日本传统乐曲和舞蹈动作的基础上，增加了响亮的竹板打击声，更能烘托出节日的欢乐、快活的浓郁气氛。所以，高知当地的人都以高知夜来节中展示的5种元素而自豪，并戏称为"五器"，即响亮的"鸣子"竹板、绚丽多彩的"舞蹈服装"、欢快的"夜来舞曲"、自由多变的"夜来舞步"、特色的"彩车"。举办的时间选择了高知一年中天气最晴朗的8月10~11日，并于次年1954年8月正式举办了第1届"よさこい祭"，"夜来节"，此后年年定期举办。

然而，时间到了1972年，夜来节的风格突然发生了变化，现代摇滚取代了原有的传统日本乐调，桑巴舞的规模压过了日本舞蹈的气势，传统的节日被现代的狂欢占据了上位，并且一直持续了十几年。这期间，经常因为参加活动的队伍制造的噪音、垃圾，以及舞蹈者们的不文明行为等，与附近的居民产生矛盾，原本喜庆的节日中参入了许多不和谐的因素。不过，经过多年来的努力，不断对活动规则进行改革，近年来，又逐渐恢复了传统的笛、鼓、三弦琴伴奏的日本舞曲，

夜来节

改良后的传统日本和服也渐渐恢复了元气,而且由于知名度的大大提高,来自日本国内外的游客逐年增加。1991年在原来8月10~11日两天的活动基础上,又新增了9日的"前夜祭",1995年开始增加了"后夜祭",1999年又开始召开全国"夜来舞邀请赛"。"前夜祭"由上届"夜来舞"获奖队进行表演,从而拉开"夜来节"的序幕。"后夜祭"的表演则由当届获奖队承担。而全国性的"夜来舞邀请赛"则是为了扩大节日的影响力,更好地宣传和推广高知县的知名度。

◇ **绘金节**

绘金是个人名,指的是江户幕府末期——明治时期活跃于土佐(现高知县)的平民画匠弘濑金藏。当时人们将他简称为"绘金"。绘金(1872~1876年)在江户学习狩野派画风回来后,在藩里当官方画师，但因画赝画而失去了身份，移住到赤冈町，为当地的商人画当时社会上流行的以歌舞伎等为题材的戏剧画，从而一跃成名，为赤冈町这个日本第二小的城市留下了许多具有强烈个性的戏剧屏风画。如今整个高知县内现存约30幅左右，而其中艺术价值最高的23幅就保留在赤冈町。

绘金节

绘金节就是每年7月第三个星期六、日夏收节期间将绘金的屏风画在老家赤冈町的老街依次排开进行展示。这个节日最早源于幕府末期须留田八幡宫举办庙会前的晚上将绘有戏剧画的屏风摆到户外，让众人观赏的风俗。后来，除了战时停办外，每年的7月14~15日都要进行展示。直到1963年，由于交通国道的改线，曾经繁华的城市陷入了一片萧条，商店街也日渐颓废。为此，地方商会的有志青年们发起了开展以绘金屏风画展为中心的"仲夏夜市"活动，以振兴当地的经济。于是，在1977年7月绘金逝世100周年之际，开办了仲夏之夜活动，将绘金的屏风画有序地摆到商店街的屋檐下公开展示，并将活动的名称正式命名为"绘金节"。

夜晚在烛火或浑黄的灯光下看到的绘金画和白天自然光线下的感觉完全不同，感觉色彩更加艳丽，画面动感更加强烈，而且充满了神秘色彩。据说，当年绘金刻意选择晚上作画就是为了更好地制作和烘托其画的独特风格。事实上，绘金对绘画使用的颜料也有着特殊的秘密。他将用火烤过的贝壳磨成粉末作颜料，贝壳白色的粉粒在摇曳的烛火照映下，产生反射，因而会发出闪闪的星光。而用来和粉粒的绘画涂料遇水易溶解，不易保存。因此，绘金就改用胶，这种胶是用鱼皮、鱼骨和兽皮汇合熬制成的，质地黏稠、遇冷结固，不易褪色，易保存。所以，参加绘金节，欣赏绘金画，在夜幕黄昏之后为最佳。节日期间，还有绘金歌舞伎表演，据说每年上演的曲目都不同。

◇ 津野山神乐

津野山神乐起源于何时？又是如何传到高知县高冈郡？这些问题都没有详细的定论。传说延喜十三年（913年）藤原经高入住津野时向当时的伊予（今爱媛县）国主请求建三嶋神社作为地方保护神，加以祭拜。当时为了庆祝神社的建成而演奏的乐曲就是后来传颂了千年之久的津野山神乐。后来，为感谢山神带来的五谷丰登，同时也祈求来年的大丰收，每年的秋季高知县高冈郡梼原町都会举行祭祀活动，奏响古老的津野山神乐。演奏津野山神乐的乐师是世代相传，1945年，二战结束，日本战败，津野山神乐乐师只剩下一位，神乐活动被迫中断，至此总共传了33代。三年后，当地为了重兴传统神乐，打破世袭制度，精选了十几位年轻的男子，通过口传的方式传授津野山神乐的舞蹈技艺。同时设立"津野山神乐保存会"以培养更多的津野山神乐舞蹈者。1980年1月28日津野山神乐因其表现形式既古朴又丰富，与吾川郡池川町的池川神乐一同被指定为国家重要非物质文化遗产。

财神钓鱼

津野山神乐相比其他地方的神乐节奏要快，可以和爵士乐等现代音乐相配合，现在传承下来的舞蹈有18种，完整正式地表演下来需要近8个小时。所谓正式表演，就是面向神殿中四个柱子分别代表的东南西北四个神灵和中央的神灵，同样的舞蹈要分别表演五遍，祭拜五次神。近年来，为了节约时间，改为了三个方向，并缩短演奏时间。尽管如此，每年10月30日进行的秋季祭祀表演，从下午1点开始到黄昏，仍然要持续近4个小时的时间。

其中最值得一提的表演有：

"大蛮"：鬼面暴神"大蛮"，拿走了神灵的7件宝物，东西南北4神前去索要，无果。最后由中央神说服，并取回了宝物。而且，鬼面暴神"大蛮"还改过自新，成为了善神。表演中，鬼面暴神"大蛮"使用当地的方言，语言幽默地阐述每件宝物的特点，表演极富个性、滑稽可笑。据说，让鬼面暴神"大蛮"抱过的孩子可消灾解难。

"探山"：该舞的表演技巧主要在于舞蹈动作。描述山神丢失宝剑后，在山中苦苦寻找，最后重新找回宝剑的欣喜。表演持续近1个小时，而且表演者始终要保持低腰姿式来舞蹈，所以难度非同一般，很值得一看。

"钓鱼"：是一出观众共同参与的表演。扮成财神爷的表演者拿着鱼竿来到观众席中装着钓鱼，而观众也很配合，往鱼钩上挂上酒、鱼、山鸡、钱等许多东西。其实不在乎是挂什么，重要的是严肃的神乐表演中透出了幽默和和谐，这恐怕是津野山神乐所特有的气质吧！

香川县

◇ **櫃石射箭节**

香川县坂出市櫃石岛、大浜、粟岛等地，每年1月中旬的某个星期日，都要在櫃石岛的守护神所在的王子神社举行射箭节，以祈福五谷丰登、渔业昌盛、家庭和睦、驱邪避恶。据说自600多年前小笠原流射箭术传到岛上之后就开始了以射箭来祈福的祭祀仪式，其缘由就是因为小笠原流射箭术能够占卜丰歉，并能降妖除魔、逢凶化吉，几百年来其形式始终没有大的改变一直沿用至今。1962年被指定为香川县非物质民俗文化遗产。

在王子神社举行的射箭仪式，采用了小笠原流射箭术的步射形式，即站立式搭弓、瞄靶、射箭。节日当天由当地选拔出11位强壮的勇士充当射手，射手们身着庄严的射手装集聚在王子神社。上午10点左右在仪式主持一声"准备好了！"的号令下，射手们齐声回应"王子御神！"，而后搭弓射箭。每当箭头射中20米开外的靶心时，周围的观众都会发出热烈的欢呼声。1月寒冷的冬季里，整个櫃石岛却因为王子神社中传来的阵阵欢呼声而显得格外温暖和充满生机。之所以这么强调，是因为香川县坂出市是一个面积只有0.85平方公里，97户居民，总人口只有236人（2005年10月统计）的超级小城市，几乎没有游客光顾。而且，近年来，随着四国地区通往本州地区的重要通道——濑户大桥的开通，岛上的人口进一步减少，传统的祭祀活动射箭节也受到了种种冲击，然而至今岛上仍然在以父传子、长传幼的形式努力地保留着这历史悠久、质朴祥和的传统祭祀活动。

◇ 送虫节

送虫节实际上就是用驱虫法，即用火把熏赶农田里的稻虫，以祈求农作物获得丰收的一种祈福祭祀活动。江户时期就已经开始流行，距今大约有300年的历史。

古时候，农民经常受到稻虫的危害，但又没有很好的解决办法。造成虫害的原因不得而知，因此出现了恶灵作祟的传闻。人们认为之所以造成稻虫灾害就是因为世上有专做坏事的恶灵，而且变成稻虫来人间作祟。所以只有想办法安抚恶灵方能解决虫害问题。于是，人们模仿民间常常用以驱病祛邪的送邪仪式，举行祭祀活动以求神灵降福降妖，将恶灵逐放荒野的方式，创造了"送虫节"。具体的方法就是，将稻虫捉住后，用树枝、神舆、稻草马送至荒野，或是采用送人偶的

送虫仪式

形式，即众人列队将附着恶灵魂体的稻草人恭送出去，后者流传较广，香川县小豆郡土庄町一年一度的送虫节也是来源于此。

有意思的是稻草人的模型都是历史上的一些名人。其中流行最广的莫过于斋藤实盛的传言。斋藤实盛（1111~1183年），平安时代的武将，原本效力于源氏，后来转向平氏。当年遭木曾义仲讨伐，被迫向北陆撤退，途中在加贺的篠原地区据说是因为被田里的稻秆绊倒而被射杀。因而怀恨在心，变成害虫前来报复。因此，有很多地方至今还保留送虫节期间将象征斋藤实盛的稻草人放到火里焚烧的习惯。送虫节原本只是在虫灾严重的年头里临时举行的祭祀活动，后来，由于年年基本上都有虫害发生，所以逐渐成为了每年一度的例行活动。尤其是在享保十七年（1732年）日本全国发生了大面积的蝗灾，从此，更加强了人们对送虫节的信仰虔诚。

香川县小豆郡土庄町的送虫节是在每年水稻插秧结束，也正好是梅雨季节结束后的夏季7月2日举行。这一天，在小豆岛灵场的多闻寺内通过阳光对镜采取火种，点取火把。傍晚6点左右，寺内的主持开始颂念大般若经向神灵祈求驱除田地间的害虫以保粮食的丰收，之后，用火把将火红的蜡烛点燃，到原来毘沙门堂旧址处的虫塚旁再次祈福，随后列队向氏神离宫八幡神社行进。到了神社门前继续诵经祈福，直到夜幕降临，人们才将手中特制的火把一一点燃，开始"送虫"，嘴里还不断地念道："稻虫别过来，（斋藤）实盛快滚蛋！"此时田埂边星星点点，煞是好看。人们一边用火把驱赶田里的稻虫，一边前行，大约前进1千米左右来到蓬莱桥前，将手中已经附有虫灵的火把丢进传法河里，让其顺水流走，结束一天的"送虫节"。据说，过去送虫节的规模很大，附近各地都参加，而且邻村之间依次传递火把，最后要将火把送进濑户内海。至今只有香川县小豆郡土庄町还完好地保留着这种传统的祭祀仪式。现被指定为香川县重要非物质民俗文化遗产。

九州地区

长崎县

◇ **长崎灯会**

　　长崎灯会是长崎市的冬季庆典活动之一。最早起源于长崎市内居住的中国华侨在旧历春节期间举办的"喜迎新春"庆典活动，后来不断扩大规模，1994年发展成为整个长崎市全民总动员的大规模庆典活动。每年从农历1月1日开始，一共持续两周时间，以长崎市中华街一带为中心的大小街道张灯结彩、热闹非凡。据说现在每年在节日期间，都有多达1.5万只彩灯悬挂在街头，将整个长崎市装点得美轮美奂，好似一个美丽的童话世界。因为是按每年的农历1月举行，所以，每年举行灯会的公历时间都会有所变化，例如，2007年是在2月18~3月4日，2008年则变为2月7~21日期间举行。

　　长崎市1571年作为最早对外开放的日本城市之一，如今已经发展成为一个名副其实的国际化海港城市。市内不仅保留了许多西方的异国风情建筑群，同时还有许多与中国有关的东方历史建筑、观光景点，是日本著名的旅游观光城市之一。然而作为旅游城市，相比热闹的春、夏、秋旅游旺季，冬季似乎显得很是冷清。为了改变这种现象，扩大旅游城市的影响力度，增加冬季长崎市的观光游客人数，且因为中国人自古就有农历春节举办灯会的习俗，所以1987年首先以中华街的华人、华侨为先导，开创了"喜迎新春"庆典灯会活动。当时，规模并不大，而且所用的500只灯笼都是从中国国内买过来的，悬挂在中华街的十字路口处，举办时间也只有三天。经过14年的不断努力和发展，现在的长崎灯会不仅灯笼的数量由原来的500只骤然剧增到了1.5万只，而且灯笼的种类也千差万别、花样繁多。除了传统的纸质灯笼外，还增添了高达7米左右的景泰蓝陶瓷制品"龙凤盘柱"。另外，由于根据每年的天干地支不同，还会制作每年的属相彩灯作为当年的

灯会

灯会主题。而且，变化最大的就是举办的期间由最初的三天扩大到了现在的15天时间，这也足见灯会本身的魅力和影响力。节日期间，以赏灯为主，同时还举办各种富有中国特色的表演活动，例如：舞狮子、看杂技、耍龙灯等，节目种类繁多，极富中国特色，可以说，在节日期间整个长崎市都将被染成中国的颜色。

其中最值得一提的有："皇帝巡游"和"妈祖回堂"。"皇帝巡游"就是盛装扮成皇帝和皇后的人在众人的簇拥下，乘坐御轿，在街上巡游，好似当年皇帝造访民间、体察民情，以求民安昌盛。皇帝一般是由与长崎市有关的名人扮演，皇后则选每年度的"长崎小姐"扮演。据报道，2007年担当长崎市旅游观光大使的美川宪一（日本著名歌手）就参加了"皇帝巡游"，那期间一共吸引了来自世界各地的游客达92万人次前来观摩。"妈祖回堂"，就是将保佑航海安全的神灵妈祖的神像在信徒们的恭送下安放到妈祖堂内，以祈求来年的平安、幸福。

◇ **长崎奇祭——炭黑节**

炭黑节的由来是个谜，每年1月16日在长崎县五岛市・福江岛下崎山地区的白浜神社内举行。节日期间，将在同一天内举行相扑比赛、拍羽毛毽、抢球赛、拔河赛以及恭送大草履等活动，因为其形式多样、性质奇特、国内独有，所以1987年被指定为日本国家级重要非物质文化遗产。

炭黑节，日语的发音是"ヘトマト"，现作为每年长崎县五岛市・福江岛下崎山地区祈求五谷丰登、渔业丰收、子孙繁荣昌盛而举行，相传已有600多年的历史。16日下午1点在白浜神社内举行的相扑比赛拉开了整个节日的序幕。日本各地自古就有以相扑比赛来祈福纳祥的习俗，在下崎山地区由于炭黑节的举办，当地的小学也会在节日当天下午停课放假，因为相扑的主角之一就是天真的孩子们。此时，已经换好兜裆裤一身相扑打扮的孩子们及其父母，青年相扑团以及来自各地的观光客们挤满了神社境内。相扑比赛在一声声喝彩中顺利结束，人群开始从神社向外涌动，这时外边出现了一群也是兜裆裤打扮的成年男子们，身上涂满了炭灰，而且每人手中都拿着装满炭灰的桶，逢人便抹，用手中的炭灰将路人的脸、手涂抹得漆黑，据说这种炭黑能够驱邪、消灾，保佑被抹人的身体健康、万事如意，所以在回到家之前千万不要洗掉。有种说法，说这种涂炭黑的行为就是"炭黑节（ヘトマト）"的由来。因为日语中煤灰也叫"ヘグラ"，而当地的方言也叫"ヘト"，"マト"可以理解为"まとう"，即缠、裹之意，所以"炭黑节（ヘトマト）"也就是指全身涂满炭黑、煤灰之意。不过，这种解释并不被当地人认可，人们继续使用"ヘトマト"的固定说法，其由来仍然是个谜。正当大家相互涂抹炭黑之际，群首敲响了手中的铜锣，原来，在队伍行进的前方出现了两个硕大的酒樽，只见酒樽上站起来两个身着和服的漂亮女子，手拿拍子在打羽毛毽（旧时日本新年期间女孩子常玩的一种游戏），据说，女子的人选只有新婚的妻子才有资格。拍毽结束后，中间会有一位男子出来口中念念有词，占卜当年粮食、渔业喜获丰收等。看似游戏般的嬉笑打闹，原来竟也是一种庄严肃穆的祭祀行为。

拍羽毛毽的祭祀活动结束后，身着兜裆裤、浑身炭灰的男子们又开始进入争夺象征丰年、吉祥的用麦秆编织的草球，一旦抢球分出胜负，人们就又马不停蹄地开始了下一项更为激烈、精彩的拔河比赛。还是先前的兜裆裤、炭黑身，参赛的人们一个个精神饱满、气宇宣昂，一派壮志豪情，将节日推向了一个又一个高潮。节日的最后一项活动，也是节日的最高潮，就是恭送大草履。年轻的男子们将长达3米、重三四百公斤左右的大草履高高抬起，一路向供奉它的山城神社行进，中途每每遇到未婚的年轻女子就会将其放到草履中抬一段，以此祈求子孙繁荣。寒冷的冬日，傍晚的清冷，丝毫没有影响到节日中饱含激

抢球　拔河　恭送大草履

情的人们，节日当天，从下午1点开始活动络绎不绝，没有停歇的时候，每个参加的人到了最后都将筋疲力尽，这或许恰恰就是"炭黑节"祈福祭祀真正的意义所在吧。

◇ 放灵节

放灵节是指将古人的灵魂载到船上，送往西方极乐世界而举行的日本传统佛教仪式活动，在盂兰盆会期间举行。放灵活动在日本各地都有，然而长崎的放灵节却有着其独特的形式，与日本其他城市大不相同。其他地方放灵大多是采用灯笼或菰菜包，而长崎使用的则是由灯笼、人造花草等装饰华丽的灵船，而且是由众人簇拥像抬轿子似的恭送到放灵场，灵船的种类、规模逐年变化，不断扩大，现在有些灵船装饰精美的程度不亚于庆典活动时使用的彩车。2007年仅长崎市内的灵船数就多达1648艘，出动人员达9万余人。节日期间，那热闹、华丽的场面不由得让人忘却了失去亲人的痛苦，周围的路人也会不由自主地停下脚步，会错以为这是一场热闹非凡的节庆活动。

每逢农历7月15日（现改为公历8月15日），从傍晚时分开始伴随着热闹的锣声、爆竹声、抬轿声，放灵节也就拉开了序幕。灵船是当年家中有人去世（即初盆）才要准备的，而其他情况就只需用麦秆编成的篮子装上供品送到放灵场即可。灵船一般分为两种，即个人船和团队船。1955年以前，团队船是主流，个人船只有极富有的家庭才会制作。二战之后，个人船只才大量出现。最初，灵船和供品都是要名副其实地被放进河里让其流入大海的，可是，随着时代的变化，灵船的规模越来越大很容易造成海上交通事故，因此，长崎市于1871年禁止一切灵船和供品投入河中或海里。取而代之的是在海岸边设置专门的"放灵场"，实际上就是灵船、供品的粉碎场。最具代表性的就是长崎市大波止放灵场，这里专门设有大型灵船的解体机。放灵的人们将故去亲人的牌位、遗像、灯笼等物件从灵船上取下后，放置到统一的放灵场，然后双手合十，进行祷告，在解体机粉碎灵船的一刹那目送亲人的灵魂走向极乐世界。

放灵活动从下午5点开始，一般要持续到夜里10点左右。走在最前方的是手提印有家纹图案灯笼的个人船家属和团队船代表，中间是专门负责拿着印有放灵标志灯笼的"提手"，队伍的最后就是规模庞大的灵船队，一般大型的团队船需要由多人来抬，不过近年来灵船也在不断地改进，为了更加方便运送，在船体下安置了可以自由滑行的滑轮。放灵的队伍浩浩荡荡，绵延数公里，可谓是长崎特有的一景。

灵船基本成船形，只是大小不一，一般长1~2米，最长达20~50米，船体由多节构成。不过近年来，不断出现一些"变异灵船"。例如，逝去的人生前是公交车司机，他的灵船就是一个精致的公交车型。另外，为死去的宠物放灵的家庭也在不断地出现。灵船的由来至今没有具体的定论，不过，放灵时燃放爆竹，则是起源于中国春节期间放爆竹以驱邪之意，即为放灵的路上保佑一路畅通，最早出现在1955年。

放灵的船队

◇ 竹艺

竹艺是在长崎县长崎市伊良林的若宫稻荷神社内举办的一年一度秋季祭祀活动中表演的传统节目。竹艺的起源有两种说法,一种就是日本全国每年新年过后举行的第一次消防演习活动;另一种就是模仿中国古代的"罗汉舞"。

竹艺表演的主题就是描述了竹林中两只白狐,因为受到人类祭祀时演奏的乐曲的影响,不由得跳起了欢快的舞蹈,他们在竹林间穿梭、嬉戏。若宫稻荷神社内设有两个竹台,竹台上分别竖着直径40~50厘米、高达12米左右的竹竿,扮演一雌一雄两个白狐的艺人全身上下裹满了白布,戴着面具,在高高的竹竿上表演各种复杂的技巧,同时不断地向观众抛撒象征吉祥的糯米饼、手巾,甚至狐狸最喜欢的活物——家鸡,以示祈福纳祥。现已被指定为日本国家级非物质民俗文化遗产。

竹艺表演从秋季祭祀活动的第一天10月14日开始,连续表演两天,具体时间为14日下午2点、8点,15日正午、下午3点、8点。在成年白狐表演之前,首先由少年白狐表演,即由

白狐表演

两岁至小学六年级左右的儿童扮演幼狐，轮流在高5米左右的竹竿上表演一些简单的动作，此时也会抛洒吉祥物。而担任成年白狐角色的艺人则是专门人员，实行世袭制度，而且必须从小经历过幼狐表演者方可继承。不过，由于小学毕业之后，人体正处于旺盛的生长期，不宜练习竹艺；其次，竹艺表演属于祭祀表演，需要平和的心态和良好的公德心理，而青少年期的孩子不够沉稳、不适合扮演，因此，从幼狐表演到成年白狐表演的过度，中间至少有6年的空白，即不允许练习，更不许接触表演。所以，目前雄狐的扮演者只有五名，雌狐的扮演者只有三名。

表演的具体流程是首先由雌狐登场表演。然后，雌狐将身体倒挂在竹竿上，用手指做圆圈状表示稻荷大神的珠宝家徽召唤雄狐上台。此时雄狐迅速向上蹿跳，展露绝技，随后，二狐共同表演各种绝技，尤其是雄狐倒竖竹竿、大鹏展翅、翻舞跳跃等高超绝技和雌狐强劲有力的腹肌、背肌、腕部的功力等表演非常值得一看。接下来，雌狐下场，剩下雄狐独自表演，其间还不断向观众抛撒吉祥物。最后，雄狐在一片叫好声中徒手滑竿，从12米的高空迅速滑翔到底，结束全程的表演。

大分县

◇ 修正鬼会

修正鬼会是由每年农历正月各寺院举行的祈求五谷丰登、农业丰收的修正会和除夕夜举行的驱邪除灾的驱鬼节,即鬼节、火节合二为一形成的一种特殊的祭祀活动。据说,1200年前在六乡满山开山建寺的仁闻菩萨于养老年间(717~724年)召集六乡满山28座寺院的众僧共同创造的。1977年5月17日,被指定为日本重要非物质民俗文化遗产。

修正鬼会是一种祈求神灵保佑家庭平安、五谷丰登、无病无灾等而举行的祭祀活动。由僧侣装扮成红鬼"驱邪鬼"和黑鬼"镇邪鬼",不像传统鬼节中的驱鬼、赶鬼,修正鬼会中的鬼是由神灵演变而成,所以是善鬼,因此头上不长犄角。两只善鬼手拿火把,在寺院内表演各种驱鬼、镇鬼的动作,随后还会来到民居附近为各地驱邪、降妖、除怪。传说红鬼"驱邪鬼"乃爱染明王的化身,黑鬼"镇邪鬼"乃不动明王的化身。到江户时代为止,六乡满山的65座寺院每年都进行修正鬼会的祭祀活动,可是,如今就只有国东市的岩户寺、成佛寺和丰后高田市的天念寺三个寺保存了下来。其中,岩户寺和成佛寺隔年交替举行,即公历奇数年的农历1月7日在岩户寺;公历偶数年的农历1月5日在成佛寺。天念寺则每年农历1月7日举行。

另外,成佛寺的修正鬼会中还增加了一个红色的野鬼,天念寺的修正鬼会不是在户外,而是在室内举行。特别是天念寺的祭祀活动中,有一项程序为"散米团",即向围观的群众抛撒象征鬼眼的糯米团,争抢到鬼眼的人意为将要得到良缘。鬼们因为自己的眼睛被抛撒、哄抢,所以奋力地去追打,并用手中的竹制火把拼命地拍打抢到鬼眼的人的后背,所以,抢到鬼眼的人最好不要贪心,要赶紧将米团分散给大家,这样受到的拍打就会少许多。散完米团,众人会重新聚集一堂,双手合十,让两只鬼不断敲击自己的肩和屁股,意为"加持",祛病驱邪。尤其是本命年的男女,此时更需要特别的关照。

红鬼和黑鬼

◇ **宇佐神宫夏越节**

宇佐神宫是日本全国4.4万多八幡宫的总神社,也常被称为"宇佐八幡"或"宇佐八幡宫"。据《宇佐神宫社传》中记载,钦明天皇三十二年(571年),八幡神降临此处,神龟二年(725年)圣武天皇钦令修建社殿。其中,总殿由3个分殿组合而成,分别供奉八幡神(即应神天皇)、宇佐神(地方神)、比壳大神(应神天皇的母亲神功皇后)。这里是神舆的发祥地,每年夏季都会举行传统祭祀活动"夏越节",即神灵巡游活动,是宇佐神宫一年中最大的祭祀活动。

节日共举行三天,其中首日和第三天都要举行盛大的神舆巡游仪式,也是夏越节的最大看点。节日的首日,在上宫进行完祭祀典礼之后,将本殿的三位神灵用三台神舆分别恭请出来,由本殿出发一路恭送到顿宫。巡游的行列在猿田彦(引路神)的带领下,伴着神游的乐曲声,近300余人浩浩荡荡一路前进。三架神舆在众人的簇拥下,争先恐后抢占先锋,一路磕磕碰碰、相互撞击,场面十分激烈。尤其是在通过山门的时候,三架神舆拥堵在一起,互不相让,宛如一场大规模的战斗,故而夏越节又被称为"撞架节"。

当神舆被一路艰辛恭送到顿宫后,神灵将会被恭迎到手工制作的临时殿内。紧接着要进行庄严肃穆的祈福、驱邪仪式,在神官的主持下,祈求神灵保佑国泰民安、五谷丰登、万民息灾。三位神灵在顿宫停留三天两夜后,将在节日的最后一天返回本殿。恭送的形式与首日一模一样,仍然是一路相互争抢、不甘落后。

◇ 恺贝斯火节

恺贝斯火节的起源与由来至今是个谜。相传公元889年在将神灵从宇佐迎驾到岩仓八幡神社,即"请神"时举行的祭祀活动。据推算至今已有1100余年的历史了。原本在每年的农历9月举行,又叫"9月节"。1962年,为顺应时代的变化,改在公历10月14日举行,并取名"恺贝斯火节"沿用至今。恺贝斯的含义也是个谜,所以关于它的解释也都是推测。据说,是"夷(野蛮人,ebisu)"的讹传;也有种说法就是祭祀用语"蹴火子(Kebesu)"。但无论怎么传,当地的人们似乎都不认可,相反,恺贝斯倒是在人们的心目中越来越根深蒂固。2000年12月25日被指定为日本国家级非物质民俗文化遗产。

恺贝斯火节的形式也非常奇特。节日当晚，在岩仓八幡神社的院内点起一堆凤尾草的篝火，篝火周围由15位全身白服的看守牢牢保护，不一会儿突然从旁边冲出一个带奇怪面罩的人，试图冲进火圈，这人就是节日的主角恺贝斯。看守们在祭祀声乐中且战且舞，和恺贝斯展开激烈的攻防战，一共要进行九个回合，其中三次恺贝斯闯进火圈，用脚不断地踢正在燃烧的草堆，似乎是想破坏火种，然而都被看守们阻挡回来，到了最后第九回合时，恺贝斯终于彻底将看守的防御攻破，成功闯进火圈，这时原来保护草堆火种的看守们和恺贝斯一同挑起火灰向周围围观的人群抛撒，据说火灰撒到身上后，能够祛病消灾、保佑平安。不过，人们为了防止正在燃烧的火星溅到自己，还是害怕地纷纷躲避，而恺贝斯和看守们则紧追不放，神社院内响起了阵阵喊叫声，节日达到了高潮。待篝火燃尽，在神官的示意下，祭祀结束的鼓声响起，恺贝斯火节也随之降下帷幕。

事实上，恺贝斯火节只是正式恺贝斯祭祀活动中的一个前奏，即"前夜节"。但是，由于它声名远扬，成为了现代祭祀活动中的主角，恺贝斯火节实际上已经成为恺贝斯祭祀活动的代名词。节日中充当恺贝斯和看守的人员每年由国东市的九个区轮流扮演，具体人选在节日的1周前由神官抽签决定，同时由神官抽签选定的还有负责制作节日期间斋饭的厨娘。厨娘们从9日开始

与恺贝斯激战

每天早晨要下海净身，而且开始和所有的节日任职人员一起戒斋。戒斋形式非常严肃，在戒斋期间，所有的任职人员包括大人、孩子都不许吃他人做的饭菜，而且只能吃当地产的菜和捕的鱼，不能购买自动贩卖机中的饮料，不能让他人给自己的烟点火等。据说，如果戒斋不够虔诚，节日当天就会跌跤。如果犯了忌讳，9年才有机会轮流担任一回祭祀活动主角的资格有可能会被取消，所以，被选中的任职人员们都非常的虔诚和自觉。节日当晚使用的凤尾草，据说需要准备200捆直径20厘米的草把，是由任职人员集体上山花费1天的时间割回来的。

节日当天晚上6点左右，在火节正式开始之前任职人员首先要用海水净身，随后，神官在祭神仪式之后，才将神奇的恺贝斯面罩戴到担任恺贝斯角色的人脸上。而最后在抛撒草灰过后，恺贝斯的面罩将被精心保存，直到次年的火节来临。

◇ 若宫八幡裸节

若宫八幡裸节因为其长达900多年的历史及其特有的传统祭祀形式而在日本声名远扬。它与冈山县的西大寺裸节、山口县的防府天满宫裸节，共同被誉为"日本三大裸节"。是一年一度若宫八幡神社为感谢神灵赐与的平安、丰年而举行的最大的秋季祭祀活动，因此正式的节日名称应该为"若宫八幡神社秋节/裸节"。

若宫八幡神社始建于公元852年，是宇佐神宫的别宫，专司地方安宁。自永保四年（1084年）起，每年农历10月14~16日都举行御驾渡河的祭祀活动，距今已有925年的历史。若宫八幡裸节举行的时间也和其神社的历史演变一样不断地变化。从形成之初到江户末期，一直固定在农历10月14~16日举行。到了明治元年（1868年）以后，由于历制的改革，日本开始统一使用西方的公历制度，于是若宫八幡裸节也随之调到了公历11月,现行的节日日程安排是在1993年做出的调整,其原因就是为了吸引更多的游客前来欣赏、参加,在扩大节日规模和知名度的同时,搞活和发展地方的旅游经济。11月23日是日本的"勤劳感恩日",全国公休。如果赶巧的话,节日期间恰好是全国的三连休,那游客的人数可就不敢低估了。

节日期间,最大的看点就是23日和25日举行的御驾渡河。就是由赤身裸足、身着兜裆裤的壮力士们抬着神灵乘坐的神舆从若宫八幡本宫出发,趟过桂川,恭送至下宫,然后,再由下宫趟桂川返回本宫的神灵御驾的祭祀活动。由于参与活动的人几乎裸露全身,因而得名"裸节"也就名副其实了。

御驾渡河

祭祀火把

恭送神舆的队伍由"陆组"和"川组"组成。首先由陆组从若宫八幡本宫出发，将神舆一路恭送到高田市市役所（市政府），然后转交给川组，由川组护送神舆渡过桂川。当天晚上8点，在神舆渡河之前，桂川专设的水中祭台将会演奏雄壮的大鼓，而后点燃直径2米、长达16米、重5吨，号称日本最大的祭祀火把。火把是由整根的竹子捆绑而成，中间塞满了人们祈求神灵保佑的便签。在火光倒影的桂川上由近百人组成的川组护送队，在刺骨的寒冷中抬着重达1吨左右的神舆勇猛地前进，岸边不时传来游客的阵阵喝彩声。神舆在上岸到达下宫之后，将停留两个晚上，在节日的最后一天再以同样的路线被恭送回本宫，至此神圣的祭祀活动才拉上帷幕。

福冈县

◇ 抢球节

福冈县福冈市东区筥崎宫每年1月3日举行的抢球节,被称为九州地区三大节庆活动之一。据说最早起源于龙神向神功皇后(170~269年)进献双球的传说。距今已有500年的历史。每年前来参加的人数能达到近5万人之多。

虽为寒冬腊月,可是参加抢球活动的一群男子们却只是在下半身系一条兜裆布,几乎赤裸全身地奋勇争抢一块直径30厘米、重达8公斤的木质宝球,据说如果谁能把这块球高举头顶,幸运就会降临。男子们分成以务农为主、取意陆地的"陆组"和靠捕鱼为生、在海洋上驰骋的"滨组"两组,根据哪一方最终将宝球交给神官,据此来占卜当年是农业丰产还是渔业丰收。

事实上,节日当中一共有两个木球,分别代表"阴"和"阳"。节日当天要进行非常严肃的祭祀程序。下午1点,首先由神社的神官在绘马殿前将阴阳双球清洗干净,然后放入球盒后被恭送到距离筥崎宫北300米处的玉取惠比寿神社。清洗过程十分讲究,阴阳双球在经过神官驱邪之后,用温水冲洗,而后还要用三合三勺的白绞油(一种精制菜子油)浸泡,最后用白纸擦拭干净即可,据说这种用过的白纸还能医治皮肤病,给人带来福气。

阴阳双球被恭送到玉取惠比寿神社后,阴球被供奉于正殿神前,而剩下的阳球就是当天抢球活动中的主角,即被众人争抢的宝球。首先由男孩子们组成的抢球队,将"阳"球运向筥崎宫方向,途中,交与一直守护在那里的成年男子队,就此一场宝球争夺战拉开序幕。伴随着"噢伊萨~、噢伊萨~"的号子声,男子们的热情不断高涨,为了让抢夺过程进行得更加顺利,同时也防止抢夺中过度碰撞而造成擦伤,

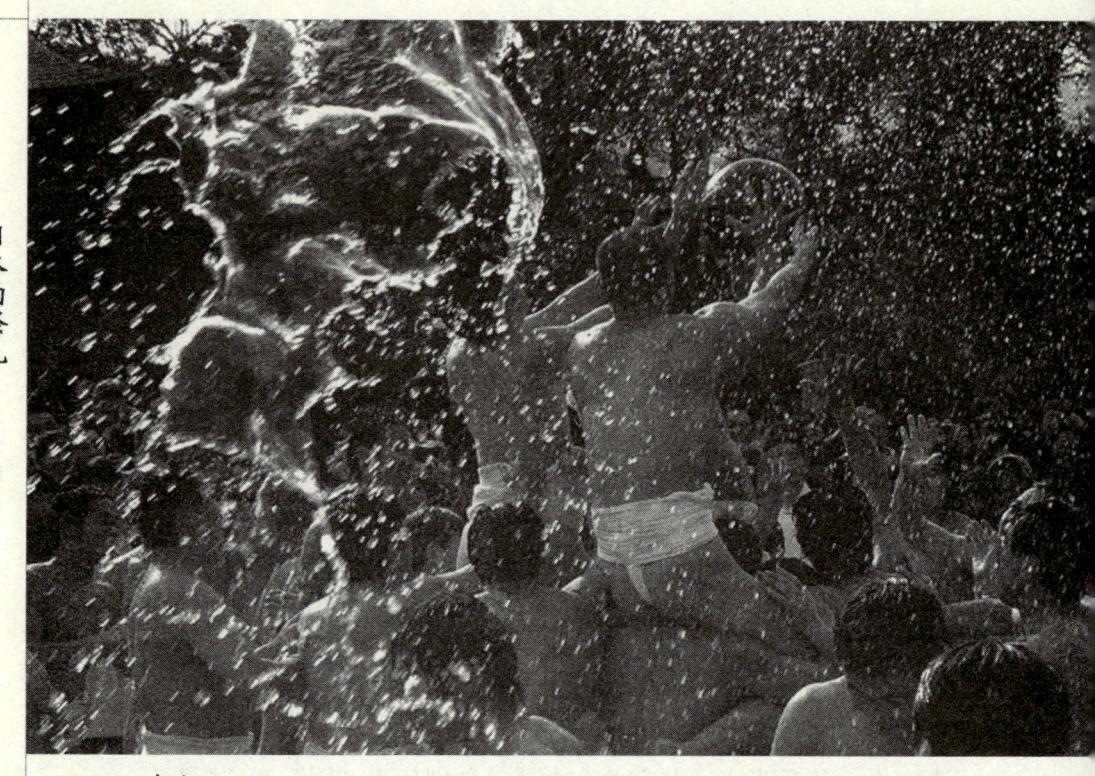

争球

尽管外边冰冷刺骨,可是还是要向男子们的身上泼洒清水,夺球的人们浑身上下都湿透了,就连路旁观看的游人也都被淋湿,可是越是如此气氛越是高涨,行至筥崎宫大门的时候达到高潮。此时,据说宝球哪怕是摸一下也能带来幸运,所以游人们也争先恐后上前抓抢,场面愈来愈喧嚷热闹。神官一直守在楼门等待,只打开一扇很小的方窗,以便宝球的进入。如果抢先把宝球交与神官的是"陆组",则意味着当年农业丰产,如果是"滨组",则渔业丰收。

◇ 驱鬼节——替换木莺和熏鬼

这是在供奉"天神"、"学问之神"菅原道真（Sugawarano Michizane，845~903年）的天满宫里举行的祭祀活动。距今已有1000多年的历史了，祭祀活动主要有"替换木莺"和"熏鬼"两个部分组成，每年1月7日举行。

菅原道真是平安时代著名的大学者、和歌诗人和政治家，深得当时宇多天皇的信任，并被委以重任，官至右大臣（右丞相）。作为学者出身的菅原道真能够荣为右大臣之要职，这在当时十分罕见。由于他的谏言，894年日本天皇竟然废除了"遣唐使"，因此得罪了当时主管政务的左大臣藤原时平，并于901年1月遭左大臣藤原时平等人的陷害，被醍醐天皇左迁，流放到九州的太宰府，终日郁郁寡欢，于903年含冤去世。

传说，菅原道真逝后，当时的都城京都接连遭受天灾，落雷不断，而陷害他的左大臣藤原时平家族中的人也莫名其妙相继死去，所以当时盛传"道真的冤魂不散……"为了平息流言，安抚道真的亡灵，天皇下令撤销对道真的罪名，并加封其为太政大臣，947年在京都北野修建天满宫，将道真奉为"北野天神"来祭奠。其实，在道真之前，北野就是祭祀天神的地方（《续日本后记》）。而且，左大臣藤原时平的父亲藤原基经信仰雷神，每年都要到北野向雷公祈祷风调雨顺、五谷丰登（《西宫记》）。因此，在当时以京城京都和九州的太宰府两地为中心，整个日本兴起了一种结合了亡灵信仰和雷公信仰的新式天神信仰，以告慰道真的亡灵。

太宰府天满宫是在道真逝去之处福冈县的太宰府建成的神社。传说，道真当年被左迁到太宰府的次年902年冬，有一次在做祈福仪式时，突遭大群熊蜂的袭击，危难之时飞来一群莺鸟吃光了熊蜂，解救了道真。从此，莺被喻为是天神的使者，是幸运、招运的象征，替换木莺的活动也应运而生。"莺（音同'学'）"是一种雀鸟，又名红腹灰雀。其日语发音为"うそ（uso）"，和日语中谎言（うそ）的发音完全一致。据说这种鸟能够发出像人类吹口哨时的鸣叫声，而古日语中口哨的音读是"おそぶえ"，于是有些地方也将"莺"俗称为"おそぶえ"，后来逐渐讹传成现在的名称"うそ"。道真性格诚实从未说过谎，所以有种双关的说法将其与"莺"联系起来。

所为替换木莺，就是人们为了把前一年在无意当中说出的谎言全部勾销，在新的一年里有个崭新的开始。来到神社的人们纷纷将手中寄托了谎言的"木莺"换成新"莺"。木莺替换仪式在1月7日傍晚6点举行，由神社的神官主持，来到神社的人们，嘴里一边念叨"换一换吧、换一换吧"，一边相互交换手里的木制莺，有点类似我们的击鼓传花。人群中还有几位身穿便服的神官，他们手中拿着底部写有"金莺"字样木莺，也和众人一起传递木莺。据说如果拿到了比自己原来要大的木莺，就能在新的一年中事事顺利、幸福美满。尤其是得到了神官手中写有"金莺"的木莺，最后可以换成纯金的"莺"，可以说是新年中最为幸运的人。而且木雕木莺本身能把前一年无意中说的谎化为今年的吉祥事，所以可以用它来开运。另外活动恰逢考试季节，所以近年来有许多学生为求考试通过也前来购买。

"替换木莺"是驱鬼节当晚活动的前奏，等人们都已经为下一个年头祈祷求来好运的时候，当晚的活动才开始进入高潮，即"熏鬼仪式"的登场。

"熏鬼"其实就是"驱鬼"。起源于古代神话传说中伊奘诺尊痛击予母都醜女的故事。太宰府天满宫的"熏鬼仪式"开始于花山天皇宽和二年（986年），由菅原道真的曾孙菅原辅正发起，目的是为了消灾解难、招福纳祥、祈祷平安，其规模堪称日本三大火节之一。节日当晚，约有300多人分别扮演鬼方和熏手参与熏鬼活动，地点就在太

宰府天满宫内的熏鬼堂。仪式开始之前，先在堂前准备好松枝60捆、麦秆200捆，当时钟敲响9点的时候，迅速点燃，霎时整个寺院被火焰和烟火所笼罩，其情景很是壮

熏鬼节

观。此时，扮演熏手的一方迅速地举起手中的大团扇拼命地向堂内赶烟，而在堂内的扮鬼的人们则拿着手中的大棒使劲地敲打墙壁的木板，双方在熊熊烈火中展开了激烈的攻防战，活动的高潮终于来临，最后鬼方终于不敌烟熏，破墙而出，熏鬼队乘势将落荒而逃的恶鬼们一一捉拿回来。此时神官则开始抛撒煎豆，用卯杖驱鬼，整个祭祀活动才接近尾声。

◇ 博多狂欢节

博多狂欢节的日语发音是"DONTAKU"，这一词来自荷兰语的"Zondag"，是"周日"、"休息日"的意思。经常被人们简称为"半ドン"或"半分ドンタク"。该节始于1179年的新年表演活动，当时名为"松囃子"。江户时代，每年正月十五都要举行向福冈城的城主表敬祝福的盛大仪式，由扮成吉祥神灵模样的人打头组成游行队伍（通物（TORIMON））。明治政府曾以奢侈为由一度取缔了这一传统活动，明治十二年（1880年）为庆祝福冈区和博多区合并，由市民将其更名为"DONTAKU"而恢复并保留了下来。在第二次世界大战期间，博多狂欢节再次被迫停办，战后，为了尽快给城市注入生机，重又恢复了该节,至今已经成为具有800年历史的日本最大规模的市民文化活动。博多狂欢节5月3、4日举行,此时正逢日本全国的长假连休,也就是所谓的黄金周,因此年年都会有200万人左右前来博多参加狂欢节,从而也创造了日本国内聚集人数最多的记录。游客可即兴加入,更是体现了狂欢节的人气和感召力。

经过精心装扮的市民们敲打着木勺走街穿巷游行,并在各处的舞台及广场上翩翩起舞。木勺是煮饭用的厨房用具,据说是因为当年一些在家准备做饭的商户的主妇们在节日游行队伍的感召下,即兴加入通过自家门前的游行队伍,敲响手中的木勺和游行队伍共同歌舞而流传下来的。狂欢活动持续两天,主要的形式就是由不同商会或市民代表组成的各具特色的游行对伍,盛装出场,随着欢快的"松囃子"旋律载歌载舞,进行舞蹈表演的较量。在正式狂欢游行的前夜先由福冈国际中心组织联欢会,其间除了有狂欢代表队的表演、歌手演唱之外,还要进行当年"福冈小姐"的大选。3日,狂欢节的首日上午9点左右游行的各队首先拜访过福冈县厅、博多车站以及各大企业以表感谢之后,汇集到栉田神社接受神灵的保佑。10点,在博多港埠头举行开幕仪式,随后游行队伍将在市内巡回展示,并交替分散到各个表演舞台进行舞蹈表演。下午1点开始整条明治大道将变成一个盛装广场,禁止一切车辆通行,成为一个真正的步行者天国。由传统的"松囃子"带队开始进行大规模的游行活动,紧跟其后的是博多市市长、活动组织会会长、福冈县知事、"福冈小姐"、福冈县警署乐队、机动车彩车队以及自古流传下来的古典狂欢队等,游行一直要持续到下午7点左右,整个城市一片沸腾、狂欢节的高潮随之来临。4日是前一天活动高潮的持续,"松囃子"依旧在市区繁忙地巡游,狂欢的队伍在不同的舞台上尽情地表演,最后将由市民投票公选当年的最佳表演队。下午3点所有的队伍又将汇集到广场举行广场献艺表演,6点左右则迎来当天活动最高潮的时刻——狂欢总动员,即人们可即兴参加最后的表演,共同体味狂欢节的兴奋和疯狂，这也正是博多狂欢节常兴不衰的最大魅力之所在。

狂欢节上，除了盛装舞蹈表演之外，机动彩车也是一大看点。而最后的投票选举结果，要综合节日期间放置在广场各处投票箱内的选票以及市民邮寄的投票数的总合，到5月下旬才会有最终结果，并且刊登在次年狂欢节的宣传手册上以示公告。

◇ 博多祇园彩车节

祇园节起源于平安时代的京都祇园御灵会，是日本国内最受欢迎的祭典之一。根据栉田神社的历史记载，博多祇园彩车节主要是在栉田神社举行，此神社建于天平宝宇元年（757年），里面供奉博多地区总守护神，是本地人的信仰中心。博多祇园彩车节始于镰仓时代（1241年），当时博多地区流行疫病蔓延，有许多人因此丧生。于是就由承天寺开山祖师圣一国师弁丹，在此搭起祭坛祈求驱散病魔，沿袭至今、成为彩车节之由来。距今已有760多年的历史，1979年被指定为重要非物质民俗文化遗产，现在与京都、小仓两地的祇园节并称为日本三大祇园节。

祇园彩车节中的彩车，是一种装饰许多人偶的彩车，完全不用任何钉子组成，上面标示有所装饰人偶的题材和人偶制作者的姓名，其凝聚了博多人偶造型和博多织等精湛的传统工艺技巧，分成"饰山"、"昇山"两种，前者为装饰用的彩车，后者是追山用彩车。"饰山"装饰得极为豪华灿烂，除了栉田神社以外，市内共有13处固定展示的场所，其中被公认为最美的彩车位于博多运河城，在喷泉衬托之下显得更加美轮美奂。而"昇山"则有7座，将在市内各街道游行并举行追山活动。

现在的彩车节从7月1日~15日。祇园山笠祭的第一天，是由展示装饰性彩车拉开序幕,"饰山"高达10来米,此后每天都有不同的节目,包括举行祈愿仪式、朝山、追山笠游行、练习追山笠等。扛"追山"活动从10日就开始,但最热闹的还要数祭典达到高潮的15日。7月15日凌晨4点59分,伴随着一声鼓响,精彩的"追山"开始了,勇士们抬着重达1吨的名为"山笠"的祭礼用大彩车,全速奔跑在博多市内的街道,5公里的路程要在30分钟左右跑完,不但要比谁的时间最短,还要展现姿态的雄伟壮丽,场面极其壮观,勇士们倾注全力撑起彩车的样子,每年都会吸引大约100万左右的游客前来观赏。

不过除了常年展示在栉田神社、附近的上川端商店街等地的"饰山"外,其余的彩车在7月15日凌晨追山结束后,都将彻底被摧毁,新的一年再次重新制作。

另外,有意思的是,节日期间,博多当地人绝不吃黄瓜,即便是混在沙拉中的黄瓜也要挑出来,据说这是因为黄瓜的切断面与栉田神社祭奉的"祇园神"标志相似的缘故。

神勇的彩车疾走

宫崎县

◇ 今山大师节

今山大师寺是供奉弘法大师坐像的寺院。相传在天保十年（1839

日本最大的弘法大师铜像

巨大的脚

年），延冈城流行瘟疫，死者频出，为制止瘟疫的蔓延、拯救众生，当地弘法大师的信徒们来到高野山金刚峰寺内请了一尊弘法大师的坐像，以求大师保佑"家庭平安"、"息灾延命"、"五谷丰登"、"工商发达"，并在当地修建了大师庵用以供奉坐像，这便是今山大师寺的起源。1889年又陆续开辟了今山88所，即弘法大师在四国88个分身的安置处。1918年元归哲禅主持修建了大师堂。1957年4月第二代主持野中豪雄以祈求大师保佑世界和平、造福万民而发动信徒们捐款1700万日元修建了日本最大的弘法大师铜像。该铜像高18米、重达11吨、脚有1.25米长，铜像面向太平洋，俯瞰广袤的太平洋和当地的主要河流五濑河，以及整个延冈市。

弘法大师原名空海，16岁进京，18岁进入大学在专门培养官吏的明经科学习。然而却中途退学出家隐居山中，曾经在四国的阿波（今德岛县）大泷嶽和土佐（今高知县）室户岬修行，30岁时以留学生身份作为遣唐使被派往大中国，经过34天的艰难跋涉终于到达目的地，在中国从师于密教高僧惠果，并得法号"遍照金刚"，后来回到日本成为日本最著名的佛教高僧之一。835年3月21日圆寂，921年由当时的醍醐天皇赐谥号"弘法大师"。今天在每年4月第三个星期五～日举行的今山大师节就是为了在弘法大师的忌日里祭奠他，于1150年开始进行，至今已有850多年的历史了。节日期间，来自九州、四国各地的香客们络绎不绝，宫崎县充满了祥和的节日气氛。

◇ 西都古坟节

坟节是以宫崎县西都市为中心，在妻市街地、都万神社、西都原等地区分散举行的祭祀活动，因距西都市以西数百米的地方是西都原古坟群而得名。其起源最早可追溯到距今600多年前在西都原台地和市街地中间的三宅神社保留下的天孙降临节、山陵节，现在留存的节日形式是在昭和末期形成的，每年11月第一个星期六、日举行。

古坟节是根据日本最早的古书《古事记》和《日本书纪》中关于日向神话的西都原章节中记载的琼琼杵尊神和木花之开耶姬神的故事改编的表演活动。节日第一天，从上午10点至晚上10点举行神乐仪式、"火把列队游行"和"火焰祭典"，第2天举行传统的祭祀活动。其中，由700多名扮演不同角色、身着古代服装的市民组成的从都万神社出发向御陵墓前广场行进的"火把列队游行"和在御陵墓前广场进行的女人舞、武士舞等舞蹈表演的"火焰祭典"是西都古坟节的最大看点。"火把列队游行"是再现《古事记》中记载的琼琼杵尊降临高千穗岳，即天孙降临，直至住定笠沙岬时的故事情节。火把的火种采自位于宫崎县南高原町和县北高千穗町之间的高千穗峰，而后一直保管在都万神社直到古坟节开幕之日。节日第一天下午6点在供奉木花之开耶姬神灵的都万神社进行点火仪式，火种由琼琼杵尊和木花之开耶姬两位神灵夫妇传向三位皇子，最后将参加火把游行队伍的其他普通市民的火把一一点着。从都万神社出发向御陵墓前广场，沿途4.8公里，浩浩荡荡的队伍将西都原的夜空照耀得无比灿烂。

"火焰祭典"是源于一个关于琼琼杵尊和木花之开耶姬两位神灵夫妇的神话传说。据说在古代，受天照大神派遣降临到西都原的琼琼杵尊神，有一天在涌流不息的逢初川偶遇了一位美丽的姑娘，即木花之开耶姬神。从此，二神相爱，并迎来了结婚大典。婚礼上前来祝贺的众神欢歌笑语、把酒祝福、彻夜不眠。二神的初夜是在逢初川附近搭建的八寻殿中度过的。然而，仅仅相聚一夜，二神就不得不分开。原因是琼琼杵尊神第二天将奉命离开去外地平定他族的叛乱活动，因此，只得留下爱妻木花之开耶姬神只身前去战场。转眼过了10个月，琼琼杵尊神最终平定完叛乱后又重新回到爱妻木花之开耶姬神的身边。木花之开耶姬神喜极而泣，并告知琼琼杵尊神自己已身怀六甲，而且马上就要临产。然而，琼琼杵尊神对此却产生了怀疑，他认为仅初夜一聚不可能让木花之开耶姬神怀孕，一定是木花之开耶姬神在自己不在身边时偷情怀胎。为了消除丈夫的怀疑，木花之开耶姬神用茅草搭建产房，随后钻进茅草屋并说"如果是琼琼杵尊神的孩子，哪怕是火势再旺，也会健康地生下来！"，随后点燃茅草

二神和三位皇子

屋。正如木花之开耶姬神所言，熊熊燃烧的烈火中陆续传来了三个孩子强有力的哭叫声。皇子的诞生让当地的居民欢呼雀跃。

据说现在的御陵墓就是埋葬二位神灵夫妇的地方。而节日当天扮演琼琼杵尊神和木花之开耶姬神的人必须是未婚男女才可以。

熊本县

◇ 破魔弓节

破魔弓节也叫"夺标节"。相传永历元年（1160年）神灵从筑前国（即现在的福冈县）巡游至熊本县，当信徒们从四王子山上将神灵一路恭迎回来以后，纷纷开始抢夺神灵御驾使用过的圆形草垫，即"圆标"。因为人们认为，神灵用过的圆标可以驱邪除妖、保平安，这就是今天"夺标节"的雏形，最后圆标被众人分领回家，供在自家神龛台上，从而能够保佑家庭幸福、美满。另外，由于四王子神社供奉的日本武尊神灵弓术极佳，破魔弓（弓的一种，驱邪弓）本身就是驱邪、避邪的利器，因此将同样具有祛邪、除恶、纳福、吉祥的圆标和弓箭一起供奉一处，故而此节又名"破魔弓节"，至今已有800余年的历史。

具有魔力的圆标直径60厘米左右，重约6公斤，是由稻草和麻编制而成。参加夺标的人不分年龄、不论老少，只要愿意报名，身体健康，而且遵守传统祭祀活动规则、身无纹身的强壮男子均可自由参加。另外，节日是在寒冬腊月举行，天寒地冻，且赤身裸足，所以意志不算坚定者仍须三思而后行。节日当天，强壮威武的男人们身穿兜裆裤在神社境内集聚一堂、跃跃欲试。在30分钟的"长洲破魔弓太鼓"祭祀仪式结束后，下午1点左右神官一声号令夺标正式开始。夺标的队伍要在神社境内夺标绕社一周，这时前来神社祭祀的家长们，纷纷将自己年幼的孩子交给夺标人群中央的壮士们，让他们高举自己的孩子，寓意能够让孩子无病无灾、茁壮成长。随后夺标的人群不断向外移动直到有明海上。中途要经过狭窄的山门、民家窄小的胡同，一路抢夺一路蜂拥而行，其激烈的程度不言而喻，因此，此节也堪称四国地区三大裸节之一。

为儿祈愿

在争抢中从圆标上拔下的稻草和麻绳,十分珍贵,不能轻易丢弃,于是,路人便能够看到许多滑稽可笑的场面。例如,有的口衔稻草、有的手拈麻绳、还有的腰间兜裆裤里也塞着草秆和绳头。经过,长达1个多小时的征程众人终于来到了有明海上。夺标手们在有明海里齐声高呼三声万岁,夺标活动也就接近了尾声。此时,节日的真正主角——圆标才终于在人群中展露身影。随后,圆标由夺标头领捧着,在众标手和观众的簇拥下,按原路返回神社。此时,静候在神社内的当地长老将圆标分成等份,分配给各个区、地、街道的代表,最后再由各代表再分成小份分给街道的每个家庭,以此保佑各家各户平安无事、吉祥如意。

◇ **阿苏火节——日本最大的"火文字烧"**

位于九州本岛中央地区的熊本县,因为拥有世界上最大规模的复式火山"阿苏山",素有"火之国"之称。自古以来,每年县内各地都会举行各种与"火"有关的不同形式、规模大小不一的祭祀活动。

为振兴阿苏五岳的旅游事业,熊本县在政府部门的积极倡导下,于昭和五十九年(1984年)发起了"争做日本第一"的旅游振兴运动,将阿苏地区历史上传承已久的"阿苏原野烧荒"和"阿苏神社撒火祭神仪式"等传统乡土祭祀活动统筹为一体,另外新增了"阿苏火文字烧"等现代庆典活动项目,于每年3月初开始在阿苏地区陆续举办,以阿苏神社举行的"点火仪式"为标志,拉开"火之国"长达一个月左右的迎春活动的序幕。熊本县将这些与火相关的祭祀活动统称为"阿苏火节"。

一个节日活动举办时间持续一个月左右,在日本国内也是比较少见的。

火节的主打节目是3月的第二个周六、周日在往生岳山上举行的"大火文字烧"活动。火苗燃起后,山腰上会呈现出长达350米的日本最大的"火"字,即"火文字烧"。近年来在其旁边的内牧温泉附近的本塚山上也开始了同样的"火文字烧"燃火仪式,只是规模要小得多,只有90米左右,不过从山下仰望两山的"火"文字,正好上下叠交浑然一体形成一个硕大的"炎"字,夜幕中熊熊燃烧的火焰,火光冲天、场面蔚为壮观。

地处阿苏市一宫町域内的阿苏神社在3月中旬举办"撒火祭神仪式"(日语称"火振神事")。这是一种神灵娶妻迎亲的祭祀仪式,自古当地居民信奉农耕神——年祢大神(としねおおかみ),据说神灵娶妻,会带来当地农作物的大丰收。因此每年3月中旬,在祈祷五谷丰登、庆贺神灵婚礼的仪式上,当农耕神的妻子姬神的神体驾到时,人们点燃用芒草扎成的火把尽情地挥舞,层层叠叠的火环带给人无限遐想,形成极为壮观的景象。这项活动任何人都可以参加,但活动的举办日因天干地支的原因每年有所不同。

另外,为保护牧草而放火焚烧草原的"烧荒"也在各地上演。3月下旬,邻近的西原村会举办"山神祭",此时可以看到平时难得一见的夜晚烧荒场面。四周烧荒火势逐步扩大,熊烈壮观的场面会一直持续到深夜,令人兴

上下叠交的"火文字"

奋不已。

◇ 御田节

7月28日在熊本县阿苏市的阿苏神社内举行的御田节，是这个具有2500年悠久历史的古老神社一年一度规模最大、也是最重要的农耕祭祀活动。也被称为"御田植神幸式"。据记载是由日本第七代孝灵天皇于公元前284年6月26日下令开始举办，其原因是为了感谢阿苏大明神开拓阿苏地区、变荒为田有功，并令诸神降福人类，农业喜获丰收。天皇命令每年农历6月，都要修缮阿苏神社，祭拜神灵，并举行"神幸式"，即用神舆载着神灵，到田间巡游，以求神灵保佑该年的庄稼喜获丰收，明治维新后进行历制改革，改为现行的7月28日。御田节也是历史上江户藩政时期藩主细川家族唯一参与的祭祀活动。现已被指定为日本国家级重要非物质民俗文化遗产。

节日当天最重要的仪式就是"神幸式"。护送神灵乘坐的神舆队伍有大约200人左右组成，队伍的头领自然是神话中传说的引路神"猿田彦"，接下来是"宇奈利"、狮子、宫女、大太鼓手、田乐手、插秧偶人、牛头、雌雄狮子、四架神舆、金符、三叉鉾等。队伍浩浩荡荡、庄严肃穆，在引路神"猿田彦"的带领下，避开阿苏神社正门，而由旁门即"神幸门"出发，在神乐声中护送神灵来到田间巡回，最后再走"还御门"返回神社。

护神的队伍中最值得一提的是"宇奈利"。据熊本百科大辞典中记载，"宇奈利"是古语的残留，意思是身裹白衣、头围白巾、头顶托盘，专为运送祭祀神灵所用供品的女人。由于祭神最忌讳不洁、污秽的东西，因此能够有资格担当"宇奈利"的只有已经闭经的高龄妇女。目前，阿苏神社的"宇奈利"有14位。

节日期间，神社内还要演奏岩户神乐。据日本最早的古书《古事

记》和《日本书纪》中记载,岩户神乐是一种以描述日本起源、发祥等神话故事为情节的歌舞表演,现已经濒临失传,目前阿苏市仅有两个地方尚有保留。

上:纳供途中
下:宇奈利

◇ 八代妙见节

每年11月下旬在熊本八代神社举行的八代妙见节与长崎诹访神社"九日节"、福冈筥崎宫放生会,并称为"九州三大节"。1960年被指定为熊本县重要非物质民俗文化遗产。

八代神社又名妙见宫。据史书《妙见宫实纪》和《八代神社记》的记载,680年秋,妙见菩萨乘神兽"龟蛇"渡海从中国的明州(即现在的宁波)远道来到日本八代郡土北乡八千把村竹原津,并在此地停留了三年之久。于是当地人从此将妙见菩萨尊为保护神加以供奉。795年桓武天皇下令在此为妙见菩萨修建社殿，即妙见宫，也是现在八代神社内三宫中的上宫。此后，二条天皇于1160年、后鸟羽天皇于1186年分别建造了妙见宫的中宫和下宫，最终形成了现有的建筑规模。直到明治初年（1868年）才正式更名为"八代神社"，并沿用至今。1636年，当时的藩主细川忠兴对妙见信仰极其虔诚，下令制造神舆，并亲自为神舆装饰、绘彩，召集神官驾驭神巡大型祭祀活动，从而奠定了八代妙见宫大祭的神兴巡游的基础。细川忠兴之后，新入住八代城的藩主松井兴长继承了妙见宫祭祀的传统，经过松井家族三代的不断努力，祭祀中的神舆巡游的形式逐渐由原来以武士为中心向普通大众参与的形式转变，最终形成了现在这种豪华、热闹、全民动员的大型祭祀活动，距今已经延续了370多年。

八代妙见节举行的时间也和其神社的历史演变一样不断地变化。从形成之初到江户末期，一直固定在农历10月18日举行。1868年后，由于历制的改革，日本开始统一使用西方的公历制度，于是妙见节也随之调到了公历11月，并且延长了节日的时间，11月17日定为"下行日"（即神灵出行、出宫），11月18日定为"上行日"（即神灵返程、回宫）。现行的节日日程安排是在平成5年（1993年）作出的调整，即11月22日为"下行日"，23日是"上行日"。

"下行日"的巡游路线是从八代神社（妙见宫）出发，将神灵御驾恭送到盐屋八幡宫。当天夜里还要举行"御夜"活动，即可以欣赏到次日巡游中将要使用的9台彩车，彩车的制作十分讲究，不用一钉一铆，每台彩车都是由200多块部件组装而成，而且装饰华丽。除此之外还可以看到内容丰富的节目表演。不过，节日最高潮还是在次日23日的"上行日"。这一天，上午8点巡游的队伍全部聚齐。神舆、狮子、神兽龟蛇、花童、彩车等共有38种神游器具、1500人组成的长阵绵延千米左右，浩浩荡荡地从盐屋八幡宫出发，向八代神社行进。在长达6000米的路程中，不断会有精彩的表演展示。例如狮子舞，据说是江户时代一位八代地区的富商从长崎学习而来，因为狮子乃吉祥之物，所以用到了祭祀巡游活动当中，其完全继承了当时长崎仿中国狮子舞时使用的伴奏乐器、狮子的红色外衣等，所以，妙见节中的狮子舞表演让人能够感觉到浓浓的中国情结。

神兽龟蛇的造型也非常独特。它是一只想象中的神奇动物，由龟

龟蛇渡江

背蛇身组合而成，据说当年妙见菩萨正是在它的护送下才来到了八代地区。节日里的龟蛇是一个长约3米、高2.5米、重达130公斤左右的庞然大物。行进时头部由一人操作，而胴体则由四位强壮的力士方可运用自如。队伍中还有一组成员值得介绍，即"天狗"。妙见节中出现的天狗共有三只，分别是红面"火王"，青面"水王"和黑面"风王"。据说他们的站位能够占卜次年的天气状况，火王在先则多旱、水王在先则多雨、风王在先则多风。最后，在河原进行完神马过河、龟蛇渡江的热闹场面之后，节日接近尾声。

佐贺县

◇ 驱鼠节

驱鼠节在每年的正月十四日举行,是以孩子们为主角的传统祭祀活动。是为了驱赶破坏农田、庄稼的地下鼹鼠,以求粮食丰收、农事平安,祛病消灾、健康顺遂为目的而举行。

节日当天,男孩子们手拿稻草或竹子做成的长枪或长棒,挨家挨户敲打院门前的地面,口中还唱着"14日来驱鼠,家家户户保平安,繁荣昌盛"。作为答谢,得到驱鼠帮助的住户会以糖果、米饼相赠。

节日的起源和由来无从考证,不过,自古以来当地就相传驱鼠保田的说法。生活在地下的鼹鼠,因为爱吃土中的蚯蚓,而且喜欢到处打洞,破坏庄稼,损坏农田,所以农民们在每年秋收之后就会打地赶鼠。只是,每个时期口中所唱的内容都有所不同,从前的内容如"14日来驱鼠,给我饼生个漂亮的娃,不给饼生个如鬼的娃"之类具有威

驱鼠

胁性的内容，而现在逐渐转变得文明了许多。另外，由于近年来少子化的发展，原本只是男孩子进行的活动，现在女孩子也逐渐参与进来。

驱鼠节是以孩子为主角的传统祭祀活动，所以多了许多可爱、有趣的元素。

◇ 白须神社的田乐

白须神社的田乐是流传于佐贺县佐贺市久保和泉町大字川久保地区的一种民俗艺能。该田乐是每年10月18~19日由川久保地区的人们在白须神社的祭祀典礼上表演的祭祀艺能，因为是由孩子们来主演，所以被叫做"稚儿田乐"，是用青竹在神社境内围成正方形的表演舞台，然后在铺好的席面上进行的表演。

表演者分别由一名头系发巾、手持绢花棒和扇子的花童，一名头顶金色高帽、手持小鼓和扇子的鼓手，四名手持田乐特有的木片乐器、头戴大花斗笠、身着长垂带式华美的和服、男扮女装的美少年，两名腰间绑着大鼓、背上背着装饰成金银两色木剑的护卫，以及七名由成

田乐表演

人组成的奏乐笛子手等共同组成,长达1个半小时的田乐演奏,除了两名护卫的动作较为活跃以外,整体节奏都较为舒缓、动作比较柔缓,场面非常庄重和肃穆。

田乐的起源没有详实的记载,不过相传是在六世纪中期到七世纪初由近江国(即现在的滋贺县)传入,并与当地白须神社的原有祭祀活动并列成为白须神社祭祖时候表演的特殊艺能形式。现在保留的白须神社的田乐表演据记载其最初的形成是亨保19年(1734年)在神社建成石山门时表演的"时奏村田乐",其起源于平安时代,正值农田插秧时节,人们敲锣打鼓唱起的插秧歌的伴奏,最后在不断的演变和发展中逐渐形成了白须神社田乐。田乐是一种流行于中世纪时期的艺能表演,白须神社的田乐无论从服装还是演技都非常完好地保留了那时的古风,而且是当年从滋贺传来的唯一的一种田乐,并且还是"稚儿田乐",没有戏剧表演的色彩和做作的举止,完全是一种神圣的、庄严肃穆的祭祀形式,从而倍受人们关注。九州地区带有"田乐"名称的传统表演艺能极为稀少,其表演形式也与众不同,因此白须神社的田乐具有举足轻重的地位。2000年12月27日被指定为佐贺县"重点非物质民俗文化遗产"。2001年2月28日被指定为日本国家级重点非物质民俗文化遗产。

◇ 唐津九日节

唐津九日是唐津神社的秋季节庆活动,缘起唐津神社祭祀的农历9月29日,距今已有约400年的历史,是日本九州地区的代表性祭祀活动之一。由于历史上的历法改制,1913年改在公历10月29日进行。1962年又新增了后来的"宵曳山(よいやま)",当时叫"前夜祭",于10月28日进行。紧接着公休日制度也发生了变化,为了吸引更多的游客前来观赏,1968年对活动的举办日期进行了彻底的改革,除了

历史最为悠久的"赤狮子"彩车

神社祭祀仍然保留在10月29日这天，其余的活动都变更到了11月2~4日举行，从此就将11月2~4日称为唐津九日。现在与长崎市九日节、福冈市博多九日节并称"日本三大九日节"，1980年被指定为重要非物质民俗文化遗产。

节日的主角是名为"曳山"的大型彩车，最大的一辆高6.8米、重3吨。巨大的彩车表面采用传统的漆器制作工艺——"漆の一閑張り（urusino ikkanbari）"，即将木质结构的车体上用黏土塑造成彩车外形，然后在其表面黏添数百层的日本软纸，最后用麻布包裹表面，并绘以金银色彩，分别制成狮子、虎鲸、将军头盔、鲷鱼、飞龙等形状，其工艺极其繁琐，而且耗资巨大，一般都需要两三年的时间才能制作完成，按现在的换算每辆彩车的制作经费都在1~2亿日元左右，因此每辆彩车都是难得的艺术品，可堪称为世界精品。

原本一共制作了15辆形态各异的彩车，可是在明治中期其中的一辆"黑狮子"消失不见了，现存14辆彩车中，历史最久的是1819年制成的"赤狮子"彩车，经过六次大型修缮，至今仍保持着当年的风貌。彩车平时保管于邻近唐津神社的曳山展馆，为了不断扩大节日的知名度以及弘扬传统的节日文化，展馆始终对外开放，游客可随时买票参观。

节庆活动从11月2号傍晚7点半开始，称为"宵曳山（よいやま）"，所有的彩车陆续被抬出，并按顺序在各街道缓慢游行展示风采，人们伴着笛子和大鼓的音乐，口里喊着"哎呀，哎呀！"的号子游行，有意思的是只有4号和14号的彩车喊的号子与其他的不同，不是"哎呀，哎呀！"的号子声，而是"吆伊萨，吆伊萨！"。

节日的高潮是在第二天中12点开始的"神舆出驾"。这一天为了充分表达祭神活动的庄重，历史最为悠久的"赤狮子"头上特意披上了祭神驱邪的旗幡，为整天的活动清风净路。随后14辆彩车在首车"赤狮子"的带领下来到指定的一片沙场，重达2吨之重的彩车要在沙地中行走一段后方可到达指定的停放车位，虽被沙地绊住脚步，却仍奋力前行，车手们的喊号声和围观游客的加油声声势浩大，此时的彩车"神舆出驾"表演以及多达50多万名观光游客的热情融为一域，其场面之壮观，气势之宏大，可以说由于有了电视和互联网的积极配合和宣传，不仅牵动了整个日本的庆典活动爱好者，同时也牵动着全世界庆典活动爱好者的心。

11月4日，要将前一天分散到各街道的彩车陆续汇合到唐津神社前，随后沿指定路线再次到市内游行展示风采，最后回到曳山展馆入馆收藏，就此整个节日完满结束。

鹿儿岛县

◇ **太郎太郎节**

太郎太郎节是每年农历2月4日在羽岛崎神社举行的春季大祭。是由祈求航海安全的"持船仪式"和祈求农业丰收的"打田仪式"共同构成的奇特的祭祀仪式。节日的主角是该地区所有5岁的孩子,即节日当天,串木野市内所有5岁的孩子都要参加"打田仪式",渔家5岁的孩子则要参加"持船仪式"。具体的起源无可考证,不过用于祈求农业丰收的"打田仪式"上的牛头面具据记载是起源于安永十年（1781年）2月4日,如此推算,该节至今至少也有200多年的历史,现已被指定为鹿儿岛县非物质民俗文化遗产。

所谓"打田仪式"是指由人分别扮演成父亲、太郎和牛,再现农田耕作情景的仪式。首先,由父亲和太郎的扮演者即兴进行一些滑稽、可笑的对白,随后由太郎从殿后牵出一头由人扮演的耕牛。只见耕牛

打田仪式

全身呈黑色，鼻子上带着红白黑三色的缰绳，后腿间挂着一个装有一升米的米袋，形同阴囊。耕牛挣脱缰绳在神社院内狂奔、乱撞，还不时用尖利的牛角冲撞围观的人群，表演惟妙惟肖，且又滑稽可笑，场面极其热闹，不过最后撒野的耕牛还是在父亲和太郎的努力下，由太郎在前面牵绳、父亲握犁，套上犁耙乖乖地耕起地来。牛头面具是一个纵37.5cm、横20cm的木制面具，面具背面还留有"安永十年丑二月四日　有馬□□□　奉□□"的墨迹。

"持船仪式"也是以5岁的孩子为中心而举行的。不过，如果当年该家亲戚中有人去世的话，则改为7岁或9岁时进行。节日当天，神社中事先备有木船，其中头号船叫米船，顾名思义其中装有稻米；其次，还有唐芋船和平底船。船体大小约80厘米~1米左右，米船只有长子才能拿，其余的船不分顺序，也不装稻米，由次子及其他孩子拿。当神社的前殿中传来大鼓的示意声后，孩子们便在父辈们的相拥下手捧木船从神殿中走出，一般一艘船由4位左右的大人共同守护。随后做摇橹状在神社院内巡游进行祈福仪式，这时旁边还有十多位长者特意为仪式唱起特有的"持船歌"。仪式结束后，米船中的稻米将分配给孩子们，以保佑孩子们的健康成长。

节日的两个仪式结束后，各家都会举办盛大的"祝五"活动，祈求孩子健康成长。

◇ 狂舞节

狂舞节的日语名称是"せっぺとべ"，意为"尽情地跳"，是鹿儿岛地区的方言。每年6月上旬第一个星期日都会在鹿儿岛县日置市日吉町日置八幡神社举行，是日置八幡神社每年进行的插秧节的重要环节之一，是当地历史悠久的传统祭祀活动。

据记载，当年萨摩藩主岛津三代常久于文禄四年（1595年）将八

狂舞节

幡神社定为日置总镇守社,随后以舞蹈形式进行的插秧祭祀活动就在各地盛行起来,距今已有近400多年的历史。祭祀活动当天,首先由15~35岁的年轻人组成舞蹈队,分别跳起八幡的虚无僧舞、棒节舞、日新的镰刀舞、山田的镰刀舞、吉利的镰刀舞、诹访的斗笠舞、扇尾的虚无僧舞等,随后就是"尽情地跳"(せっぺとべ)的狂舞。狂舞与以上的各种舞蹈都不同,没有固定的舞蹈姿势,也没有相应的人数限制。参加的人员只为男士,全身素裹,舞蹈队自由组合,大小均可,在指定的祭田里欢声笑语、搭腰狂舞。祭田中泥土飞溅,舞蹈的人们不一会儿就浑身泥浆,然而越是疯狂、自由狂欢,泥浆越是布满全身,节日的气氛才越到高潮。这就是具有近400年传统的祈求五谷丰登、农业丰收的日置八幡神社的奇特的狂舞节。插秧节上以舞蹈祭神的形式在日本其他地区也都能见到,并不为鲜,然而,在泥浆中狂舞祭神的形式只有日置八幡神社独一无二,1983年12月被指定为日吉町文化遗产,后来在市町村合并后于2005年5月1日被指定为日置市文化遗产。

在田间泥泞中狂舞,是为了和泥、碾除害虫、向神灵祈求农业丰收。插秧祭祀应该以插秧活动为主,可是狂舞节却只是在平整过的水田中尽情地欢歌跳舞,而不进行真正的插秧行为,是一种独特的插秧祭祀活动。节日当天,狂舞队的队员们先要在神田田间竖起长约20米左右的旗杆,每根代表一个分区,町内一共有七个分区,所以一共要竖7根。最初,该祭祀活动的主体是各种形式的祭祀舞蹈,可是近年来,狂舞逐渐取而代之,现在狂舞节已经成为日置八幡神社插秧节的代名词。

◇ 十五夜节

农历8月15日中秋明月之时,南九州各地都有以拔河、相扑等方式进行祈求五谷丰登、农业丰收的传统祭祀活动,其中最具神秘色彩的则是知览町举行的"十五夜节"。这一天年满6~14岁的男孩将身着

口念"索拉哟伊"进行表演的孩子们

兜裆裤、头顶稻草制成的斗笠、腰围蓑衣，口中念念有词"索拉哟伊，索拉哟伊"，脚步好像相扑力士比赛前做的动作——左右两脚交替高举用力踏地，环绕着麦秆堆成的草垛不断地转圈行走。中间的草垛实际上是由两个人在其中操纵，内部是空的，在仪式开始后草垛按顺时针方向转动，而周围穿蓑衣的孩子们则按相反方向转圈。孩子们在其中头领的带领下围转在草垛的圈忽小忽大，如此动作大约反复三遍之后结束。

孩子们在围转草垛时口中所念的"索拉哟伊，索拉哟伊"，据说可以理解为"それはよい（那样真好！）"或"空はよい（天空真棒！）"。节日的起源与发祥均无从考证，但是，作为祈求五谷丰登，向土地神和月亮神祭拜、感谢的祭祀活动的确较为少见。节日是在中秋月圆之时开始，在充满感激和兴奋的"天空真棒！"、"那样真好！"的童稚的歌声中，孩子们天真的动作和质朴的装束更让节日充满了神秘和奇特。孩子们的仪式结束后，接下来进行的则是大人与孩子们的拔河较量，一共进行三场。之后，便要将草垛和蓑衣分解制成相扑赛场，进行更为普遍和传统的祭祀活动——相扑比赛。

十五夜节在1981年1月21日，被指定为日本国家级重要非物质民俗文化遗产。

◇ 巨人弥五郎节

巨人弥五郎节是鹿儿岛县三大节之一，也是大隅半岛规模最大的节日，1988年被指定为鹿儿岛县非物质民俗文化遗产。

巨人弥五郎身高4.85米，竹编而成，浓眉大眼，裸露獠牙，一幅犀利、严肃的表情，左右腰间分别插着长4.24米和2.85米两把刀。每年秋收之后11月3日，在曾於市大隅町八幡神社都会举行盛大的弥五郎节，由孩子们推拉着高大的竹编弥五郎从八幡神社出发，口中喊着

日本的祭礼

由孩子们推拉着前进的巨人弥五郎

"嗨呦嗨呦"的号子，浩浩荡荡、威风凛凛在沿途4公里的街市上巡游近3小时，最后来到大隅中央公民馆举行祈福仪式，同时在附近的岩川小学的校园内还要举行近千人规模的柔道、剑道、弓道、相扑等武术大会，以祈求无病消灾、平安无事。

古时候，日本尚未统一之前是由不同的部落组合而成，其中南九州地区有熊袭族人和隼人族部落。据记载熊袭族不服当时的大和朝廷，时常向大和朝廷发动战争，后来经过长期的战事，最终被大和朝廷收复，后来演变成隼人族部落，该部落的所在地就是现在的大隅市曾於郡。关于巨人弥五郎的传说有很多，

其一，大隅隼人酋长说。即巨人弥五郎就是不甘服从大和朝廷的最后一位大隅隼人酋长。

其二，熊袭猛说。即当年迎击讨伐熊袭部落的日本武尊部队时的首领熊袭猛。

其三，武内宿弥说。是侍奉自景行天皇到认得天皇共六代天皇近300岁的长寿星武内宿弥。据说武内宿弥还是该地八幡神社供奉的海幸彦、山幸彦两位兄弟神的亲戚。这个传说在当地最为盛行。

其四，据明治初期发行的《鹿儿岛神社誌》中记载，当年镇西八郎为朝曾经追讨过弥五郎率领的熊袭族部队。

其五，720年隼人叛乱时的首领说。当年由于不堪忍受日本中央政府的压迫，隼人族经常发动暴乱，特别是700年、720年和740年的规模最大。其中，720年带领隼人族起义的首领据说就是弥五郎。

传说与史记混淆一身，弥五郎也成为一个神秘色彩极浓的人物，无论从哪种传说中来看，弥五郎都已有上百年的历史了，后人将他尊为巨人神灵祭祀，于秋收时节举行祭祀仪式，以求消灾除恶，保佑当地粮食丰收、平安顺遂。最初只是大隅町岩川地区的祭祀活动，现在町中心的小山上仍然保留着身高15米、腰间挂着9米的长刀、面向东方的弥五郎巨人像。不过随着城市规划的发展，市町村的合并，弥五郎节已成为曾於市举办的大型活动，曾经参加过巴塞罗那的巨人节而一举成名。

冲绳县

◇ **赛龙舟**

「ハーリー」也被称为「ハーレー」。是中文"爬龙"的琉球语的发音。是当地渔民为了祈求航海安全、渔业丰收而进行的一种龙舟赛事活动,所以又叫"海神祭"。大约距今600年前从中国经琉球传到日本,现在冲绳县的丰见城的市内古城城址处还完好地保留着"ハーリー発祥の地"的招牌。明治十二年(1879年)因为当时的明治政府进行"废藩置县"的改革,取缔了赛事活动,之后断断续续举办过几次。例如,明治三十八年(1905年)为了庆祝在日俄战争中取得的胜利,在泊港周围举行了赛龙舟庆典活动。大正四年(1915年)天皇登基即位举行了龙舟庆典。昭和三年(1928年)进行的龙舟赛是"二战"前

正式比赛

的最后一次活动。"二战"期间再次中断。战后，昭和二十六年（1951年）琉球大学的建校典礼、昭和二十九年（1954年）泊港开港仪式以及昭和三十五年（1960年）那霸市成立50周年庆典等活动中又逐渐出现了龙舟比赛。不过，直到昭和五十年（1975年）在冲绳举办世界海洋博览会时进行了那霸龙舟赛表演，作为一种正式的祭祀活动形式才得以恢复，之后得到快速普及，现在每年农历5月4日冲绳岛内各地都举办赛龙舟活动。规模较大的有系满、奥武岛、屋庆名、嘉手纳、那霸等地的龙舟比赛。其中那霸龙舟赛规模最大、也最有影响力，人数最多时达到25万左右，至2008年已经举办了34届。同时，那霸龙舟节还是那霸市三大节日之一（其它两节分别是那霸拔绳赛和尾类马游行）。

　　与其他地域不同，那霸龙舟节由于其影响力和规模大，为了保持固有的节日氛围和参与的人数，现在已经改在"黄金周"期间，即公历的5月4日前后3天在那霸新港码头进行。那霸龙舟赛程序大致分为四个部分：职域比赛、祈福仪式、正式比赛、焰火大会。职域比赛顾名思义就是以县内各区、企业为单位组成的参赛队进行的比赛。比赛优胜的三支队伍才有资格进行之后的祈福仪式和正式比赛。

　　所谓"祈福仪式"就是船手们随着龙舟赛歌进行港上巡游的一种仪式，途中船员会利用船桨做出各种特殊的姿势和造型，是仪式中的一大看点。不过，龙舟赛的最初目的并非只是单纯的划艇竞赛，而是为了祈求渔业丰收和航海安全，所以"祈福仪式"在整个龙舟赛事活动中是最重要的、也是非常神圣的一个环节。用于祈福仪式的三只船也是在此之后进行综合比赛用的船只，非常有特点。首先它们的船体都呈龙形，有龙头还有龙尾，惟妙惟肖。船体的颜色有黄、黑、绿三种，各不相同。而且每只船都以当地地名来命名，并且代表不同的地域。其中黄色船名叫"久米"，代表古代中国；黑色船名叫"泊"，代表古代琉球王国；绿色船名叫"那霸"，代表古代日本大和国。被选中的三支队伍的选手们还必须分别穿上白色、黑色、蓝色服装方能分别登上代表古代中国、琉球和日本的"久米号"、"泊号"、"那霸号"龙舟进行正式的比赛。正式比赛沿袭了古代的传统仪式，有许多严格的禁忌规则。例如，不允许女性登船，船员身上不能佩戴任何饰品，包括手表，甚至护手用的绷带。由此不难看出这种古老的龙舟赛事活动的历史渊源与人文特色。

那霸的赛龙舟比赛使用的龙船在冲绳岛内规模最大。一般的龙舟只能承载10人左右，而那霸的龙舟全长14.5米，宽2.1米，重达2.5吨，足足能载42人。其中仅船手就有32人，还有10名分别为舵手和旗手，其规模之大无以言表。

音乐会表演和焰火大会是近年来逐渐增添的项目，尤其是放焰火，活动期间连续三个晚上都会进行，整个赛龙舟活动结束时也是以耀眼的焰火来收尾，为整个活动增加了浓烈的节日气氛。

冲绳岛内的龙舟赛事活动从规模和人数上都以那霸最具代表性，不过其他地方的龙舟赛也别具一格。例如，奥武岛有一种比赛叫"流船赛"，即部分选手要从桥上先跳到水中然后再爬上顺水流动的船而进行的比赛。而系满龙舟赛最抢眼的则是"颠覆赛"，即在船行至途中故意将船颠翻，而后再次上船进行名副其实的"颠覆"比赛。

◇ 巨绳拔河赛

那霸巨绳拔河赛是冲绳县"那霸市三大节日"之一"那霸节"的主要活动项目之一。其形式与规模堪称世界之最，近年来年年刷新吉尼斯世界纪录。2006年参加的人数竟达到28万之多（那霸市总人口为30万）。

拔河比赛作为祈求丰年、子孙繁荣、驱邪避难的祭祀活动，每年都会在冲绳各地农村、渔村举行。事实上这种祭祀活动与人类的"性"

崇拜有一定的联系。比赛用的长绳由雄绳（oduna，也称"男绳"）和雌绳（meduna，也称"女绳"）合体组成，两者的外形也与人类的性器官相似，雄绳头端包裹得很紧，雌绳的头端则呈明显的环状，有便于二者合体时雄绳能顺利从中通过，之中的象征意义不言而喻。

然而作为商都那霸举办的巨绳拔河赛则更侧重人们闲暇、放松时的精神享受，更具娱乐性和趣味性。据《那霸四町大纲の历史》中记载，这种拔河赛最早起源于17世纪"尾类马大游行"（那霸三大节日之一）中艺伎们进行的拔河游戏。当大游行结束后，辻岛和仲岛两地的艺伎们分成"雄绳方"和"雌绳方"进行比赛，传说如果"雌绳方"获胜，次年就会有好景气。于是，那霸四町（即东、西、泉崎、若狭）将这种形式作为鼓舞和激励当时年轻人振作的娱乐游戏定于每年6月进行。后来，这种拔河形式还用在三年一次的"萨摩轮岗就任"时对新任藩主的欢迎仪式上，从此被定为琉球王国的惯例活动定期举行。随着规模的不断扩大，参加者远远超出了那霸四町的范围，逐渐扩大到了整个那霸市区，于是发展到现在虽然分成东、西两方阵营，但人人都可参加的大众娱乐形式。另外，举办的时间也根据人们生活的习惯和作息进行了调整，安排在了每年10月8~10日左右的三连休期间，是那霸市国际大道一年中最热闹的时间。

活动的举行地点设在冲绳县的主要干道——国道58号线久茂地"国际大道"的十字路口附近，因为这里道

巨绳拔河赛现场

路又宽又直，非常便于活动的举行。比赛当天可以说是那霸市民倾城出动，再加上来此旅游度假及出行的外来客，阵势相当壮观，2006年据报道竟达28万人之多，创下了历史新高。巨绳拔河赛当天的程序安排大体如下：

1. 拔河赛正式开始之前，首先进行的是"旗队游行"。旗队由那霸市不同区域的14个青年会组成，并分成东、西两方，每个队都有各自特色的旗幡，旗幡上都印有非常好听的名号，如"凯歌"、"瑞云"、"合气"等。旗幡高达9米，重45公斤左右，操纵起来极其困难，也是看点之一。

2. 接下来就是雄雌两绳的合体仪式。那霸的赛事仪式少了像冲绳其他地区类似赛事活动的祭祀和象征意义，且多了许多娱乐的因素。所谓合体即将雄绳的头端从雌绳的头端穿出，再用特制的檀木棒"贯拔（kanuti）"固定。那霸市为了扩大活动的影响力，每年都在更新赛事用的绳长，2006年的比赛用绳竟达到了200米之长（雄、雌各100米），直径1.56米，重量有43吨。而且起固定作用的"贯拔"竟然也重到300公斤。这些被作为2006年的吉尼斯世界新纪录记载在册。

3. 雄雌合体结束后，并不急于进行拔河比赛，而是接着举行名叫"尺度"的仪式。由身着武士服装的中山王尚巴志和南山王他鲁海的人偶从东西方向闪亮登场。借中山王尚巴志打败南山王他鲁海最终统一琉球王国、天下太平的历史故事，拉开代表雄、雌绳的东、西双方的巨绳比赛的序幕。

4. 比赛开始。所谓雄雌绳、男女绳是指长绳的象征意所言，并不是指拔河的双方被分成男队和女队。那霸市按地区分成东、西两队，东边代表雄（男）绳队，西边代表雌（女）绳队。比赛的胜负其次，活动的祭祀意义更为重要。据说，如果代表雄（男）绳的东边队赢了，就会世界和平、天下太平；而代表雌（女）绳的西边队获胜的话，则会五谷丰登、吉祥如意。

5. 比赛过程中。那霸用于比赛的巨绳直径达1.56米，有百年大树般粗，不可能像普通的拔河比赛一样直接拔，而是特别制作成像大树枝节似的比赛用的"枝绳（edaduna）"，2006年使用的巨绳就载有260根"枝绳"，每根长约8米，可供多人参加比赛。据报道该年参加正式拔河赛的人数也创历史新高有1.5万人左右。

6. 比赛的胜负规则。因为绳长的变化每年的比赛胜负规则也有所变动。最开始一方只要拔过2米就算胜出，不过现在绳子长到了200米，难度也就相对增加了，2006年的比赛就要求：在30分钟的比赛时限内，一方如果拔过5米，或在超过时限后拔了3米就算赢得比赛。2006年获得胜利的是4年未赢过的东边雄绳队。

7. 比赛结束。拔河比赛结束后并不意味着活动的正式完成。那霸节最为人性化的一个步骤就是赛事结束后，来参加活动的每个人都可以获得一段有神力的"枝绳"，据说能够祛病消灾、招福纳祥。

◇ 乞世节

「ユークイ」是冲绳当地的发音，「ユー」指命里充实、丰登，「クイ」有乞求、祈愿的含义，日语中经常用「世乞い（ゆうくい）」来替换，即"乞世节"。所谓"乞世节"就是向神灵乞求五谷丰登、渔业昌盛而举行的祭祀活动。据说这种传统活动已经持续了近650年左右，最早起源于中国唐朝时期从中国大陆移居到日本冲绳县宫古岛市平良地区的一个少数民族的祭祀风俗。后来在日本本土的影响下，逐渐形成了具有日本特色的祭祀形式。这种祭祀活动并不是每个人都有资格参加，它是冲绳县个别地区特有的、只有虚岁46~55岁的女性才能参加的一种肃穆庄严、神秘感极强的敬神活动，它充分保留了冲绳地区独特的乡土艺术的原型，其历史悠久，影响力深远，值得我们关注。

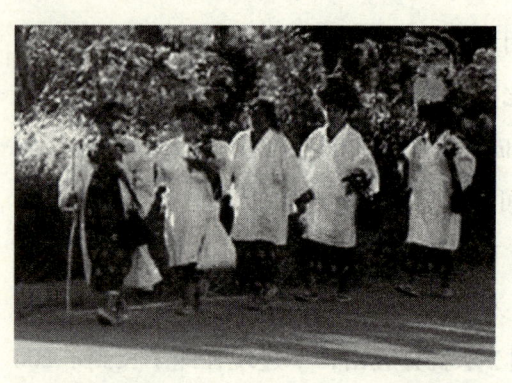

行进中的神女

每年农历9月23~25日冲绳县的八重山诸岛以及宫古诸岛上的许多地区都举行类似的活动。其中宫古诸岛中池间岛地区的"乞世节"最为肃穆庄严，池间岛在举行仪式时，外人是绝对不能够偷看的，所以，仪式当天岛上的人都很少外出活动。由于其影响范围最为广大，后来又被分成三个派别，并在不同的三个地区分别举行，即现在的池间岛、平良市的西原、伊良部岛的池间添三个地方，其中尤以西原的规模最大。西原自1874年由池间岛分离出来，其境内不仅囊括了池间岛最大规模的圣地"ウハルズ"神山等17处神域，同时也继承了"乞世节"等传统的祭祀活动。该地区有一个名曰"ナナムイ"的祭祀组织，当地虚岁满46岁的妇女和50岁的男子都有义务加入，故该组织又名为"ナナムイ学园"。学园内分男、女两个神职集团，女性任期为10年，而男性则为7年，西原地区每年有大约40次以上的村落级祭祀活动，大多由女性神职人员担任，西原的乞世节就是其中一例。

每年农历9月23日开始举行，一般持续两天。这期间由当地虚岁46~55岁的"ナナムイ"的祭祀组织中的「神女（ユークインマ）」们主持整个祭祀活动。神女的人数在不同时期有所变化，最开始时实行的是5位女神官加若干神女的制度，随后，由于其影响力的不断扩大，最鼎盛时期曾经达到数百人之多。不过，近年来由于时代的变化，农村城市化的速度不断加快，能够参加乞世节的妇女不断减少，能够担任神女之职的人选就更加奇缺，现在又恢复到了乞世节开始时的规模，即"五人制"。

乞世节开始的第一天晚上，当天黑以后，大约8点左右女神官以及神女们要到当地的神山上通宵斋戒进行祈祷。第二天一大早神女们身着一身雪白的神衣，头顶花环，手持名叫"手草"的树木枝条俨然神的化身一般，跟随女神官口吟特定的"乞世歌""ヨーンテル、ヨーンテル（富贵满堂、富贵满堂）"，到周围村落的神山游拜、祈福。手中的树枝用来遮罩面孔，传说此时如果与神的化身四目相对，人就会没命，所以，仪式期间尤其是神女们到当地各处游拜、祈福的时候，人们为了避讳几乎都闭门不出，守在家中。

参考文献

〔日〕辺良正:『お祭りガイド[東北]』，1990年。

〔日〕旅行ペンクラブ編集:『大阪の祭り』東方出版，2005年。

〔日〕旅行ペンクラブ編集:『兵庫の祭り』東方出版，2008年。

〔日〕高橋秀雄等編:『都道府県別祭礼行事〈岡山県〉』，おうふう，1995年。

〔日〕高橋秀雄等編:『都道府県別祭礼行事〈和歌山県〉』，おうふう，1999年。

〔日〕高橋秀雄等編:『都道府県別祭礼行事〈奈良県〉』，おうふう，1991年。

〔日〕高橋秀雄等編:『都道府県別祭礼行事〈鳥取県〉』おうふう，1995年。

〔日〕窪寺紘一:『祭礼行事歳時記Ⅱ　中部・近畿』世界聖典刊行協会，1988年。

〔日〕藤本良致、橋本芳契、漆間元三、佐久間惇一共著:『北中部の歳時習俗』，株式会社明玄書房，昭和50年。

〔日〕五来重:『踊念仏』，平凡社，1988年。

儀礼文化研究所編:『大日本年中行事大全』，桜楓社，1979年。

田中宣一:『年中行事の研究』，桜楓社，1992年。

〔日〕北条秀司:『愛知の祭礼紀行』，中日新聞本社，1982年。

日本昔話学会編集:『昔話と年中行事　昔話—研究と資料—』23号，三弥井書店，1995年。

〔日〕折口信夫:『古代研究』，折口信夫全集第二巻中公文庫，昭和57年。

〔日〕柳田国男:《定本柳田国男全集》，筑摩書房，1962年。

〔日〕村上重良:《天皇的祭祀》(第三版)，岩波新書，1980年。

后　记

　　2007年初，对日本文化感兴趣的几位老师在一次聚会时有感于日本各地经常上演的日本传统节日，且目前国内尚无系统性介绍日本传统节日的图文并茂的书籍。再加之由于中国民众包括日语学习者缺乏对日本文化的了解，缺乏文化上的交流与互动，常常出现文化层面上的摩擦和矛盾。大家一致认为细致深入地介绍日本传统节日的历史演变、传统与现代功能的变化，探讨其现实意义是非常必要的。遂萌生了编写一本日本传统节日书的念头。拟在对现代节日的变迁以及现状进行详尽描述，厘清和认识它缘何能够传承到今天的原因。即在同年申请了北京市重点建设学科子项目，由周洁担任项目负责人，以"日本传统祭礼的现代演变"为题得到立项。该书就是在此基础上撰写而成的。

　　课题组成员按照日本的行政区划进行了分工。主要分工为：周洁、杨静执笔北海道地区、东北地区；侯越执笔关东地区、中国地区（广岛县、山口县）；王冠华执笔中部地区；杨宁执笔关西地区、中国地区（鸟取县、冈山县、岛根县）；詹桂香执笔九州（含冲绳）、四国地区。三年来，老师们查找了大量资料，有的在日本亲自参加了许多节日，拍摄了许多珍贵的相片；在教学之余投入了很多精力进行此书的撰写。北京第二外国语学院日语学院2005级社会文化专业的研究生杨静、王丽芳、蔚花蓉、汪华同学也参与了资料整理工作。

　　该书由周洁整理、统稿。

　　本书在撰写过程中受到2007~2008年度北京市重点建设学科子项目的资金资助。北京市属市管人才强教计划（2008~2009年度）提供了出版资助，在此表示感谢。另外还要感谢编者所在的北京第二外国语学院日语学院为撰写、完成此书所提供的许多帮助，感谢课题组成员的辛勤劳动。

本书从日本43个行政都道府县（日本的行政区划，相当于中国的省）中各选出3~4个左右的节日，是具有专业性、教育性、趣味性，以研究生为主要阅读对象面向社会的日本现代文化书籍。希望对日语专业学生以及广大中国民众了解日本文化有所帮助。该书使用的图片或由编者拍摄，或由日本友人提供，还有一部分来自日本网站。

由于编者的水平有限，定有许多错误，希望广大读者批评指正。

编　者

2010年3月